REVÊTU DE PUISSANCE

pour la Mission Globale

UN REGARD MISSIONNAIRE SUR LE LIVRE DES ACTES

Préfacé par le Dr John V. York

DENZIL R. MILLER

Édition révisee

Ce livre est une traduction de l'anglais du livre de l'auteur, *Empowered for Global Mission: A Missionary Look at the Book of Acts,* édition révisée, © 2013

Données de catalogage avant publication de la Bibliothèque du Congrès

Miller, Denzil R., 1946 -
Revêtu de Puissance pour la Mission Globale : Un regard missionnaire sur le livre des Actes / Denzil R. Miller

ISBN 978-0-9971750-6-6

1. Pneumatologie—de Luc—Pentecôtiste. 2. Missions—Enseignement biblique—Stratégie. 3. Études bibliques—Les Actes

Publié par PneumaLife Publications
Springfield, MO, États-Unis, 2020

Imprimé aux États-Unis d'Amérique

À Sandy, ma femme adorée,
mon amie, ma compagne et ma collègue dans le ministère.

LA CLÉ

Mais vous recevrez une puissance, celle du Saint-Esprit
survenant sur vous, et vous serez mes témoins
à Jérusalem, dans toute la Judée, dans la Samarie
et jusqu'aux extrémités de la terre.

- Jésus -

- TABLE DES MATIÈRES -

LES APPENDICES

- PRÉFACE -

Quand j'ai fini de lire l'ébauche de *Revêtu de puissance pour la mission globale*, j'ai fait part à l'auteur que c'était le meilleur livre qui existe sur le but missionnaire du baptême dans le Saint-Esprit. Voici les trois raisons de cette évaluation :

Le message du livre. Ce livre clarifie le but du baptême de l'Esprit sans tomber dans les disputes ou un esprit partisan. *Revêtu de puissance pour la mission globale* démontre que le modèle récurrent dans les Actes est celui des effusions du Saint-Esprit suivies par l'évangélisation missionnaire. La présentation est conforme aux principes reconnus de l'interprétation biblique et est à la fois logique et convaincante.

La passion du livre. Un étudiant m'a récemment dit : « Vous savez, les cours sur les missions peuvent être si ennuyeux. » Cet étudiant ne faisait pas référence au contenu de ce livre ! Chaque ligne est animée par la passion de démontrer l'intention de l'auteur, Luc, et la pertinence de cette intention pour notre mission en tant que chrétiens. *Revêtu de puissance pour la mission globale* montre de manière convaincante qu'un livre n'a pas besoin d'endormir le lecteur pour être crédible.

L'auteur du livre. Depuis plus de trente ans que je connais Denzil R. Miller, il a toujours été un modèle de ce qu'il enseigne, d'abord comme pasteur et ensuite comme missionnaire. Le thème de Denzil a été le même dans son église locale, dans le ministère des camps d'été, dans le mentorat des étudiants de l'école biblique et dans l'enseignement et la prédication en Afrique. Je ne connais personne qui ait donné sa vie avec autant de constance dans le but de voir l'église baptisée dans le Saint-Esprit afin que les nations puissent entendre la Bonne Nouvelle de la mort et de la résurrection de Jésus-Christ.

Je suis persuadé que *Revêtu de puissance pour la mission globale* aura une large diffusion, parce que nombreux sont ceux qui languissent après une visitation du Saint-Esprit, qui aura pour résultat la moisson des derniers jours. Ce livre peut en effet être le plus utile que vous lirez sur le but missionnaire du baptême dans le Saint-Esprit.

Dr John V. York
avril 2005
Directeur exécutif, Africa's Hope
Assemblies of God World Missions

- INTRODUCTION -

La Bible est un livre missionnaire. Manquer cette grande vérité, c'est manquer l'essence même de l'Écriture. Commençant par la déclaration que « Dieu créa l'homme à son image » (Gn 1.27), et continuant par le cri final de l'Apocalypse que « celui qui veut » peut venir et « prendre de l'eau de la vie gratuitement ! » (Ap 22.17), la Bible a un thème central. Les spécialistes bibliques appellent ce thème la *missio Dei*, ou la mission de Dieu. Tout auteur biblique fait écho à ce thème unificateur des Écritures : le Dieu de toute la création est un Dieu missionnaire, et Il est en mission pour racheter et appeler à Lui-même des hommes de toute tribu, de toute langue, de tout peuple et de toute nation sous le ciel (Ap 5.9).

Ce qui est vrai pour toute la Bible est également vrai pour le Nouveau Testament. C'est un livre de missions du début à la fin. En dehors d'une compréhension claire de son orientation missionnaire, on ne peut pas vraiment comprendre le message et l'orientation du Nouveau Testament. En fait, tout le Nouveau Testament peut être appelé à juste titre un « manuel des missions ». À l'exception du livre de Jacques, chaque livre du Nouveau Testament a été écrit par un missionnaire.[1] Presque tous ont été écrits dans le contexte de l'effort missionnaire, pour les églises missionnaires, et avec une intention missionnaire claire. Les missions sont le battement de cœur du Nouveau Testament.

Il m'arrive de sourire quand j'entends des prédicateurs décrire les soi-disant épîtres pastorales comme « Paul, le pasteur aîné, donnant des conseils à Timothée et Tite, les jeunes pasteurs ». Certes, une telle application peut être faite. Cependant, ces épîtres peuvent être décrites avec plus de précision comme Paul, le missionnaire

---

1 Beaucoup de commentateurs bibliques croient que le livre de Jacques a été écrit par Jacques le Juste, le frère de Jésus, et le pasteur de la première église qui envoyait des missionnaires, l'église à Jérusalem.

vétéran, donnant des conseils et des instructions à ses jeunes collègues missionnaires.

Notre intérêt principal dans ce livre est le livre des Actes des Apôtres. Nous nous demandons comment les Actes des Apôtres s'insèrent dans l'intention missiologique de toute la Bible et, plus spécifiquement, du Nouveau Testament ?

Le livre des Actes des Apôtres est essentiellement un manuel de stratégie missionnaire. Tandis que les épîtres étaient des instructions divinement inspirées aux églises missionnaires émergentes, Actes est une stratégie divinement inspirée pour une expansion missionnaire dynamique. Peter Wagner écrit que les Actes des apôtres « se veulent être un paradigme de la façon dont le royaume de Dieu se répandrait dans le monde entier à travers les siècles jusqu'au retour de Jésus ».[2] Il ajoute : « Dans la planification de notre service pour Dieu aujourd'hui, nous puisons profondément dans les Évangiles et les Épîtres les plus récents, mais Actes, plus que tout autre livre, est notre premier manuel de formation. »[3]

Je suis tout à fait d'accord. Le livre des Actes est le principal manuel de formation pour les missions. Les épîtres sont destinées à être des guides du discipulat, visant principalement à nourrir les chrétiens. Leur but principal n'est pas d'atteindre les perdus pour Christ, mais d'enseigner et de faire mûrir ceux qui sont déjà en Christ. Cependant, les Actes des apôtres mettent clairement l'accent sur l'évangélisation et l'action missionnaire. Sous l'inspiration de l'Esprit, Luc écrivit les Actes des Apôtres pour faire la chronique de la progression missionnaire de l'église primitive. Il écrivit aussi pour inspirer l'église de son époque—et de tous les âges—à imiter la première église. Wagner souligne que « l'Évangile de Luc raconte ce que Jésus a fait, et les Actes disent ce qu'Il attend de ses disciples, tant

---

2 C. Peter Wagner, *The Acts of the Holy Spirit* (Ventura, CA: Regal Books, 2000), 17.

3 Ibid., 18.

à son époque que maintenant.... [Luc] écrit plus sur la vraie missiologie que tout autre auteur biblique ».[4]

Par ailleurs, les Actes des Apôtres démontrent la nécessité absolue du revêtement divin pour l'effort missionnaire. Il démontre que ce revêtement de puissance vient du fait d'être baptisé dans le Saint-Esprit. Selon Luc, cette expérience unique d'être revêtu de puissance est une nécessité pour tout chrétien et est une condition essentielle pour un service missionnaire efficace.

Au début du XXe siècle, un nouveau mouvement est apparu sur la scène chrétienne. Ce mouvement a été connu sous le nom du Mouvement pentecôtiste. Le message qui définit ce mouvement était l'accent mis sur l'expérience du baptême dans I'Esprit tel que décrit dans le livre des Actes. Les premiers pentecôtistes proclamaient avec enthousiasme que chaque croyant devait être rempli du Saint-Esprit. Ils soutenaient que c'était une expérience séparée de la nouvelle naissance et qu'elle se manifestait par le parler en langues. Une dynamique puissante des premiers pentecôtistes a été la façon dont ils ont réussi à conjuguer l'expérience du baptême de l'Esprit avec l'évangélisation mondiale et la venue imminente du Christ. La combinaison de ces trois concepts théologiques a produit une puissante synergie qui les a propulsés dans le monde entier pour annoncer la bonne nouvelle du Christ. En peu de temps, des missionnaires pentecôtistes étaient présents sur tous les continents. Aujourd'hui, plus de 524 millions de personnes dans le monde s'identifient à une forme de Pentecôtisme.[5]

L'accent mis par les pentecôtistes sur le baptême dans le Saint-Esprit comme une expérience de revêtement de puissance séparée de la conversion a été critiqué par certains comme une mauvaise compréhension de l'Écriture. Est-ce vrai ? L'insistance

---

4 Ibid., 17.

5 David Barrett, « The Worldwide Holy Spirit Renewal » dans *The Century of the Holy Spirit: One Hundred Years of Pentecostal and Charismatic Renewal, 1901-2001*, ed. Vinson Synan (Nashville, TN: Thomas Nelson Publishers, 2001), 388.

pentecôtiste pour que chaque croyant recherche une telle expérience est-elle une pratique erronée ? Le message d'un baptême subséquent dans le Saint-Esprit est-il insignifiant, ou au mieux, un sujet secondaire ? Est-ce une perversion de l'Écriture que d'enseigner qu'il y a une deuxième expérience de revêtement de puissance en plus de la conversion ? Comme certains le diraient, est-il utile mais pas essentiel, normal mais pas normatif ? Ou est-ce que le message du baptême dans le Saint-Esprit est au cœur même du message chrétien ? Ce livre va tenter de répondre à ces questions. Il cherchera à démontrer, sur la base du livre des Actes des Apôtres et des écrits de Paul, que l'expérience du revêtement de puissance par le baptême dans le Saint-Esprit est en effet essentielle au ministère évangélique et missionnaire optimum.

Le livre examinera donc la question du baptême de l'Esprit en relation avec les missions dans le monde. Il a été divisé en quatre parties : la première partie traite des questions herméneutiques liées à l'interprétation du livre des Actes. Elle aborde les défis particuliers que l'on rencontre lorsqu'on cherche à interpréter un récit historique. Une préoccupation clé sera l'intention de l'auteur. La première partie tentera de répondre aux questions : Luc révèle-t-il son intention en écrivant les Actes ? Si oui, quelle était cette intention et comment est-elle démontrée ? En outre, comment cette intention influe-t-elle sur la façon d'interpréter les Actes ?

La deuxième partie examinera les six premières des sept effusions clés de l'Esprit dans les Actes. Ces sept effusions sont les suivantes :

- La Pentecôte, la première effusion à Jérusalem (2.1-4)
- La deuxième effusion à Jérusalem (4.31)
- L'effusion en Samarie (8.14-17)
- L'effusion à Damas (9.15-18)
- L'effusion à Césarée (10.44-48)
- L'« effusion » à Antioche (13.1-3)

- L'effusion à Éphèse (19.1-7)

Comment chacune de ces effusions de l'Esprit contribue à l'accomplissement de l'intention de Luc dans la rédaction des Actes sera abordée. On observera comment, dans chaque cas, Luc revient constamment à ce que nous appelons son *motif de revêtement de puissance en vue du témoignage.*

La troisième partie examinera la perspective de Paul sur le revêtement pour les missions. Elle le fera de deux façons : tout d'abord, elle se penchera sur la septième effusion clé de l'Esprit dans les Actes, l'effusion à Éphèse. Nous découvrirons comment l'effusion de l'Esprit sur douze disciples était un élément clé de la stratégie missionnaire de Paul pour atteindre Éphèse et toute l'Asie Mineure avec l'Évangile. C'est une stratégie que nous appelons la « Stratégie de l'Esprit ». Ensuite, la troisième partie examinera les épîtres de Paul et analysera comment il voyait le rôle du revêtement de la puissance du Saint-Esprit dans l'œuvre missionnaire, et comment sa vision a complété celle de Luc.

Enfin, la quatrième partie appliquera les vérités apprises dans les trois premières parties. Une façon d'y parvenir consistera à examiner le rôle des dons spirituels dans les missions. Nous tenterons de définir et de classer les neuf dons, ou « manifestations », de l'Esprit énumérés dans 1 Corinthiens 12.8-10, et ensuite de les identifier dans les Actes. Nous évoquerons l'utilisation de ces mêmes dons dans l'œuvre missionnaire d'aujourd'hui. D'autres applications seront faites en examinant les questions pertinentes concernant le rôle du Saint-Esprit dans les missions, y compris recevoir l'Esprit, communiquer l'Esprit, et communiquer les dons spirituels. Le dernier chapitre traitera la question de l'évidence des langues, telle qu'appliquée aujourd'hui, dans le cadre de la mission mondiale.

Je désire sincèrement qu'en lisant ce livre, vous en arriviez à une nouvelle appréciation du rôle du Saint-Esprit dans l'œuvre missionnaire, et que vous réalisiez avec plus de conviction le besoin de la puissance et de la présence de l'Esprit dans votre propre vie et ministère. Par ailleurs, j'espère que vous comprendrez d'une manière plus complète le besoin pour l'église que vous implantez—ou l'église avec laquelle vous travaillez—d'être revêtue de la puissance de l'Esprit pour l'œuvre missionnaire dans le monde.

\- PREMIÈRE PARTIE -

QUESTIONS HERMÉNEUTIQUES

- CHAPITRE 1 -

INTERPRÉTER LES ACTES

Un soir, en rentrant du travail, Bill aperçoit un bout de papier plié sur le seuil de sa porte. Il s'arrête, le ramasse, le déplie et lit : « Je viendrai te chercher ce soir à minuit ! »

« Qu'est-ce que cela peut bien signifier ? Bill se demande. « Qui a pu écrire une telle note ? Qui veut *ma peau* ? » Il frissonne à cette pensée. « Qu'ai-je pu faire pour mériter une menace aussi impitoyable ? » Une fois entré chez lui, il ferme immédiatement la porte, la verrouille à double tour et met en marche son alarme antivol. Des pensées terrifiantes envahissent son esprit.

Plus tard dans la soirée, alors qu'il est blotti dans sa chambre, les lumières éteintes, il reçoit un appel téléphonique. C'est son ami, John. « As-tu vu mon mot ? demanda John. Je l'ai laissé sur le seuil de ta porte. J'espère que tu n'as pas oublié notre partie de pêche. Je viendrai te chercher ce soir à minuit. »

L'INTENTION DE L'AUTEUR

Cette histoire fictive illustre l'importance d'un principe clé de l'interprétation biblique, le principe de l'intention de l'auteur. Si Bill avait su qui avait écrit la note et pourquoi, il n'aurait pas réagi comme il l'a fait. Dès qu'il a su qui l'avait écrite et pourquoi, il a compris clairement le message et ses peurs se sont dissipées.

Pour être en mesure d'interpréter avec justesse le message d'un texte, d'un livre de la Bible, il est indispensable de bien connaitre son auteur et la raison pour laquelle il l'a écrit, quelle est son intention. Il faut donc se poser deux questions principales : « À qui ce message a-t-il été adressé ? » et « Pourquoi l'a-t-il écrit ? » D'autres questions pertinentes pourraient inclure : « Quelle situation particulière a incité l'auteur à écrire à ce moment-là » et « Quel objective (but) voulait-il atteindre ? » Ces questions sont en lien avec l'intention de l'auteur. Trouver des réponses à ces questions est crucial pour interpréter avec justesse le message d'une œuvre biblique.

L'intention de l'auteur peut être trouvée de plusieurs façons. La compréhension de ce que l'on appelle souvent des *preuves externes* peut être très utile. L'interprète cherche ici à déterminer les circonstances historiques et culturelles entourant la rédaction du livre. La compréhension de l'histoire sacrée et séculière peut être utile. Connaître ces circonstances aide à comprendre la condition et les besoins des gens à qui l'auteur biblique a écrit. Par exemple, la compréhension de la culture et des pratiques religieuses de l'ancienne ville de Corinthe est une aide indispensable à l'interprétation des lettres de Paul aux Corinthiens.

Un interprète de l'Écriture peut également obtenir des indices concernant l'intention rédactionnelle d'un auteur en examinant la *preuve interne*. Les preuves internes sont les indices contenus dans l'œuvre elle-même. Elles comprennent des déclarations de l'auteur qui donnent un aperçu des raisons pour lesquelles il a écrit le livre. Ces déclarations peuvent prendre la forme de déclarations d'intention explicites ou implicites. Les déclarations d'intention explicites sont les déclarations faites par l'auteur dans lesquelles il expose clairement la (ou les) raison(s) de sa rédaction.

Par exemple, Jean dit clairement dans son Évangile pourquoi il a écrit :

> Jésus a fait encore, en présence de ses disciples, beaucoup d'autres miracles qui ne sont pas écrits dans ce livre. Mais ceci est écrit afin que vous croyiez que Jésus est le Christ, le Fils de Dieu, et qu'en croyant, vous ayez la vie en son nom. (Jean 20.30-31)

Selon son propre témoignage, Jean a écrit pour que ses lecteurs puissent croire en Jésus et trouver la vie en lui. Jean suit la même stratégie littéraire dans sa première épître. Il énonce au début du livre trois raisons pour lesquelles il a écrit l'épître (voir 1 Jean 1.3-4 ; 2.1). De la même manière, Jude, dans sa petite lettre, énonce clairement son but : « Bien-aimés, comme je désirais vivement vous écrire au sujet de notre salut commun, je me suis senti obligé de le faire, afin de vous exhorter à combattre pour la foi qui a été transmise aux saints une fois pour toutes » (v. 3). En cherchant à interpréter un livre biblique particulier, un interprète fera bien de lire et relire le livre, en cherchant soigneusement des déclarations explicites de l'intention de l'auteur.

Malheureusement, cependant, la plupart des écrivains bibliques n'indiquent pas explicitement les raisons pour lesquelles ils écrivent. Il ne faut cependant pas désespérer, car il existe une autre façon de découvrir l'intention de l'auteur : par un examen attentif des déclarations implicites d'intention de l'auteur. Les déclarations implicites d'intention sont les déclarations faites par l'auteur qui donnent des indications indirectes sur la raison (ou les raisons) de sa rédaction.

Les auteurs bibliques emploient souvent certains dispositifs littéraires pour aider à donner un aperçu de leurs motifs rédactionnels. Ces dispositifs littéraires comprennent la répétition, l'inclusion-exclusion et la rédaction à la source. Qu'il s'agisse d'étudier les parties plus didactiques ou les parties dites « purement narratives » des Écritures, la compréhension de ces dispositifs peut aider à déterminer l'intention de l'auteur. Bien que Luc, l'auteur des Actes des Apôtres, n'indique pas explicitement pourquoi il a écrit,[1] il utilise ces trois dispositifs littéraires. Prenons un moment pour les examiner brièvement.

La répétition

La découverte de mots, d'expressions et de thèmes répétés peut aider à déterminer l'intention de l'auteur. Les auteurs bibliques utilisent souvent la répétition pour souligner certaines vérités. Si un auteur répète encore et encore un thème particulier, on peut supposer, sans risque de se tromper, que le thème est important pour lui. Par exemple, l'auteur du livre aux Hébreux revient à maintes reprises sur le thème de « quelque chose de meilleur », utilisant le mot « meilleur » treize fois dans les treize chapitres de son livre. Il parle de Jésus comme étant « meilleur que les anges » (1.4), des « conditions meilleures » (6.9), une « meilleure espérance » (7.19), une « alliance meilleure (7.22 ; 8.6), de « meilleures promesses » (8.6), « de meilleurs sacrifices » (9.23 ; 11.4 ; 12.24), des « possessions meilleures » (10.34), une « patrie meilleure » (11.16), une « résurrection meilleure » (11.35) et « quelque chose de meilleur pour nous » (11.40). En passant en revue ces textes, on se rend compte que le thème de « quelque chose de meilleur » est important pour l'auteur du livre des Hébreux. Cette compréhension peut certainement aider l'interprète à mieux comprendre l'objectif de l'auteur dans ses écrits. Dans notre étude du livre des Actes des Apôtres, nous rechercherons ces thèmes et actions répétés. Ceci nous aidera à déterminer l'intention de Luc.

---

1 Certains affirment (et je crois à juste titre) que dans Luc 1.1-4, Luc présente les deux volumes de son œuvre, Luc-Actes, où il déclare avoir écrit pour « composer un récit des événements qui se sont accomplis parmi nous » afin que ses lecteurs connaissent « exactement la vérité des choses qui vous ont été enseignées ». Son intention semble donc avoir été à la fois historique et théologique. Ces deux phrases suggèrent naturellement une question de suivi : « Pourquoi Luc voulait-il que ses lecteurs sachent ces choses en ce moment ? »

L'INCLUSION-EXCLUSION

Un deuxième outil littéraire qui peut aider à déterminer l'intention de l'auteur est *l'inclusion-exclusion.* De par sa nature même, le récit historique est sélectif et subjectif. L'historien, consciemment ou inconsciemment, choisit les événements qu'il inclura (ou exclura) dans son histoire, en fonction de son but. Il inclut les éléments qui contribuent à la réalisation de son objectif et exclut les éléments qui n'y contribuent pas.

Cette technique littéraire est particulièrement utile pour déterminer l'intention de l'auteur dans un récit historique comme celui de Luc-Actes. Les histoires bibliques sont en effet épisodiques, qu'elles se trouvent dans l'Ancien ou le Nouveau Testament. Les historiens bibliques n'ont pas et n'avaient pas non plus l'intention de faire un récit détaillé de l'histoire exhaustive d'Israël (Ancien Testament), de la vie de Jésus (les Évangiles) ou de l'Église (Actes). Ils ont plutôt choisi des épisodes historiques particuliers qui les ont aidés à atteindre l'objectif de leur récit.[2] Le récit des Actes des Apôtres s'étend sur une trentaine d'années.[3] Durant toute cette période, des milliers d'événements mémorables eurent lieu dans l'église et dans l'exercice des ministères des apôtres. Pour paraphraser ce que Jean a dit sur Jésus : « Il y a beaucoup d'autres choses *que les apôtres et l'église primitive ont faites* ; si elles étaient écrites en détail, le monde lui-même ne pourrait contenir les livres qu'on écrirait. » Pourtant, parmi ces milliers d'événements, Luc n'a choisi qu'environ 70 épisodes racontés dans seulement 14 séries épisodiques, pour écrire son livre des Actes.[4] Il a donc été très sélectif. Il n'a choisi que

---

2 Un épisode est une histoire qui est complète en soi, mais qui s'inscrit dans le fil thématique général d'un récit plus vaste. Une série épisodique est une série d'histoires qui, ensemble, forment une histoire complète en soi, mais qui font aussi partie d'un récit encore plus vaste.

3 W. Graham Scroggie, *The Unfolding Drama of Redemption: The Bible as a Whole,* 2d ed., vol. 2 (Grand Rapids, MI: Zondervan Publishing House, 1976), 174-175.

4 Voir appendice 1. Tout au long du livre, Luc présente les résumés de ces épisodes qui sont souvent liés entre eux.

les histoires dont il avait besoin pour écrire son livre, inspiré par l'Esprit. En examinant de près les histoires que Luc a choisies d'inclure dans son récit, nous obtenons des indices qui nous enseignent sur son intention rédactionnelle.

La rédaction

L'intention de l'auteur peut aussi être déduite en observant comment il utilise ses sources afin d'atteindre son but. En observant attentivement comment Luc utilise ses sources de l'Ancien Testament[5]— ajoutant un mot ou une phrase ici, soustrayant ou changeant un mot ou une phrase, ici ou là—cela nous donne des indices sur ce qu'il veut souligner ou atténuer.

À ce stade, je voudrais insérer une explication. Quand je parle de la rédaction, je ne parle pas des théories radicales de critique de rédaction des spécialistes bibliques plus libéraux qui nient l'inspiration verbale des Écritures. La théorie de la rédaction que je propose tient fermement à la croyance que toute Écriture est inspirée verbalement par Dieu et qu'elle est infaillible dans ses autographes d'origine. Je crois aussi que les choix du rédacteur ont été guidés par l'Esprit de Dieu. En plus, il est très possible que ce qui nous semble souvent être la rédaction de la part de l'auteur, pourrait plutôt être l'inclusion-exclusion sélective. Luc aurait pu choisir parmi un certain nombre de sources, dont certaines que nous ignorons totalement aujourd'hui. Il a simplement choisi celles qui correspondaient le mieux à ses objectifs. Par exemple, quand Luc, ou tout autre auteur des Évangiles, cite une parole de Jésus, il est fort probable que Jésus ait fait cette déclaration à plusieurs reprises, sous des formes quelque peu différentes. Chaque écrivain des Évangiles la cite sous une forme, ou sous une autre.

---

5 Les Écritures que Luc a utilisées étaient la traduction grecque de l'Ancien Testament connu sous le nom de la Septante, ou LXX.

Quoi qu'il en soit, il est important de savoir quelle forme l'auteur choisit, ou comment, sous la direction de l'Esprit, il édite la source pour qu'elle corresponde à son but. Un examen minutieux de ses choix nous permet de saisir l'objectif de ses écrits. Au fur et à mesure que nous progresserons dans cette étude, nous verrons comment, en écrivant les Actes, Luc a soigneusement employé cette technique littéraire.

Intention multiple et primaire

Il est également important de comprendre qu'un auteur écrit souvent avec des intentions multiples. Certains ont soutenu que les Actes des Apôtres n'ont été écrits que comme un document historique relatant les débuts de l'Église chrétienne. Ces interprètes affirment que Luc a écrit l'histoire d'un point de vue purement objectif. Ils prétendent qu'il n'avait qu'une seule intention en écrivant, celle de relater fidèlement les débuts de l'église primitive à Jérusalem et son expansion éventuelle jusqu'à Rome. Cependant, Il est très improbable que Luc, ou d'ailleurs n'importe qui d'autre, puisse écrire une histoire qui soit purement objective. Il est également fort improbable que n'importe qui puisse écrire avec un seul but en tête. Une lecture critique des Actes des Apôtres révèle que Luc a effectivement écrit avec de multiples intentions, comme nous le verrons plus loin dans ce chapitre.

La théologie biblique

Les développements récents de l'herméneutique ont également un impact sur la façon dont les récits bibliques sont interprétés. L'une est l'émergence de l'approche théologique biblique de l'interprétation des Écritures. Historiquement, les théologiens ont adopté une approche systématique pour formuler la doctrine. En faisant de la théologie systématique, une sélection de textes bibliques est interprétée synchroniquement, c'est-à-dire, tout à la fois. En appliquant cette méthode, on choisit d'abord un sujet. Ensuite, tous les textes de la Bible en rapport avec ce sujet, sont rassemblés, puis mis en parallèle, pour faire l'objet d'une enquête, souvent sans que l'on tienne compte de leurs réalités historiques ou contextuelles. Le théologien cherche alors à interpréter et à harmoniser ce que ces textes enseignent sur le sujet.

Cependant, dans la théologie biblique, la Bible est abordée diachroniquement, ou à travers le temps. Le théologien biblique cherche à découvrir comment Dieu a progressivement révélé sa personne, ainsi que son plan à travers l'histoire. Une caractéristique essentielle de la théologie biblique est qu'elle ne cherche pas à harmoniser les Écritures comme dans la théologie systématique, mais plutôt à permettre à chaque auteur biblique de parler pour lui-même, selon son propre agenda théologique et son propre milieu historique et culturel. Dans cette étude, j'emploierai la méthode théologique biblique, permettant ainsi à Luc de parler pour lui-même sans lui imposer indûment l'agenda théologique de Paul ou de Jean.

La théologie narrative

Un autre développement récent dans l'interprétation biblique est l'acceptation croissante de la signification théologique du récit biblique. Robert P. Menzies a qualifié cette acceptation croissante de « révolution tranquille » dans l'herméneutique évangélique.[6] Il écrit :

> Cette révolution a également remis en question des principes d'interprétation plus anciens et bien établis. Nous ne pouvons plus, par principe, donner la priorité aux parties didactiques de l'Écriture. On ne peut plus s'engager dans une réflexion théologique sans tenir compte de toutes les preuves de la main d'un auteur.[7]

---

6 William W. Menzies et Robert P. Menzies, *Spirit and Power: Foundations of Pentecostal Experience* (Grand Rapids, MI: Zondervan Publishing House, 2000), 37.

7 Ibid., 44.

Nos histoires définissent qui nous sommes et ce que nous devrions normalement être en tant que peuple. Les Américains se rappellent qui ils sont en racontant l'histoire des pèlerins et des pères fondateurs. Les Africains se rappellent qui ils sont en racontant l'histoire de leurs ancêtres. Selon Joseph M. Williams, « la narration est fondamentale au comportement humain. Aucune autre forme de prose ne peut communiquer de grandes quantités d'informations aussi rapidement et de manière aussi convaincante. »[8] Donald A. Johns dit que les gens utilisent les histoires « pour promouvoir un comportement et une expérience conforme à l'identité du groupe ».[9] Un groupe se souviendra souvent des histoires de ses débuts ou d'événements cruciaux de son histoire pour se souvenir de son ethos fondamental. Selon Johns, en interprétant les Actes, on obtient quelque chose comme ceci :

> « Comment l'Église peut-elle prêcher la Bonne Nouvelle de Jésus avec autant de puissance ? » J'entends Théophile poser cette question. « Eh bien, dit Luc, laissez-moi vous raconter une histoire. Le jour de la Pentecôte... » Cette fonction des récits est pertinente parce que les récits des Actes des Apôtres racontent à l'Église ce qu'elle est, sur ses qualités essentielles, sur la Pentecôte, sur un point central qui inaugure une nouvelle qualité essentielle, être rempli de l'Esprit, qui a comme but un service efficace, puissant et orienté vers Dieu.[10]

En outre, Craig S. Keener souligne que « la plupart des cultures dans le monde enseignent des leçons à travers les histoires. Les

---

8 Joseph M. Williams, *Style: Toward Clarity and Grace* (Chicago: The University of Chicago Press, 1995), 19-20.

9 Donald A. Johns, « Some New Directions in the Hermeneutics of Classical Pentecostalism's Doctrine of Initial Evidence », dans *Initial Evidence: Historical and Biblical Perspectives on the Pentecostal Doctrine of Spirit Baptism,* ed. Gary B. McGee (Peabody, Mass.: Hendrickson Publishers, Inc., 1991), 153-154.

10 Ibid., 154.

occidentaux sont ceux qui sont bizarres se trouvant incapables de suivre les récits de la Bible ».[11]

La rhétorique narrative

Un aspect important de la théologie narrative est le concept de *la rhétorique narrative.* Luc, comme les autres historiens bibliques, utilise ce dispositif narratif pour raconter son histoire. La rhétorique narrative est une tentative consciente de la part de l'auteur d'influencer la pensée et les attitudes de ses lecteurs. Cependant, Il le fait non pas par des déclarations morales ou théologiques manifestes, mais par l'application de certaines techniques narratives. Grâce à ces techniques, il construit un monde basé sur ses valeurs et croyances prédéterminées. Robert C. Tannehill commente :

> Un récit évangélique exerce une influence beaucoup plus riche que les déclarations théologiques, qui peuvent être présentées dans un essai. Les lecteurs sont amenés à croire ou à réaffirmer leur foi dans le personnage central, Jésus, et sont ainsi influencés de manière complexe—dans leurs attitudes, les images qui les contrôlent, leurs modèles d'action, les sentiments, etc.[12]

Il poursuit : « Le message de Luc-Actes n'est pas un ensemble de propositions théologiques, mais le remodelage complexe de la vie humaine, dans ses multiples dimensions, qu'il peut provoquer. »[13] Ainsi, Luc, comme d'autres auteurs narratifs, utilise la rhétorique narrative dans une tentative de remodeler les attitudes, les croyances et les pratiques de son lecteur.

---

11 Craig S. Keener, *Three Crucial Questions about the Holy Spirit* (Grand Rapids, MI: Baker Book House, 1999), 188.

12 Robert C. Tannehill, *The Narrative Unity of Luke-Acts: A Literary Interpretation*, vol. 1, *The Gospel According to Luke* (Philadelphia, PA: Fortress Press, 1991), 8.

13 Ibid.

Néanmoins, les évangéliques réformés traditionnels ont historiquement attribué peu d'importance à la valeur de la narration historique dans la formulation de la théologie. John R. W. Stott exprime l'opinion de la plupart de ces érudits lorsqu'il parle de « l'importance de permettre à la didactique de contrôler notre interprétation du récit ».[14] Par conséquent, ces interprètes maintiennent résolument que la doctrine—du moins dans un sens normatif—ne peut jamais découler directement des parties dites « purement narratives » de l'Écriture, comme les Actes des Apôtres. Puisque, selon eux, Luc a écrit avec une intention historique plutôt que théologique, Actes est largement dépouillé de son utilité théologique. Une telle théologisation est, bien sûr, une attaque directe contre la théologie pentecôtiste, puisque les doctrines pentecôtistes distinctes de l'expérience subséquente et des langues normatives dérivent en grande partie du livre des Actes.[15] Les pentecôtistes ont riposté en notant que les évangéliques ont créé un « canon dans un canon », c'est-à-dire, qu'ils ont élevé une partie de l'Écriture au-dessus d'une autre, disant qu'il est légitime de lire une partie de l'Écriture en formulant la doctrine, mais illégitime d'en lire une autre. Keener parle du danger d'une telle approche de l'Écriture :

> Bien que peu de gens nieraient complètement la valeur doctrinale de la narration, beaucoup suggèrent que l'on ne devrait trouver dans la narration que ce qui est simplement enseigné dans des parties « plus claires », plus « didactiques » de l'Écriture. Bien que certains de ces érudits figurent parmi les exégètes les plus illustres dans d'autres parties de l'Écriture, je dois protester contre le fait que leur approche des récits bibliques viole la règle la plus fondamentale de

---

14 John R. W. Stott, *The Message of Acts* (Leichester, Eng: Inter-Varsity Press, 1990), 7.

15 La doctrine de l'expérience subséquente dit que le baptême du Saint-Esprit est une expérience séparée de la nouvelle naissance et logiquement ultérieure à cette dernière. La doctrine des langues normatives dit que tous ceux qui sont baptisés dans le Saint-Esprit parleront en langues selon que l'Esprit leur donne de parler.

l'interprétation biblique et met en péril dans la pratique la doctrine de l'inspiration biblique. Paul n'a-t-il pas dit que toute Écriture était inspirée et donc utile pour « la doctrine » ou l'enseignement (2 Tm 3.16) ?[16]

Le caractère théologique des Actes des Apôtres

Le consensus actuel parmi les théologiens est que les évangélistes étaient en effet des théologiens à part entière, chacun écrivant avec son propre agenda théologique. Il en va de même pour Luc lorsqu'il écrivit les Actes des Apôtres. Dès 1984, Roger Stronstad a remis en question la méthodologie utilisée pour interpréter les Actes.[17] Il a préconisé un nouveau paradigme théologique basé sur trois concepts herméneutiques : en premier lieu, il a prôné l'homogénéité littéraire et théologique de Luc-Actes, déclarant que les deux livres comprenaient un seul ouvrage en deux volumes. Ils devraient donc être étudiés comme une unité littéraire. Il affirmait : « Cette homogénéité n'est pas moins vraie pour la théologie charismatique de Saint Luc que pour ses autres doctrines et motifs distinctifs. »[18]

Ensuite, Stronstad a appelé les interprètes bibliques à reconnaître le caractère théologique de la méthode historique de Luc. En interprétant les Actes, les pentecôtistes ont souligné le caractère théologique du livre. Inversement, les interprètes évangéliques et réformés traditionnels ont mis l'accent sur le caractère narratif des Actes, minimisant ainsi sa valeur théologique. Stronstad a dit qu'une telle vision fragmentée de l'Écriture « est étrangère à la compréhension générale du Nouveau Testament biblique, c'est-à-

---

16 Keener, 186-187. Voir aussi son livre, *Gift and Giver: The Holy Spirit for Today* (Grand Rapids, MI: Baker Academic, 2001), 210.

17 Roger Stronstad, *The Charismatic Theology of St. Luke* (Peabody, MA: Hendrickson Publishers, Inc., 1984), 2-12.

18 Ibid., 5.

dire l'historiographie de l'Ancien Testament ».[19] Il nota que Paul lui-même comprenait le récit historique de l'Ancien Testament comme ayant un but didactique, citant la déclaration de Paul dans 2 Timothée 3.16 : « Toute Écriture est inspirée de Dieu et utile pour enseigner, pour réfuter, pour redresser, pour éduquer dans la justice » (voir aussi Rm 15.4 ; 1 Co 10.11).

Enfin, Stronstad soutenait que l'on doit concéder à Luc son indépendance théologique sans lien avec Paul. En d'autres termes, Luc a le droit de s'exprimer en son nom propre, et ses paroles ne doivent pas être interprétées comme si elles avaient été écrites par Paul. Luc utilisait sa propre terminologie et avait sa propre intention en écrivant ; par conséquent, il doit être interprété selon ses propres termes. Stronstad note que si Paul établit un lien entre le « baptême de l'Esprit » et l'initiation à la conversion (1 Co 12.13), Luc le considère comme un revêtement de puissance pour le témoignage (Actes 1.8).[20] Nous développerons certaines de ces réflexions plus en détail dans les chapitres suivants.

Les présupposés pentecôtistes

Le théologien pentecôtiste Anthony D. Palma cite plusieurs présupposés qui guident son herméneutique personnelle dans l'interprétation des Actes. Il est raisonnable de dire que ces présupposés peuvent généralement être considérés comme les principes de base d'une approche pentecôtiste contemporaine de l'interprétation des Actes. Elles sont les suivantes :

---

19 Ibid., 6.

20 Une lecture plus attentive de 1 Corinthiens 12.13 révèle que Paul parle en effet de l'initiation à la conversion ; cependant, il ne parle pas du baptême dans le Saint-Esprit comme présenté par Luc dans les Actes. Il parle plutôt du baptême dans le Christ (voir Rm 6.3). Dans le baptême du Saint-Esprit, Jésus (le « baptiseur ») plonge le croyant (le « baptisé ») dans le Saint-Esprit (l'élément). Dans 1 Corinthiens 12.13, le Saint-Esprit est le « baptiseur », le nouveau croyant est le « baptisé » et le corps du Christ est l'élément. Paul, dans ses épîtres, fait ainsi référence aux croyants comme étant en Christ plus de 80 fois. Luc, cependant, n'utilise jamais cette terminologie, à l'exception peut-être d'Actes 24.24 où Paul parle à Félix de « la foi en Christ ».

- Toute Écriture (y compris les parties historiques) est inspirée de Dieu.
- L'exégèse des Écritures doit être contrôlée par une bonne compréhension de la discipline de la théologie biblique.
- Chaque écrivain biblique doit être compris selon ses propres termes.
- Les écrivains bibliques ont des emphases différentes.
- Un écrivain biblique doit d'abord être compris selon ses propres termes, et ce n'est qu'après que ses enseignements pourront être reliés à ceux des autres écrivains et à l'Écriture entière.
- Les différences apparentes entre les écrivains bibliques se caractérisent à juste titre par la complémentarité plutôt que par la compétition ou la contradiction.
- Les écrits de Luc appartiennent au genre littéraire de l'histoire.
- La critique rédactionnelle, dans le cadre de la méthode historico-critique, peut être utile pour interpréter l'Écriture.
- En écrivant ses histoires, Luc, sous la direction du Saint-Esprit, a été sélectif et subjectif dans son choix du matériel.
- La théologie narrative est utile dans l'interprétation des récits des Actes.
- L'induction est une forme légitime de logique, et les précédents historiques sont utiles dans l'interprétation des Actes. C'est particulièrement vrai en ce qui concerne le fait d'être rempli de l'Esprit, puisqu'il s'agit d'une activité initiée par Dieu plutôt que par l'homme.

- L'intention de Luc en écrivant les Actes est résumée dans Actes 1.8.[21]

D'autres spécialistes pentecôtistes, comme Howard Ervin, parlent du rôle du Saint-Esprit dans l'illumination du texte.[22] Selon Ervin, puisque la Bible est inspirée par l'Esprit, le croyant en qui l'Esprit demeure peut obtenir son aide dans l'interprétation de l'Écriture. La nouvelle naissance devient donc une condition préalable à la compréhension de la parole de Dieu (2 Co 2.9-15). Par ailleurs, l'expérience du baptême dans le Saint-Esprit ouvre notre esprit à une plus grande sensibilité à l'Esprit de Dieu, et peut ainsi ouvrir la voie à une meilleure compréhension de certaines parties des Écritures.

French L. Arrington parle en outre du rôle dialogique que l'expérience peut jouer dans l'interprétation de l'Écriture. Selon lui, l'Écriture et l'expérience s'informent mutuellement—et bien sûr, c'est l'Écriture qui a le dernier mot sur le sujet. William W. Menzies dit que l'expérience peut aussi servir à « vérifier » la vérité qui découle du raisonnement cognitif. Il affirme : « Si la vérité biblique doit être promulguée, elle doit pouvoir être démontrée dans la vie. »[23] Alors que certains accusent les pentecôtistes de lire leur expérience personnelle dans les Écritures, les pentecôtistes répliquent en disant que les non-pentecôtistes lisent leur non-expérience dans les Écritures. Bien qu'ils n'abandonnent pas leur vision de la suprématie

---

21 Anthony D. Palma, *The Holy Spirit: A Pentecostal Perspective* (Springfield, MO: Logion Press, 2001), 91-96.

22 Howard M. Ervin, « Hermeneutics: A Pentecostal Option », *Pneuma* 3, no. 2, (1981): 11-25. Voir aussi l'évaluation de Roger Stronstad sur Ervin dans *Spirit, Scripture, and Theology: A Pentecostal Perspective* (Baguio City, Philippines: Asia Pacific Theological Seminary Press, 1995), 24-27.

23 William W. Menzies, "The Methodology of Pentecostal Theology: An Essay on Hermeneutics," in *Essays on Apostolic Themes: Studies in Honor of Howard M. Ervin Presented to Him by Colleagues and Friends on His Sixty-fifth Birthday*, ed. Paul Elbert, (Peabody, MS: Hendrickson Publishers, 1986), 13; « Synoptic Theology, An Essay on Pentecostal Hermeneutics », *Paraclete* 13, no. 1, (Winter 1979): 20; Roger Stronstad, *Spirit, Scripture, and Theology: A Pentecostal Perspective* (Baguio City, Philippines: Asia Pacific Theological Seminary Press, 1995), 29.

de l'Écriture dans la détermination de la foi et de la conduite, et tout en s'en tenant fermement à l'approche grammaticale et historique de l'interprétation des Écritures, les pentecôtistes soutiennent que leur expérience peut, à juste titre, influencer leur compréhension du texte.

Le caractère missiologique des Actes

En plus d'écrire comme historien et théologien, Luc a aussi écrit comme un missiologue inspiré par l'Esprit. La missiologie est le domaine d'étude scientifique qui s'intéresse à la compréhension des fondements bibliques et philosophiques des missions, et cherche ensuite à appliquer cette compréhension à la pratique réelle des missions sur le terrain. Il combine les disciplines de la théologie, de l'histoire, de la sociologie, de l'anthropologie et de la psychologie qui s'appliquent chacune aux missions. Dans les Actes des Apôtres, la théologie et l'historiographie de Luc sont toutes deux éminemment missiologiques. Actes est un récit du progrès missionnaire de l'Église du premier siècle et une présentation de la façon dont ce progrès a été accompli. Les thèmes missiologiques dominent le livre. Cette vérité est attestée par l'intérêt répété de Luc pour les nations païennes, les *ethnè*.[24] Son intérêt évident pour la stratégie missionnaire en est une autre preuve. Cet intérêt de Luc se manifeste, entre autres, dans sa structuration du livre autour de la déclaration stratégique de Jésus dans Actes 1.8 et par sa description de la stratégie missionnaire de Paul dans Actes 19. Le caractère missiologique des Actes des Apôtres offre un indice important quant à l'intention primaire de Luc en écrivant ce livre.

---

24 Dans Actes des Apôtres, *ethnè* est mentionné 44 fois, dont 2.5 ; 4.25, 27 ; 7.7, 45 ; 8.9 ; 9.15 ; 10.22, 35, 45 ; 11.1, 18 ; 13.19, 42, 46-48 ; 14.2, 5, 16, 27 ; 15.3, 7, 12, 14, 17, 19, 23 ; 17.26 ; 18.6 ; 21.11, 19, 21, 25 ; 22.21 ; 24.2, 10, 17 ; 26.4, 17, 20, 23 ; 28.19, 28.

Les segments didactiques

Des indices quant à l'objectif d'un auteur dans son œuvre se trouvent également dans certains « segments didactiques » qu'il incorpore dans son histoire. Ces segments didactiques apparaissent souvent comme des déclarations propositionnelles exprimées par les personnages de l'histoire. L'auteur utilise donc les mots des personnages pour enseigner les leçons qu'il veut enseigner. Tout comme un journaliste qui cite les déclarations des personnes qui expriment les opinions qu'il veut faire passer, le narrateur cite parfois ses personnages en disant ce qu'il veut dire. Les enseignements et les sermons de Jésus et des apôtres sont des exemples dans le Nouveau Testament de telles déclarations didactiques. Des segments didactiques peuvent également être insérés dans une narration sous forme de commentaires entre parenthèses de la part de l'auteur.

Luc emploie ces deux techniques narratives dans Luc-Actes. Par exemple, l'encouragement de Jésus à ses disciples à demander à leur « Père céleste » le don de l'Esprit dans Luc 11.9-13 a une valeur didactique bien claire. Elle a également des implications normatives évidentes pour les chrétiens de tous les siècles.[25] Selon Robert Menzies, « ce texte reflète donc l'intention de Luc d'enseigner un baptême de l'Esprit séparé de la conversion », ce qui, dit-il, « signifie pour Luc un accès ouvert à l'Esprit divin—source de puissance qui leur permettrait de devenir témoins efficaces pour Christ » (Luc 12.12 ; Actes 1.8).[26] Certains, cependant, s'y opposent en disant que de tels enseignements de Jésus et des apôtres, puisqu'ils s'adressent à des publics spécifiques, dans des contextes historiques spécifiques, ne contiennent pas de caractéristiques normatives. Keener diverge d'opinion, notant qu'« il y a quelques centaines d'années, les protestants rejetèrent la Grande Commission de cette manière ».[27]

---

25 Il est à noter que cette injonction de Luc s'adressait aux disciples post-pentecôtistes, puisque Luc a écrit son Évangile vers l'an 60 ap. J.-C.

26 Menzies et Menzies, 117.

27 Keener, 189.

Un autre exemple d'un segment didactique contenu dans une partie narrative des Écritures est Actes 2.38-39 :

> Pierre leur dit : « Repentez-vous, et que chacun de vous soit baptisé au nom de Jésus-Christ, pour le pardon de vos péchés ; et vous recevrez le don du Saint-Esprit. Car la promesse est pour vous, pour vos enfants, et pour tous ceux qui sont au loin, en aussi grand nombre que le Seigneur notre Dieu les appellera. »

Bien que les pentecôtistes et les non-pentecôtistes interprètent différemment le sens de ce texte, tous deux peuvent s'accorder sur le caractère normatif de ce dernier. De même, la promesse de Jésus dans Actes 1.8 a une valeur normative claire pour l'Église et pour chaque chrétien aujourd'hui. Comme nous le démontrerons dans ce livre, Luc utilise ce verset comme clé d'interprétation de tout le livre des Actes, et c'est la clé pour comprendre l'intention de Luc dans la rédaction ce livre.

Commentaire entre parenthèses

L'intention de l'auteur est également mise en évidence dans certains commentaires entre parenthèses de Luc dans Actes. Un commentaire entre parenthèses est un aperçu explicatif ou informationnel, inséré par l'auteur dans la narration, pour aider le lecteur à mieux comprendre la signification d'un événement. Il peut s'agir d'aussi peu qu'une seule phrase ou d'une phrase complète ou deux. On peut omettre le commentaire entre parenthèses sans modifier le sens et l'interprétation de base de la phrase ni la fluidité de l'histoire. Il peut être inséré ou non entre parenthèses. Un exemple classique de commentaire entre parenthèses se trouve dans Jean 7.37-40 :

> Le dernier et le grand jour de la fête, Jésus se trouva là, et dit à haute voix : Si quelqu'un a soif, qu'il vienne à moi, et qu'il boive. Qui croit en moi, des fleuves d'eau vive couleront de

> lui, comme L'Écriture le dit. (Or, il disait cela de l'Esprit que devaient recevoir ceux qui croiraient en lui ; car le Saint-Esprit n'avait pas encore été donné, parce que Jésus n'était pas encore glorifié.) Plusieurs de la troupe ayant entendu ces paroles, disaient : Celui-ci est véritablement le prophète.[28]

Notez comment le verset 39, que la version OST met justement entre parenthèses, fonctionne comme un commentaire entre parenthèses. Dans ce commentaire, Jean explique à ses lecteurs le contexte historique de la déclaration de Jésus et comment ce contexte a eu un impact sur sa pleine signification.

Trois commentaires entre parenthèses dans Actes fonctionnent à peu près de la même manière. Le premier se trouve dans Actes 5.26, alors le commandant et les gardes partirent et les amenèrent sans violence, (car ils avaient peur d'être lapidés par le peuple). Dans ce commentaire entre parenthèses, Luc aide ses lecteurs à comprendre pourquoi les dirigeants juifs se sont abstenus de maltraiter les apôtres en public, tout en soulignant le respect que les apôtres avaient gagné parmi la population de Jérusalem. Un autre commentaire entre parenthèses se trouve dans Actes 8.14-17 :[29]

> Quand les apôtres qui étaient à Jérusalem apprirent que la Samarie avait accueilli la parole de Dieu, ils leur envoyèrent Pierre et Jean. Ceux-ci, une fois descendus chez eux, prièrent pour eux afin qu'ils reçoivent le Saint-Esprit. (*Car celui-ci n'était encore tombé sur aucun d'eux ; ils avaient seulement reçu le baptême pour le nom du Seigneur Jésus.*) Alors Pierre et Jean posèrent les mains sur eux, et ils reçurent l'Esprit saint (NBS).

Dans ce paragraphe, le verset 16 (que j'ai mis en italique et entre parenthèses) sert de commentaire entre parenthèses. Dans le

---

28 Un commentaire similaire entre parenthèses se trouve au verset 50 (OST).

29 Voir Actes 17.16 pour un exemple similaire.

contexte de son plus grand dessein en écrivant le livre des Actes, Luc voulait que ses lecteurs sachent que ces Samaritains n'avaient pas reçu le Saint-Esprit quand ils se sont convertis et se sont fait baptiser. Ils avaient besoin, en plus, de la puissance divine pour participer pleinement à la *missio Dei*. Ce passage est un argument fort en faveur d'une expérience qui équipe les chrétiens après leur conversion.

Un deuxième exemple du commentaire entre parenthèses de Luc se trouve dans Actes 10.44-48 :

> Comme Pierre prononçait encore ces mots, le Saint-Esprit descendit sur tous ceux qui écoutaient la parole. (*Tous les croyants circoncis qui étaient venus avec Pierre furent étonnés de ce que le don du Saint-Esprit soit aussi répandu sur les païens. Car ils les entendaient parler en langues et exalter Dieu.*) Alors Pierre reprit : Peut-on refuser l'eau du baptême à ceux qui ont reçu le Saint-Esprit aussi bien que nous ? Il ordonna de les baptiser au nom de Jésus-Christ. Ils lui demandèrent alors de rester là quelques jours.

Dans ce paragraphe, tout le verset 45, et la majeure partie du verset 46, se terminant par les mots « exalter Dieu » (que j'ai à nouveau mis en italique et inclus entre parenthèses), servent de commentaire entre parenthèses. Luc a inséré cette déclaration explicative parce qu'il pensait qu'il était important pour son lecteur de savoir exactement comment le baptême dans le Saint-Esprit avait été vécu à Césarée—c'est-à-dire avec le parler en langues et les paroles prophétiques. Il voulait aussi que ses lecteurs sachent que les langues servent de signe normatif, lors de la réception du baptême dans le Saint-Esprit. Johns affirme : « ...les commentaires du narrateur évaluent ou expliquent souvent un événement raconté. C'est important pour le pentecôtiste classique, parce que le narrateur dans Actes 10.46 attribue explicitement une valeur probante au fait de parler en langues et affirme que cela était l'opinion de Pierre et ses associés. »[30]

---

30 Johns, 152.

Application aux Actes

Appliquons maintenant certains de ces principes d'interprétation aux Actes. Nous commencerons par énumérer ce que nous savons sur le livre, y compris les idées provenant de sources externes et internes. Par exemple, nous savons que Actes des Apôtres est le second livre d'un ouvrage en deux parties, souvent appelé Luc-Actes (Luc 1.1-4 ; Actes 1.1). Nous savons que l'Évangile et les Actes ont été écrits par Luc, le médecin et compagnon missionnaire de Paul (Col 4.14 ; Ph 2.3), et que tous deux étaient destinés à « Théophile » (Luc 1.3 ; Actes 1.1), ami et patron possible de Luc. Nous savons aussi que les deux traitent des commencements : Luc avec les commencements de l'Évangile et Actes avec les commencements de l'Église (Luc 1.2, Actes 1.1). Et enfin, nous savons que les deux s'adressaient à un public plus large qu'à un seul homme. Luc voulait qu'ils soient lus par tous les « amoureux de Dieu ».

Nous pouvons être assez certains que Luc écrivit les Actes vers l'an 65 ap. J.-C., plus de trente ans après le jour de la Pentecôte. Il écrivit donc à une deuxième génération de chrétiens, dont beaucoup n'étaient pas encore vivants lorsque les premiers événements des Actes des Apôtres eurent lieu. Nous pouvons aussi être raisonnablement sûrs que le public de Luc vivait loin de Jérusalem. Arrington note que Luc a écrit « pour instruire les gens qui sont éloignés géographiquement et aussi dans le temps, par rapport au ministère de Jésus », et donc des débuts de l'Église.[31] Certains ont suggéré que Luc a écrit de Rome, d'autres disent d'Achaïe, d'Antioche, ou de Césarée.[32] Son public d'origine vivait probablement dans une province romaine quelque peu éloignée de la Judée. D'après les preuves internes, nous pouvons déduire que l'auditoire de Luc était probablement composé principalement de

---

31 French L. Arrington, "Luke," dans *The Full Life Bible Commentary to the New Testament,* eds. French L. Arrington and Roger Stronstad (Grand Rapids, MI: Zondervan Publishing House, 1999), 379.

32 Ibid.

païens et de Juifs hellénisés. Par ailleurs, deux autres conclusions peuvent être tirées des données internes.

VISION MISSIONNAIRE EN DECLIN

Tout d'abord, il y avait un déclin de la vision missionnaire parmi les chrétiens qui constituaient l'auditoire original de Luc. Il est possible que cette perte de vision ait été causée, du moins en partie, par la persécution qu'ils subissaient. Les personnes persécutées ont tendance à se replier sur elles-mêmes et à se concentrer sur leur propre sort et leur souffrance plutôt que de se tourner vers les besoins spirituels des autres. Luc voyait cette situation avec inquiétude, et il se mit à rappeler à ses lecteurs qu'en dépit de persécutions sévères, les premiers pentecôtistes avaient triomphé et étaient restés concentrés sur leur mission évangélique.[33] Ceux à qui il écrivait pouvaient s'attendre aux mêmes résultats, s'ils étaient eux aussi revêtus par l'Esprit.

LA DESACCENTUATION DU REVÊTEMENT DE PUISSANCE PENTECÔTISTE

Deuxièmement, nous pouvons déduire des preuves internes qu'il y a eu une désaccentuation du revêtement de la puissance pentecôtiste au sein de l'audience originale de Luc. Luc a écrit pour rappeler à ces chrétiens de la « deuxième génération » leurs racines pentecôtistes et pour leur démontrer la nécessité absolue du revêtement de puissance pneumatique pour le témoignage parmi les

33 Le lecteur remarquera que j'utilise le mot « pentecôtiste » de plusieurs façons dans ce livre. Je parle parfois des églises contemporaines et des chrétiens qui font partie du mouvement de renouveau qui a commencé au début du XXe siècle et qui est généralement connu sous le nom de « pentecôtisme ». D'autres fois, je parle de ces chrétiens du début du premier siècle qui ont fait l'expérience de la puissance du Saint-Esprit le jour de la Pentecôte ou peu après. La troisième façon dont j'utilise ce mot est plus théologique. Je parle de l'approche unique de l'interprétation des Actes adoptée par ceux du mouvement pentecôtiste. La façon dont le mot est utilisé dans chaque cas peut être déterminée par le contexte.

nations. Ce but de Luc deviendra plus clair au fur et à mesure que nous avancerons dans ce livre.

Objectifs secondaires

Je dois faire une petite digression pour souligner que Luc a aussi écrit avec d'autres objectifs secondaires à l'esprit. Il s'agissait notamment des objectifs historiques, théologiques, évangéliques, pastoraux et apologétiques.

Luc a évidemment écrit avec une *intention historique.* Il estimait qu'il était important que ses lecteurs aient une compréhension claire des débuts de l'Église. Ce but est énoncé textuellement dans Luc 1.3-4 :

> ...il m'a semblé bon à moi aussi, après avoir tout recherché exactement depuis les origines, de te l'exposer par écrit d'une manière suivie, excellent Théophile, afin que tu reconnaisses la certitude des enseignements que tu as reçus.

L'intention historique de Luc est aussi implicite dans Actes 1.1 : « Théophile, j'ai parlé, dans mon premier livre, de tout ce que Jésus a commencé *de faire* et d'enseigner... » (italiques ajoutés).

L'intention théologique de Luc est également implicite dans ces deux déclarations introductives. Il écrivait pour que ses lecteurs sachent « la certitude des enseignements [qu'ils ont] reçus » (Luc 1.4) et pour souligner, non seulement les « œuvres », mais aussi les « enseignements » de Jésus et de l'église primitive (Actes 1.1).

Luc a aussi écrit avec une *intention évangélique.* Un thème majeur qui traverse Luc-Actes est la nature et l'importance du salut. Luc insiste à plusieurs reprises sur l'offre de salut que Dieu fait à toute l'humanité : Juifs et païens, hommes et femmes, jeunes et vieux, riches et pauvres (Luc 2.30-32 ; Actes 2.17-21). Selon Luc, ce salut n'est disponible que grâce à Jésus-Christ (Actes 4.12), et est reçu par la foi et la repentance (Actes 2.38-39 ; 16.31).

Il est clair que Luc a aussi écrit avec une *intention pastorale.* Il cherchait à encourager et à fortifier les chrétiens en leur assurant qu'ils pourraient triompher de l'opposition et de la persécution comme l'ont fait les premiers chrétiens. Par la puissance de l'Esprit, non seulement ils pouvaient rester fidèles au Christ, mais ils pouvaient être de puissants témoins de sa grâce.

Finalement, Luc a écrit avec une *intention apologétique.* Dans l'interprétation des Actes, on est confronté à la question suivante : pourquoi Luc a-t-il inclus les longs épisodes de procès dans les Actes ? (chapitres 22-26). Comme certains l'ont suggéré, c'est parce qu'il était préoccupé par l'attitude des autorités romaines envers le christianisme. Il a donc inclus ces épisodes pour démontrer aux magistrats romains que le christianisme n'était pas une menace pour Rome. Dans chaque procès, Paul est déclaré légalement innocent et le christianisme est représenté comme une religion aux normes éthiques et morales élevées. Tout en encourageant les chrétiens persécutés à endurer et même à triompher par la puissance de l'Esprit, Luc appelle aussi les autorités romaines à cesser de les persécuter.

Intention primaire

Cela dit, il est évident, cependant, qu'aucune des affirmations ci-dessus ne représente *l'intention primaire* de Luc dans la rédaction des Actes. L'intention primaire de Luc était plutôt prophétique et missiologique. Il écrit comme un prophète inspiré par l'Esprit qui appelle l'Église de son temps à revenir à ses racines pentecôtistes et missionnaires. Après avoir donné d'autres raisons possibles pour lesquelles Luc a écrit les Actes, William Barclay dit : « Mais ce ne sont que des intentions secondaires. L'intention principale de Luc est énoncée dans les paroles du Christ ressuscité dans Actes 1.8, 'Vous serez mes témoins à Jérusalem, dans toute la Judée, dans la Samarie et jusqu'aux extrémités de la terre.' »[34] Nous approfondirons cette analyse dans les chapitres suivants.

Conclusion

Dans ce chapitre, nous avons abordé certaines des questions herméneutiques entourant l'interprétation des Actes. Nous avons noté que les Actes des Apôtres, qui appartiennent au genre littéraire de la narration historique, doivent être abordés quelque peu différemment des autres genres du Nouveau Testament, comme les Évangiles, les épîtres ou l'écriture apocalyptique. Nous avons précisé que la compréhension de l'intention de l'auteur est un ingrédient essentiel dans l'interprétation des Écritures, et nous avons conclu que l'intention principale de Luc en écrivant les Actes était en même temps prophétique et missiologique. Il écrivit ainsi comme une voix prophétique appelant l'église de son temps à revenir à ses origines pentecôtistes et missionnaires.

Dans les chapitres qui suivent, nous examinerons de plus près l'intention de Luc en écrivant les Actes. En particulier le texte de Actes 1.8, la clé de l'interprétation du livre des Actes. Nous verrons comment le *motif de revêtement de puissance en vue du témoignage* établi dans ce verset, se répète tout au long du livre, donnant aux Actes leur cohésion et leur impact dynamique.

---

34 William Barclay, *The Daily Study Bible: The Acts of the Apostles*, rev. ed. (Edinburgh, Eng: The Saint Andrew Press, 1976), 4.

- CHAPITRE 2 -

LE PONT NARRATIF

ACTES 1.1-11

Théophile, j'ai parlé, dans mon premier livre, de tout ce que Jésus a commencé de faire et d'enseigner, jusqu'au jour où il fut enlevé (au ciel), après avoir donné ses ordres, par le Saint-Esprit, aux apôtres qu'il avait choisis. C'est à eux aussi qu'avec plusieurs preuves, il se présenta vivant, après avoir souffert, et leur apparut pendant quarante jours en parlant de ce qui concerne le royaume de Dieu. Comme il se trouvait avec eux, il leur recommanda de ne pas s'éloigner de Jérusalem, mais d'attendre la promesse du Père dont, leur dit-il, vous m'avez entendu parler ; car Jean a baptisé d'eau, mais vous, dans peu de jours, vous serez baptisés du Saint-Esprit.

Eux donc, réunis, demandèrent :
Seigneur, est-ce en ce temps que tu rétabliras le royaume pour Israël ? Il leur répondit : Ce n'est pas à vous de connaître les temps ou les moments que le Père a fixés de sa propre autorité. Mais vous recevrez une puissance, celle du Saint-Esprit survenant sur vous, et vous serez mes témoins à Jérusalem, dans toute la Judée, dans la Samarie et jusqu'aux extrémités de la terre.

Après avoir dit cela, il fut élevé pendant qu'ils le regardaient, et une nuée le déroba à leurs yeux. Et comme ils avaient les regards fixés vers le ciel pendant qu'il s'en allait, voici que deux hommes, en vêtements blancs, se présentèrent à eux et dirent : Vous Galiléens, pourquoi vous arrêtez-vous à regarder au ciel ? Ce Jésus, qui a été enlevé au ciel du milieu de vous, reviendra de la même manière dont vous l'avez vu aller au ciel.

Nous avons examiné au chapitre 1 les principes herméneutiques qui guideront notre étude. Dans ce chapitre, nous concentrerons notre attention sur l'introduction de Luc aux Actes qui se trouvent dans Actes 1.1-11. Ces onze versets servent à deux fins littéraires pour le livre : Tout d'abord, lorsqu'ils sont pris avec les dix derniers versets de l'Évangile de Luc, ils servent en quelque sorte de pont narratif, reliant les deux volumes. Deuxièmement, ils servent d'introduction programmatique au livre des Actes des Apôtres, fonctionnant beaucoup comme un résumé littéraire ou juridique, décrivant les principaux éléments de ce qui va suivre dans le reste du livre. Examinons de plus près chacune de ces deux fonctions.

Le pont narratif

Les onze premiers versets du chapitre 1 des Actes servent de pont narratif, établissant un lien littéraire entre Luc et Actes. Une comparaison entre Luc 24.44-53 et Actes 1.1-11 révèle que ces passages relatent les mêmes événements et représentent un chevauchement des deux livres, le premier passage concluant Luc, le second introduisant les Actes. Ces deux passages contiennent huit déclarations parallèles directes, comme je l'ai schématisé dans le tableau ci-dessous.

HUIT DECLARATIONS PARALLELES

(FIGURE 2.1)

	LUC 24.44-53	ACTES 1.1-11
1	[L'Évangile de Luc]	[1]Théophile, j'ai parlé, dans mon premier livre, de tout ce que Jésus a commencé de faire et d'enseigner, [2] jusqu'au jour où il fut enlevé au ciel (voir v. 9 ci-dessous).
2	[45]Alors il leur ouvrit l'intelligence pour comprendre les Écritures. [46]Et il leur dit : Ainsi il est écrit que le Christ souffrirait, qu'il ressusciterait d'entre les morts le troisième jour…	...après avoir donné ses ordres, par le Saint-Esprit, aux apôtres qu'il avait choisis.
3	[44]Puis il leur dit : C'est là ce que je vous disais lorsque j'étais encore avec vous ; il fallait que s'accomplisse tout ce qui est écrit de moi dans la loi de Moïse, dans les prophètes et dans les psaumes.	[3]C'est à eux aussi qu'avec plusieurs preuves, il se présenta vivant, après avoir souffert, et leur apparut pendant quarante jours en parlant de ce qui concerne le royaume de Dieu (voir v. 6 ci-dessous).

	LUC 24.44-53	ACTES 1.1-11
4	49a Et [voici] : j'enverrai sur vous ce que mon Père a promis, mais vous, restez dans la ville...	4Comme il se trouvait avec eux, il leur recommanda de ne pas s'éloigner de Jérusalem, mais d'attendre la promesse du Père dont, leur dit-il, vous m'avez entendu parler ; 5car Jean a baptisé d'eau, mais vous, dans peu de jours, vous serez baptisés du Saint-Esprit. 6Eux donc, réunis, demandèrent : Seigneur, est-ce en ce temps que tu rétabliras le royaume pour Israël ? 7Il leur répondit : Ce n'est pas à vous de connaître les temps ou les moments que le Père a fixés de sa propre autorité.
5	49bjusqu'à ce que vous soyez revêtus de la puissance d'en haut.	8Mais vous recevrez une puissance, celle du Saint-Esprit survenant sur vous
6	48aVous êtes témoins de ces choses.	...et vous serez Mes témoins…
7	47et que la repentance en vue du pardon des péchés serait prêchée en son nom à toutes les nations à commencer par Jérusalem.	... à Jérusalem, dans toute la Judée, dans la Samarie et jusqu'aux extrémités de la terre.

	LUC 24.44-53	ACTES 1.1-11
8	[50]Il les emmena jusque vers Béthanie, puis il leva les mains et les bénit.[51]Pendant qu'il les bénissait, il se sépara d'eux et fut enlevé au ciel.	[9]Après avoir dit cela, il fut élevé pendant qu'ils le regardaient, et une nuée le déroba à leurs yeux. [10]Et comme ils avaient les regards fixés vers le ciel pendant qu'il s'en allait, voici que deux hommes, en vêtements blancs, se présentèrent à eux et dirent :[11]Vous Galiléens, pourquoi vous arrêtez-vous à regarder au ciel ? Ce Jésus, qui a été enlevé au ciel du milieu de vous, reviendra de la même manière dont vous l'avez vu aller au ciel.

Les huit parallèles présentés à la figure 2.1 peuvent être résumés comme suit :

1. Le livre des Actes des Apôtres est le deuxième tome d'un ensemble des deux volumes sur l'histoire des débuts du christianisme, écrits par Luc et donc l'Évangile de Luc est le premier (Actes 1.1).
2. Même après sa résurrection, Jésus a continué à marcher sous la direction de l'Esprit (Actes 1.2). Ce ministère sous la conduite de l'Esprit permet entre autres, d'ouvrir l'esprit des disciples pour comprendre les Écritures, en particulier les prophéties qui parlaient de sa mort et de sa résurrection (Luc 24.44-45).
3. Pendant les quarante jours qui se sont écoulés entre sa résurrection et son ascension, Jésus a enseigné à ses disciples le royaume de Dieu (Actes 1.3). Dans son enseignement du royaume, il expliquait comment sa vie était un accomplissement des Écritures de l'Ancien Testament (Luc 24.44, voir aussi vv. 25-27).

4. Jésus a promis à ses disciples qu'il enverrait bientôt la promesse de son Père sur eux. Ils devaient donc rester dans la ville de Jérusalem jusqu'à ce que la promesse soit accomplie. Cette promesse du Père n'était autre que le baptême dans le Saint-Esprit dont Jean-Baptiste avait parlé (Luc 3.15-16).

5. Ce baptême viendrait comme une « puissance d'en haut », et il se produirait quand le Saint-Esprit descendrait sur les disciples. Ils devaient donc attendre en anticipant cette expérience dynamique venant du ciel. Cette expérience serait à la fois un revêtement avec et un baptême dans la présence et la puissance de Dieu.

6. À la suite de cette expérience spectaculaire, les disciples recevraient le pouvoir de témoigner de la mort et de la résurrection du Christ (cf. Actes 4.33).

7. Leur témoignage devait commencer à Jérusalem, mais il ne devait pas s'arrêter là. Ce serait une mission mondiale qui continuerait à s'étendre dans toute la Judée et la Samarie, et jusqu'à ce qu'elle atteigne les « extrémités de la terre ».

8. Jésus a terminé son ministère terrestre en bénissant ses disciples et en montant physiquement au ciel (Actes 1.2, 11 ; Luc 24.50). Son ascension fut la dernière étape préparatoire avant qu'Il n'accomplisse sa promesse de répandre l'Esprit sur ses disciples (cf. Actes 2.33).

Ce chevauchement de Luc et des Actes des Apôtres démontre l'unité narrative des deux livres. Il est donc clair que Luc voulait que les Actes soient considérés comme la suite de son Évangile.

Ces deux passages ont non seulement plusieurs caractéristiques parallèles, mais chaque passage a ses propres caractéristiques qui lui sont uniques. Prenons un moment pour noter quelques-unes de ces particularités de chaque récit.

Conclusion de Luc

Les dix derniers versets de l'Évangile de Luc servent de conclusion appropriée au livre (24.44-53). Tout au long de son Évangile, Luc a donné à ses lecteurs des indicateurs répétés de la préoccupation de Dieu pour tous les peuples. Par exemple, il commence le livre en l'adressant, non pas à un Juif, mais à un païen du nom de Théophile, qui signifie « celui qui aime Dieu », suggérant ainsi que le message de l'Évangile ne s'adresse pas seulement aux Juifs, mais aussi aux païens et que tous les peuples de toutes les nations peuvent devenir amoureux de Dieu. Au tout début, Luc inclut la prière de Siméon, inspirée par l'Esprit sur l'enfant Jésus : « Car mes yeux ont vu ton salut, que tu as préparé devant tous les peuples, lumière pour éclairer les nations et gloire de ton peuple, Israël » (Luc 2.30-32). Remarquez le caractère inclusif de la prière de Siméon, qui met l'accent sur l'idée que le salut de Dieu est pour « tous les peuples », aussi bien les païens que les Juifs.

L'intérêt de Luc pour les nations se manifeste de bien d'autres manières. Par exemple, alors que les quatre Évangiles relatent le ministère de Jean-Baptiste qui prépare le chemin pour Jésus, seul Luc choisit de citer les paroles d'Ésaïe : « Et toute chair verra le salut de Dieu » (3.6). Ainsi, par le biais de l'inclusion narrative, Luc souligne la préoccupation de Dieu pour tous les peuples. Contrairement à Matthieu qui, dans sa généalogie, retrace la lignée de Jésus jusqu'à Abraham, le père des Juifs (1.2), Luc retrace sa lignée jusqu'à Adam, le père de l'humanité entière (3.38), insinuant que Jésus est non seulement le sauveur d'Israël mais celui de toutes les nations.

Des quatre évangélistes, seul Luc rapporte la tentative de Jésus de tendre la main au peuple métis de la Samarie, déclarant qu'il était venu pour « les sauver » (9.51-56). Par ailleurs, Luc seul rapporte la parabole de Jésus sur le Bon Samaritain, indiquant ainsi que les bonnes œuvres n'étaient pas la prérogative exclusive des Juifs (10.30-36). Encore une fois, seul Luc rapporte les paroles de Jésus :

« Il en viendra de l'orient et de l'occident, du nord et du midi ; et ils se mettront à table dans le royaume de Dieu » (13.29). Il est donc tout à fait approprié que Luc termine son Évangile avec Jésus mandatant ses disciples, en déclarant que « la repentance en vue du pardon des péchés serait prêchée en son nom à toutes les nations [*panta ta ethne*], à commencer par Jérusalem » (24.47).

Le récit de Luc sur la combinaison promesse/commandement de Jésus, qui suit immédiatement sa commission, est également approprié : « Et [voici] : j'enverrai sur vous ce que mon Père a promis, mais vous, restez dans la ville, jusqu'à ce que vous soyez revêtus de la puissance d'en haut » (24.49). Tout au long de son Évangile, Luc présente Jésus comme le Christ oint par l'Esprit (3.16, 22 ; 4.1, 14, 17-19, 36 ; 5.17 ; 6.19 ; 11.20). Il est donc approprié qu'il conclue son livre par la promesse de Jésus à ses disciples qu'eux aussi seraient bientôt revêtus de la puissance de l'Esprit, et par son commandement d'attendre cette promesse. Ses disciples participeront à sa mission auprès des nations, non par leurs propres forces, mais, comme il l'avait fait, par la puissance de l'Esprit. De cette façon, l'Évangile de Luc est clairement en parallèle avec l'accent missiologique et pneumatologique des Actes.

La conclusion de l'Évangile de Luc est ouverte (24.53), tout comme le livre des Actes est ouvert (28.31), comme si les deux livres se terminaient avec une attente pour quelque chose à venir. L'Évangile de Luc se termine par l'attente anxieuse des disciples de la « promesse du Père » (vv. 49-53), promesse encore non accomplie. Il reste quelque chose à faire pour les disciples de Jésus. John Michael Penney commente la conclusion de Luc, la reliant à l'ouverture des Actes :

> Le récit de l'espoir, suscité à la fin du livre de Luc, de l'inauguration d'une mission mondiale et d'un ministère en parole et en actes, oint par l'Esprit, accompli par les disciples de Jésus est encore renforcé et illuminé par le premier chapitre du livre des Actes. La première section principale

> (1.1-2.42) est une déclaration prudente par Luc, l'ultime réalité sous-jacente à la mission ou « Actes » des Apôtres qui permet au lecteur de comprendre le contenu qui suit.[1]

Luc termine ainsi son Évangile en laissant le lecteur dans un état d'anticipation. Jésus est parti, laissant son église naissante avec la tâche d'achever l'œuvre qu'il avait commencée. Il les laisse aussi avec une promesse de la « puissance d'en haut » afin qu'ils puissent se lancer dans la tâche de proclamer la repentance et le pardon des péchés à toutes les nations.

Présentation du livre des Actes

Alors que Luc 24.44-53 sert de conclusion appropriée à l'Évangile de Luc, Actes 1.1-11 sert d'introduction appropriée à son second volume. Luc présente les Actes comme une suite du ministère de Jésus oint par l'Esprit. C'est ce qu'indique sa déclaration au verset 1 : « Théophile, j'ai parlé, dans mon premier livre, de tout ce que Jésus *a commencé* de faire et d'enseigner » (italique ajouté). Les mots « a commencé » indiquent que le ministère de Jésus n'était pas achevé dans Luc, mais qu'il se poursuivait dans les Actes. L'Évangile de Luc relate ainsi les actions de Jésus oint par l'Esprit, tandis que les Actes des Apôtres rendent compte de l'œuvre de Jésus qui se poursuit à travers ses témoins oints de l'Esprit. Arrington convient :

> Actes, donc, relate la suite du ministère de Jésus. Dès le début et jusqu'à la fin de son ministère terrestre, tout ce que Jésus a fait et dit, a été dirigé et rendu puissant par l'Esprit. Le deuxième volume de Luc relate une histoire similaire, qui se concentre sur une communauté de disciples oints par l'Esprit qui continue à faire et à enseigner les choses que Jésus a

---

1 John Michael Penney, *The Missionary Emphasis of Lukan Pneumatology* (Sheffield, Eng.: Sheffield Academic Press, 1997), 64.

commencé à faire et à enseigner pendant son temps sur terre.[2]

Une introduction programmatique

Non seulement Actes 1.1-11 sert de pont narratif entre le premier et le second volume de Luc, mais il sert aussi d'introduction programmatique du livre des Actes. Ces onze versets servent d'unité d'introduction décrivant l'intention de Luc en écrivant les Actes. Cette unité d'introduction se compose d'un prologue et de deux brefs épisodes comme suit :

- Prologue, résumant brièvement le premier volume (vv. 1-4)
- Les dernières instructions de Jésus à ses disciples (vv. 5-8)
- L'ascension de Jésus au ciel (vv. 9-11)

Ensemble, ces trois éléments littéraires constituent une introduction programmatique à l'ensemble de l'ouvrage, tout comme le ferait un résumé littéraire ou juridique.[3] Les résumés contiennent habituellement trois parties : (1) un énoncé du contexte et du problème à aborder dans le travail, (2) une annonce de ses thèmes clés et (3) une déclaration de son point principal.[4] Les onze premiers versets des Actes des Apôtres remplissent ces mêmes trois fonctions pour le livre.

---

2 French, L. Arrington, "Acts of the Apostles," dans *The Full Life Bible Commentary to the New Testament*, eds. French L. Arrington and Roger Stronstad (Grand Rapids, MI: Zondervan Publishing House, 1999), 535.

3 Un résumé est un bref énoncé des pensées essentielles d'un livre, d'un article, d'un discours ou d'un dossier judiciaire. Il est utilisé par les chercheurs pour prévisualiser le but et le contenu d'un travail avant qu'ils ne l'approfondissent de manière plus exhaustive.

4 Wayne C. Booth, Gregory Colomb, et Joseph M. Williams, *The Craft of Research*, 2d ed. (Chicago: University of Chicago Press, 2003), 219-220.

Thèmes clés

Sous forme narrative, les onze premiers versets des Actes annoncent cinq thèmes missio-pneumatologiques clés qui caractériseront l'œuvre. Ils donnent ainsi le ton pour l'ensemble du livre, puisque Luc continuera à les développer tout au long du livre. Elles sont les suivantes :

1. Le royaume de Dieu

> « ...*parlant de ce qui concerne le royaume de Dieu* » (*v. 3*).
> « *Seigneur, est-ce en ce temps que tu rétabliras le royaume pour Israël ?* » (*v. 6*).

Deux fois dans les versets 1-11 Luc mentionne le royaume de Dieu (1.3, 6). À son tour, ce concept fournit le contexte général pour l'ensemble du livre des Actes des Apôtres. Dans les Actes, le royaume de Dieu est mentionné huit fois (1.3, 6 ; 8.12 ; 14.22 ; 19.8 ; 20.25 ; 28.23, 31) et Jésus est dépeint trois fois comme un roi (2.30 ; 5.13, 31). Luc utilise en outre un dispositif narratif connu sous le nom *d'inclusio.*[5] En appliquant ce dispositif narratif, un auteur encadre son histoire avec des déclarations parallèles clés révélant un concept ou une idée qui doit être superposé à tout ce qui se passe entre eux. Dans Actes des Apôtres, Luc structure tout le livre avec des déclarations clés concernant le royaume de Dieu. Cela fait, il n'est plus nécessaire pour lui de mentionner le royaume chaque fois qu'il est applicable. Il est supposé que le royaume de Dieu soit le contexte de tout dans le cadre.

Remarquez comment Luc mentionne pour la première fois le royaume de Dieu au tout début du livre :

> Théophile, j'ai parlé, dans mon premier livre, de tout ce que Jésus a commencé de faire et d'enseigner, jusqu'au jour où il

---

5 À ne pas confondre avec l'inclusion-exclusion discutée au chapitre 1.

> fut enlevé (au ciel), après avoir donné ses ordres, par le Saint-Esprit, aux apôtres qu'il avait choisis. C'est à eux aussi qu'avec plusieurs preuves, il se présenta vivant, après avoir souffert, et leur apparut pendant quarante jours *en parlant de ce qui concerne le royaume de Dieu* (1.1-3, italique ajouté).

Puis, remarquez comment il parle à nouveau du royaume de Dieu dans le tout dernier verset des Actes des Apôtres :

> Paul demeura deux ans entiers au domicile qu'il avait loué. Il recevait tous ceux qui venaient le voir ; *il prêchait le royaume de Dieu* et enseignait ce qui concerne le Seigneur Jésus-Christ, en toute assurance et sans empêchement (28.30-31, italique ajouté ; voir aussi v. 23).

Luc présente ainsi tout le livre dans le contexte du Royaume de Dieu. Le lecteur peut donc supposer qu'il s'agit là du contexte général de l'ensemble du livre.

Le royaume de Dieu représente le règne souverain de Dieu sur sa création. C'est le moyen divin par lequel Il accomplit sa volonté sur la terre, et exécute sa mission (*missio Dei*) parmi les nations. John V. York a démontré que la *missio Dei* est, en fait, le thème central de toute Écriture.[6] La mission de Dieu est de racheter et d'appeler à Lui-même des hommes de toute tribu, langue, peuple et nation (cf. Ap 5.9 ; 7.9 ; 11.15).

Remarquez à nouveau que, dans le verset 3, Luc déclare que pendant les quarante jours entre la résurrection de Jésus et l'ascension, il a parlé des « choses concernant le royaume de Dieu ». Une étude des enseignements de Jésus après la résurrection révèle trois principaux « thèmes du royaume » :

---

6 John V. York, *Missions in the Age of the Spirit* (Springfield, MO: Logion Press, 2000).

- Jésus comme l'accomplissement des Écritures de l'Ancien Testament (Luc 24.25-27, 44-48)
- La commission de l'Église pour porter l'Évangile à toutes les nations (Mt 28.18-20 ; Marc 16.15-16 ; Luc 24.47-48 ; Jean 20.21 ; Actes 1.8)
- La nécessité d'un revêtement pneumatique pour accomplir la tâche missionnaire (Mt 28.20 ; Marc 16.17-18 ; Luc 24.49 ; Jean 20.22 ; Actes 1.3-8).

Ces thèmes du royaume sont répétés encore et encore tout au long du livre des Actes des Apôtres.

2. <u>La mission mondiale de l'Église</u>

> *« Vous serez mes témoins à Jérusalem, dans toute la Judée, dans la Samarie et jusqu'aux extrémités de la terre » (v. 8).*

Un deuxième thème clé introduit par Luc dans son introduction programmatique est la mission mondiale de l'Église. Lorsqu'au verset 6, les disciples de Jésus lui demandèrent s'il voulait immédiatement restaurer le royaume d'Israël, il répondit que le temps de la restauration d'Israël n'était pas de leur ressort. Il leur révéla alors deux enjeux primaires du royaume : (1) la tâche du témoignage mondial et (2) le besoin d'un revêtement divin pour accomplir cette tâche. En référence à la tâche des missions, Jésus dit à ses disciples : « Vous serez mes témoins à Jérusalem, dans toute la Judée, dans la Samarie et jusqu'aux extrémités de la terre. » Dans le passage parallèle de Luc, Jésus a dit qu'ils seraient ses témoins « à toutes les nations à commencer par Jérusalem » (24.47).

Actes 1.8 est une réaffirmation de la Grande Commission de Jésus telle qu'enregistrée dans chacun des quatre Évangiles, chacun d'eux parlant de la mission mondiale de l'Église (Mt 28.18-20 ; Marc 16.15-18 ; Luc 24.46-49 ; Jean 20.20-23). Ici, dans les Actes des Apôtres, Jésus fait écho à son appel à l'évangélisation du monde.

Une autre indication de la mission mondiale de l'Église se trouve dans 1.4 où Jésus dit à ses disciples d'attendre à Jérusalem « ce que le Père avait promis ». D'autres versions de la Bible traduisent cette phrase par « la promesse du Père ».[7] On se demande : « De quelle promesse du Père Jésus parle-t-il ? » Il se réfère à la promesse d'une effusion universelle de l'Esprit, y compris la prophétie de Joël 2.28-29. Pierre l'a confirmé en citant cette prophétie le jour de la Pentecôte (Actes 2.16-21). Jésus se référait en même temps à la prophétie de Jean-Baptiste selon laquelle Jésus baptiserait les croyants dans « le Saint-Esprit et le feu » (Luc 3.16). Certains ont en outre suggéré que Jésus aurait aussi pu se référer à la promesse de Dieu à Abraham de bénir « toutes les familles de la terre » (comparer Gn 12.3 avec Ga 3.14). Stanley Horton écrit,

> L'histoire des rapports de Dieu avec son peuple est une révélation étape par étape : La première fut la défaite promise de ce vieux serpent, le diable, par la semence de la femme (Gn 3.15). Ensuite, la promesse fut donnée à Abraham, à Isaac et à Jacob. La lignée choisie fut alors restreinte à Juda, puis à David. Celle-ci a conduit à Jésus, l'arrière-petit-fils de David. Or, c'est par Jésus que viendrait la promesse du Père, le don de l'Esprit.[8]

Jésus a personnifié la promesse dans Luc 11.9-13 où il a dit que le Saint-Esprit serait donné à tout enfant de Dieu qui en ferait simplement la demande. La promesse a donc une portée universelle, s'étendant à tous les groupes ethniques dans le monde entier, mais avec une application individuelle, et s'appliquant à tous ceux qui la demandent.

---

7 C-à-d. OST, BDS et NBS.

8 Harris, Ralph W., gen. ed., *The Complete Biblical Library*, vol. 5, *Acts* de Stanley M. Horton (Springfield, MO: The Complete Biblical Library, 1991), 21.

3. La nécessité du revêtement pneumatique

> *« Il leur recommanda de ne pas s'éloigner de Jérusalem, mais d'attendre ce que le Père avait promis » (v. 4).*
> *« Mais vous recevrez une puissance, celle du Saint-Esprit survenant sur vous » (v. 8).*

Un troisième thème clé introduit dans Actes 1.1-11 est la nécessité d'un revêtement pneumatique afin d'accomplir la tâche du témoignage mondial. Au fur et à mesure que nous progresserons dans cette étude, nous observerons comment Luc revient encore et encore sur ce thème de la plus haute importance. L'œuvre de l'évangélisation mondiale s'accompagne d'une question : comment cette œuvre doit-elle être accomplie ? Jésus répond que cela ne peut s'accomplir qu'avec l'aide de Dieu, et cette aide vient quand une personne est revêtue de la puissance de l'Esprit.

Actes 1.1 décrit la méthode missionnaire de Jésus comme une méthode à la fois d'œuvre et d'enseignement. Dans l'épisode de la route d'Emmaüs, Luc dépeint Cléopâtre désignant Jésus comme « un prophète puissant en œuvres et en paroles » (Luc 24.19). Ces deux éléments—une proclamation ointe et une démonstration puissante—ont caractérisé l'ensemble du ministère de Jésus : « Jésus parcourait toutes les villes et les villages, il enseignait dans leurs synagogues, *prêchait* l'Évangile du royaume et *guérissait* toute maladie et toute infirmité » (Mt 9.35, italique ajouté ; cf. Mt 4.23 ; Actes 10.38). Jésus a dit à ses disciples qu'eux aussi auraient le même double ministère de proclamation et de démonstration (Luc 9.1-2 ; cf. 10.8-9). Leur *modus operandi*, comme celui de leur Maître, inclurait à la fois « les œuvres » et « l'enseignement ». Ils auraient donc besoin de la même onction que celle qu'il avait. Il leur ordonna donc « de ne pas s'éloigner de Jérusalem, mais d'attendre la promesse du Père ». Cette même puissance est essentielle aujourd'hui. Comment pouvons-nous espérer accomplir la Grande Mission du Christ sans la puissance de l'Esprit ?

Dans son Évangile, Luc raconte l'histoire de ce que Jésus *a commencé* de faire et d'enseigner (Actes 1.1). L'histoire se termine avec sa tâche encore inachevée. Le monde avait toujours besoin de son message et de sa touche de guérison. Ses disciples devaient être ses agents, assignés à terminer son travail et à apporter ces bénédictions aux nations. Comme Lui, eux aussi auraient besoin d'être revêtus par la puissance de l'Esprit. Comme le prochain chapitre le montrera, le revêtement pour la mission est le thème dominant de l'ensemble du livre des Actes des Apôtres.

4. <u>Le rôle du Saint-Esprit dans la supervision de la moisson</u>

> *« ...après avoir donné ses ordres, par le Saint-Esprit, aux apôtres qu'il avait choisis » (v. 2).*

Un quatrième thème clé introduit par Luc dans son introduction programmatique des Actes est le rôle du Saint-Esprit dans la supervision de l'œuvre de la moisson mondiale. Au verset 2 Luc note que Jésus a donné des ordres aux apôtres « par le Saint-Esprit ». Cela révèle que, même après sa résurrection, Jésus était encore oint par l'Esprit, et qu'il était toujours conduit par l'Esprit, comme il l'avait été durant son ministère avant sa résurrection (Luc 4.18-19 ; Actes 10.38). Luc, dans son Évangile, dépeint le Saint-Esprit comme celui qui a conduit et dirigé Jésus dans son œuvre.

Au début du ministère terrestre de Jésus, nous lisons que Jésus a été « conduit par l'Esprit dans le désert pendant quarante jours » (Luc 4.1-2). Maintenant, à la fin, nous le voyons donner des ordres « par le Saint-Esprit ». Voici un autre exemple de l'utilisation de *l'inclusion* par Luc, où il définit tout le ministère de Jésus inséré dans l'œuvre du Saint-Esprit. Il a été oint et conduit par l'Esprit au tout début de son ministère (Luc 3.22 ; 4.18-19). Puis, à la fin, nous le voyons toujours conduit par l'Esprit (Luc 24.49 ; Actes 1.2-3). Nous pouvons donc admettre que Jésus a été oint et conduit par l'Esprit tout au long de son ministère.

De la même manière que l'Esprit a supervisé le ministère de Jésus, Il supervise maintenant, dans le livre des Actes des Apôtres, l'extension missionnaire de l'Église. Shelton écrit :

> Luc a même commencé le livre des Actes des Apôtres par une référence au Saint-Esprit qui supervisait l'œuvre de Jésus : « [Jésus] après avoir donné ses ordres, par le Saint-Esprit, aux apôtres qu'il avait choisis » (1.2)....Ainsi, Luc voit toute la mission de Jésus comme conduite par le Saint-Esprit. Suivant le même modèle établi pour le ministère de Jésus, Luc dépeint le Saint-Esprit comme le directeur et le facilitateur des activités de l'Église.[9]

La direction divine apparaît ainsi comme un thème majeur dans les Actes, où nous voyons souvent l'Esprit conduire les activités missionnaires de l'église.[10] À ce sujet, Shelton écrit :

> En plus des fréquentes références à la direction tactique de la mission de l'Église par le Saint-Esprit, Luc présente aussi le Saint-Esprit comme le stratège et le directeur de la mission dans son ensemble. C'est-à-dire le Saint-Esprit n'a pas seulement rendu les croyants capables de témoigner, mais il a aussi dit quand et où le témoignage devait avoir lieu.[11]

Par ailleurs, le commandement de Jésus à ses disciples de rester à Jérusalem jusqu'à ce qu'ils soient revêtus de puissance par l'Esprit (1.4-5), et sa promesse de puissance pour la mission (1.8) doivent également être inclus dans les « ordonnances » que Jésus

---

9 James B. Shelton, *Mighty in Word and Deed: The Role of the Holy Spirit in Luke-Acts* (Peabody, MA: Hendrickson Publishers, 1991), 125.

10 Voici cinq exemples clairs dans les Actes, de l'Esprit qui conduisait l'entreprise missionnaire de l'Église : (1) Philippe est conduit par l'Esprit pour témoigner à l'Éthiopien (8.26-30) ; (2) Pierre est dirigé à aller chez Corneille (10.9-16, 19 ; 11.12) ; (3) Le groupe missionnaire de Paul est conduit en Europe pour prêcher l'Évangile (16.6-10) ; (4) Paul est encouragé à rester à Corinthe (18.9-10) ; (5) Paul va à Jérusalem « lié par l'Esprit » (20.22).

11 Shelton, 126.

donna « par le Saint-Esprit » (1.3). Ces paroles présentent donc le Saint-Esprit comme dirigeant l'œuvre missionnaire de l'Église dès le début.

5. L'urgence eschatologique de la tâche missionnaire

« Pourquoi vous arrêtez-vous à regarder au ciel ? » (v. 11).
« Ce Jésus... reviendra... » (v. 11).

Un dernier thème clé introduit par Luc dans son introduction programmatique est celui de l'urgence eschatologique. Écoutez les paroles des deux anges aux disciples alors qu'ils regardent Jésus monter dans les nuées : « Vous Galiléens, pourquoi vous arrêtez-vous à regarder au ciel ? Ce Jésus, qui a été enlevé au ciel du milieu de vous, reviendra de la même manière dont vous l'avez vu aller au ciel » (1.11). Percevez l'urgence dans leur voix. Le temps passe, Jésus revient ; tâchez de recevoir l'Esprit et de prêcher l'Évangile aux nations ! De tous les évangélistes, seul Luc fait état de cette exhortation urgente des anges.

Le verset 11, avec sa promesse de la venue du Christ, introduit ainsi le lecteur dans le contexte eschatologique du livre des Actes. Ce contexte est à nouveau souligné dans le message de Pierre le jour de la Pentecôte. En expliquant le sens des événements miraculeux qui venaient de se produire, Pierre déclare : « Mais c'est ce qui a été dit par le prophète Joël : Dans les derniers jours, dit Dieu, Je répandrai de mon Esprit sur toute chair… » (Actes 2.16-17).[12] Il annonçait que les derniers jours étaient arrivés, et qu'ils seraient une ère caractérisée par l'effusion de l'Esprit de Dieu. Les

---

12 Parmi les autres références eschatologiques des Actes des Apôtres, citons 1.11 ; 3.20-21 ; 10.42 ; 17.31 ; 24.25. L'Évangile de Luc pose le cadre eschatologique des Actes avec de nombreuses références à la seconde venue du Christ : 12.35-40, 41-48 ; 17.22-37 ; 18.28-30 ; 19.11-27 ; 20.9-18, 27-40 ; 21.7-36 ; 22.14-18, 28-30.

Derniers Jours furent inaugurés par la première venue de Jésus, et confirmés par l'effusion de l'Esprit. Ils continueront jusqu'à ce que Jésus revienne. Quant à Luc, les derniers jours ont été un temps de grande urgence eschatologique. Ce sentiment d'urgence caractérisait l'action missionnaire de l'église primitive telle qu'elle est présentée dans les Actes.

La question des disciples concernant la restauration du royaume d'Israël (v. 6) a aussi de fortes connotations eschatologiques, car cette restauration est encore à venir, au moment de la seconde venue du Christ. Jésus répondit que ce n'était pas à eux de connaître les « temps » (*chronoi*) et les « époques » (*kairoi*), qui étaient fixés par la prérogative du Père. La question urgente était plutôt l'évangélisation des nations (v. 8).

Luc utilise aussi l'histoire de l'ascension du Christ pour « mettre en place » de façon narrative la déclaration pentecôtiste de Pierre selon laquelle l'Esprit a été répandu par le Christ élevé (2.33). L'ascension de Christ, et son effusion subséquente de l'Esprit, signifiait l'achèvement de son œuvre sur terre. En même temps, l'effusion de l'Esprit marquait le début de l'œuvre de ses disciples, qui allait se poursuivre jusqu'à ce qu'il revienne à la fin du siècle. Comme Stott l'écrit à ce sujet :

> ...bien qu'ils ne dussent pas connaître les temps ou les dates, ce qu'ils devaient savoir, c'est qu'ils recevraient la puissance pour qu'entre la venue de l'Esprit et la venue du Fils, ils soient témoins dans des cercles toujours plus étendus. En effet, toute la période intermédiaire entre la Pentecôte et la Parousie (aussi longue ou courte soit-elle) doit être consacrée à la mission mondiale de l'Église accomplie par la puissance de l'Esprit.[13]

---

13 John W. Stott, *The Message of Acts: The Spirit, the Church and the World* (Downers Grove, IL: Inter-Varsity Press, 1990), 44.

Il poursuit :

> Nous n'avons aucune liberté de nous arrêter jusqu'à ce que les deux extrémités aient été atteintes [c.-à-d. la fin des temps et les extrémités de la terre]. En effet, Jésus enseignait que les deux extrémités coïncideraient, car ce n'est que lorsque l'Évangile du royaume aura été prêché dans le monde entier comme témoignage à toutes les nations que « viendra la fin » (Mt 24.14).[14]

Conclusion

Tout comme un résumé , l'introduction de Luc aux Actes annonce les thèmes principaux de l'œuvre. Il énonce également de façon stratégique et succincte le point principal. Ce point principal se trouve dans la déclaration de Jésus dans Actes 1.8 : « Mais vous recevrez une puissance, celle du Saint-Esprit survenant sur vous, et vous serez mes témoins à Jérusalem, dans toute la Judée, dans la Samarie et jusqu'aux extrémités de la terre. » Dans ce verset, Luc révèle sa raison principale d'écrire le livre des Actes des Apôtres : montrer la nécessité absolue du revêtement de la puissance du Saint-Esprit afin d'accomplir la mission de Dieu. Nous discuterons de ce verset et de ses implications pour les missions mondiales en détail dans le prochain chapitre.

---

14 Ibid.

- CHAPITRE 3 -

LA CLÉ D'INTERPRÉTATION

LA CLÉ

ACTES 1.8

Mais vous recevrez une puissance, celle du Saint-Esprit survenant sur vous, et vous serez mes témoins…
… à Jérusalem, dans toute la Judée, dans la Samarie et jusqu'aux extrémités de la terre.

Dans le chapitre précédent, nous avons décrit les onze premiers versets du livre des Actes comme un pont narratif entre l'Évangile de Luc et le livre des Actes. En chevauchant la fin de son premier volume avec le début de son second, Luc a créé un lien littéraire entre les deux, établissant le fait que l'un est bien la suite de l'autre. Nous avons souligné que Actes 1.1-11 sert également d'introduction programmatique au livre, fonctionnant comme un résumé littéraire ou juridique. Ainsi, dans les onze premiers versets du chapitre 1 des Actes, Luc présente au lecteur les thèmes clés qui domineront le livre : le royaume de Dieu, la mission mondiale de l'Église, la nécessité du revêtement pneumatique, le rôle du Saint-Esprit pour la supervision de la moisson et l'urgence eschatologique de la tâche missionnaire. Ce chapitre sera particulièrement axé sur Actes 1.8, la clé de l'interprétation de l'ensemble du livre, et la clé pour comprendre l'intention de Luc en écrivant les Actes. Après avoir passé en revue la façon dont les interprètes ont traditionnellement abordé le texte, je proposerai ce qui me semble être une meilleure façon de l'aborder.

La façon traditionnelle de considérer Actes 1.8

La grande majorité des commentaires sur les Actes des Apôtres citent correctement Actes 1.8 comme le verset clé ou structurant du livre.[1] Cependant, les commentateurs se trompent souvent dans leur façon d'aborder le texte. Au lieu de concentrer leur attention sur la première partie relativement plus importante du verset, ils se concentrent sur la deuxième partie, relativement moins importante. En faisant cela, en fait, ils mettent la charrue avant les bœufs quant à l'herméneutique. En concentrant lcur attention sur le progrès géographique de l'Église, ils ignorent souvent—ou au mieux minimisent—la première partie, plus importante, qui traite du revêtement pour le témoignage. Par conséquent, l'intention primaire

---

1 Par exemple, F. F. Bruce, *The Book of the Acts,* rev. ed. (Grand Rapids, MI: William B. Eerdmans Publishing Co., 1988), 36-37; Stanley M. Horton, *The Book of Acts: The Wind of the Spirit* (Springfield, MO: Gospel Publishing House, 1996), 11; John R. W. Stott, *The Message of Acts: The Spirit, the Church and the World* (Leichester, Eng: Inter-Varsity Press, 1990), 43; Clifton J. Allen, ed., *The Broadman Bible Commentary,* vol. 10, *Acts—1 Corinthians*, de T. C. Smith (Nashville, TN: The Broadman Press, 1970), 19.

de Luc dans la rédaction des Actes n'est pas prise en compte. Cette intention, telle que nous le démontrerons dans les pages qui suivent, n'était pas simplement de faire la chronique des progrès géographiques de l'Église vers l'ouest jusqu'à Rome, comme certains l'ont suggéré. Il s'agissait plutôt de rappeler à l'Église ses débuts pentecôtistes et missionnaires et de présenter une stratégie pour renouveler l'action missionnaire à l'époque de Luc—mais aussi à l'Église de chaque époque dans les temps à venir.

Une meilleure façon

Une façon plus profitable de voir 1.8 est de mettre l'accent à sa juste place, c'est-à-dire au début du verset, plutôt qu'à la fin. Lorsque cela est fait, une perspective entièrement nouvelle sur le livre des Actes des Apôtres se dessine. Le tableau ci-dessous (fig. 3.1) aide à démontrer cette vérité.

COMPARAISON DES PREMIERE ET DEUXIEME PARTIES D'ACTES 1.8
(FIGURE 3.1)

Actes 1.8	Caractère	Durée	Portée	Révélation
Première partie : « Mais vous recevrez une puissance, celle du Saint-Esprit survenant sur vous, et vous serez Mes témoins... »	Spirituelle	Intemporelle	Paradigmatique	Le but de Luc pour les Actes
Deuxième partie : « ... à Jérusalem, dans toute la Judée, dans la Samarie et jusqu'aux extrémités de la terre. »	Géographique	Limitée dans le temps	Programmatique	Le programme de Luc pour les Actes

Remarquez sur le tableau la différence entre la première et la deuxième partie d'Actes 1.8. La première partie est spirituelle, traitant des réalités spirituelles ; la seconde partie est géographique, abordant des sujets plus terrestres. La première partie est intemporelle, et parle aux chrétiens de tous âges ; la seconde partie est limitée dans le temps, ne parlant que des trente premières années environ de l'Église du Nouveau Testament. La première partie est paradigmatique, ce qui signifie qu'elle est un modèle de la façon dont les choses devraient être pour les croyants de tout temps. La deuxième partie, cependant, est programmatique ; elle établit simplement un plan pour le déroulement du livre des Actes. La première partie révèle le but premier de Luc en écrivant les Actes. La deuxième partie révèle les grandes lignes de son programme pour le livre. Comme l'a souligné Roger Stronstad : « L'orientation géographique des missions change avec chaque génération, le besoin du revêtement de l'Esprit ne change pas. »[2]

La première partie d'Actes 1.8 sert donc de clé d'interprétation de l'ensemble du livre des Actes. Il présente un modèle, ou motif, qui sera répété encore et encore tout au long du travail. J'appelle ce modèle, le *motif* de Luc *de revêtement de puissance en vue du témoignage.* Au fur et à mesure que nous progresserons dans le livre des Actes des Apôtres, nous verrons comment chaque avancée évangélique et missionnaire de l'Église est précédée d'un ou de plusieurs revêtements de puissance du Saint-Esprit par lesquels l'Église est équipée pour cette tâche qui l'attend. Ce sera le modèle de témoignage de l'Église pendant toute l'ère de l'Esprit, jusqu'à ce que Jésus revienne.

Ceux qui interprètent les écrits de Luc dans le cadre des épîtres pauliniennes seraient en désaccord avec cette évaluation de l'intention de Luc en écrivant les Actes. Ils préféreraient mettre l'accent sur les aspects sotériologiques du travail de l'Esprit chez les croyants, en disant que le baptême de l'Esprit dans les Actes doit être considéré comme une initiation-conversion et non comme un revêtement de puissance pour le témoignage. James D. G. Dunn, l'un

---

2 Exprimé lors d'une conversation avec l'auteur à Springfield, MO, le 29 octobre 2003.

des principaux défenseurs de ce point de vue, écrit : « Le point culminant de l'initiation à la conversion est le don de l'Esprit, et le début de la vie chrétienne doit être considéré à partir de l'expérience du baptême de L'Esprit. »[3] Le commentateur pentecôtiste James B. Shelton n'est pas d'accord avec Dunn :

> Paul aborde la question ontologique : comment devient-on chrétien ? On suppose souvent que Luc aborde la même question. Cependant, en réalité, ce n'est pas la question que Luc aborde ici. Luc relate les événements de la Pentecôte pour répondre à la question : comment témoignons-nous ?[4]

De la même manière, D. Martin Lloyd-Jones considère le revêtement de puissance en vue du témoignage comme le thème dominant des Actes. Il écrit : « Parcourez le livre des Actes et chaque fois qu'on nous dira que l'Esprit est venu sur ces hommes ou qu'ils ont été remplis de l'Esprit, vous trouverez que c'était dans le but d'être témoin et de rendre témoignage. »[5] Roland Allen, missionnaire Anglican et missiologiste du début du XXe siècle, a également été impressionné par l'intention pneumatologique et missiologique de Luc en écrivant les Actes :

> Saint Luc nous éclaire sur la révélation de L'Esprit en mettant devant nous les actes de ces hommes de L'église primitive dont la vie a été consacrée à ce que nous appelons aujourd'hui « le travail missionnaire ». S'il s'était attardé sur les travaux de ceux qui n'étaient pas engagés dans ce travail spécifique missionnaire, la révélation aurait été moins

---

3 James D. G. Dunn, Baptism in the Holy Spirit: A Re-examination of the New Testament Teaching on the Gift of the Spirit in Relation to Pentecostalism Today (Philadelphia, PA: The Westminister Press, 1970), 4.

4 James B. Shelton, *Mighty in Word and Deed: The Role of the Holy Spirit in Luke-Acts* (Peabody, MA: Hendrickson Publishers, Inc. 1991), 127.

5 D. Martin Lloyd-Jones, *Joy Unspeakable* (Eastbourne, Eng: Kingsway, 1984), 75; cité dans David Shibley, *Once in a Lifetime: Seizing Today's Opportunities for World Harvest* (Kent, Eng: Sovereign World, 1997), 78

> claire....S'il avait écrit longuement sur l'organisation de l'Église, nous aurions probablement manqué la révélation de l'Esprit en tant qu'Esprit qui travaille pour le salut du monde. Alors que, par l'insistance de saint Luc sur l'aspect missionnaire, nous avons appris à connaître l'Esprit comme l'Esprit qui inspire un zèle actif pour le salut des autres.[6]

Dans Actes 1.8, Luc énonce clairement sa raison d'écrire le livre. Il veut que ses lecteurs sachent que pour accomplir le commandement du Christ de porter l'Évangile à toutes les nations, l'église, et chaque croyant dans l'église, doit être revêtu de la puissance du Saint-Esprit. Ce revêtement vient du fait d'être baptisé dans le Saint-Esprit. Comme nous le verrons, le reste des Actes est l'effort inspiré par l'esprit de Luc pour prouver cette thèse.

Aperçu du Livre

Dans les pages qui suivent, nous appliquerons au livre des Actes les concepts dont nous avons discutés. Nous ferons ceci en examinant sept effusions clés de l'Esprit dans les Actes. Bien que d'autres effusions soient mentionnées et bien plus encore sont implicites, elles ont une signification particulière dans le récit des Actes et servent à donner le ton thématique pour le reste de l'œuvre. Au cours de cette étude, nous verrons comment chaque manifestation de l'effusion de l'Esprit produit de puissants témoins missionnaires et contribue à l'intention missio-pneumatologique de Luc en écrivant les Actes. En outre, nous observerons comment chaque revêtement de puissance produit une expansion toujours croissante du témoignage missionnaire de l'église. Ces sept événements seront discutés en détail dans les chapitres suivants ; cependant, pour le moment, afin que nous puissions les voir tous

---

6 David Paton et David Charles H. Long, eds., *The Compulsion of the Spirit: A Roland Allen Reader* (Grand Rapids, MI: William B. Eerdmans Publishing Co., 1983.), 92-93.

ensemble, et obtenir une image mentale de ce qui est à venir, j'ai résumé comme suit :

1. <u>La première effusion à Jérusalem</u> (2.1-4)

Luc commence par décrire deux effusions puissantes du Saint-Esprit qui ont eu lieu dans la ville de Jérusalem. La première a eu lieu lors de la fête juive de la Pentecôte (2.1-4). Cette effusion spectaculaire a eu pour résultat un témoignage immédiat, par la puissance de l'Esprit, au sein de la ville (vv. 5-36), suscitant une grande moisson d'âmes (vv. 37-41), donnant naissance à une communauté prophétique et dynamique (vv. 42-46), et à un témoignage puissant et continu (v. 47). Avec cet épisode, Luc illustre pour la première fois le *motif de revêtement de puissance en vue du témoignage* introduit dans 1.8. Comme nous le verrons, ce motif est répété encore et encore tout au long du livre des Actes.

2. <u>La deuxième effusion à Jérusalem</u> (4.31)

Une deuxième effusion puissante de L'Esprit à Jérusalem eut lieu quelques semaines après la première. Comme la première, cette effusion s'est traduite par un témoignage immédiat et puissant. Luc déclare « Ils furent tous remplis du Saint-Esprit et ils annoncèrent la parole de Dieu avec assurance » (4.31). Cette effusion est le deuxième exemple clé du *motif* de Luc concernant *le revêtement de puissance en vue du témoignage.*

3. <u>L'effusion en Samarie</u> (8.14-17)

Trois ans plus tard, une troisième effusion importante se produisit dans la ville voisine de Samarie. À cause de la persécution, l'église de Jérusalem fut dispersée. L'un des disciples dispersés, un disciple rempli de l'Esprit du nom de Philippe, se rendit dans la ville de Samarie où il prêcha l'Évangile avec des résultats spectaculaires. Lorsque les apôtres à Jérusalem entendirent parler de ces événements, ils envoyèrent Pierre et Jean à Samarie pour prier pour les nouveaux croyants afin qu'ils reçoivent le Saint-Esprit. Grâce à ces croyants qui reçurent l'Esprit, un nouveau centre missionnaire est né et l'Évangile continue de s'étendre dans la région et au-delà (8.40 ; 9.31).

4. L'effusion à Damas (9.15-17)

Une quatrième grande effusion de l'Esprit se produisit quelques années plus tard dans la ville syrienne de Damas. C'est là que Saul de Tarse (qui deviendra plus tard l'apôtre Paul) fut rempli de l'Esprit (9.17-18). Fidèle à son intention missio-pneumatique en écrivant les Actes des Apôtres, Luc note que Paul « a immédiatement ... commencé à proclamer Jésus dans les synagogues » de Damas (vv. 20-22). En incluant ce récit dans sa narration, Luc prépare le lecteur à la carrière missionnaire de l'apôtre oint par l'Esprit qui dominera les seize derniers chapitres du livre des Actes. Cette effusion est un autre exemple cité par Luc concernant son *motif de revêtement de puissance en vue du témoignage.*

5. L'effusion à Césarée (10.44-47)

Le déversement du Saint-Esprit sur la maison de Corneille à Césarée est la cinquième effusion clé de l'Esprit dans le livre des Actes. Comme pour chacune des six autres effusions, celle-ci a également donné lieu à un témoignage. Tout d'abord, elle témoignait à l'église de Jérusalem que la porte du salut était ouverte aux païens. Deuxièmement, elle servit à fortifier l'église de Césarée nouvellement mise en place, pour son propre témoignage missionnaire revêtu par l'Esprit. Le message de ce récit est donc double : non seulement les païens peuvent recevoir l'Évangile et être sauvés, mais ils peuvent aussi, par la puissance du Saint-Esprit, devenir des participants à part entière, dans la mission de Dieu pour annoncer l'Évangile aux nations.

6. L'« effusion » à Antioche (13.1-4)

Une sixième « effusion » clé de l'Esprit s'est produite à Antioche, en Syrie, environ dix-sept ans après le jour de la Pentecôte. Cette puissante action de l'Esprit dans l'église d'Antioche a eu pour résultat le lancement de Paul et Barnabas dans leur premier voyage missionnaire. Luc inclut ce mouvement spécial du Saint-Esprit pour souligner de nouveau le rôle de l'Esprit dans le revêtement de puissance et la direction de l'entreprise missionnaire de l'église primitive. Comme précédemment, le *motif de revêtement de puissance en vue du témoignage* est clairement démontré par Luc.

7. L'effusion à Éphèse (19.1-7)

L'effusion à Éphèse est l'effusion finale de l'Esprit dans le livre des Actes. Cela s'est produit environ 25 ans après la Pentecôte, et démontre comment Dieu a continué à donner à l'Église le pouvoir de témoigner de nombreuses années après l'effusion initiale de L'esprit le jour de la Pentecôte. Cette effusion a donné à l'église d'Éphèse le revêtement pour le témoignage, et l'Évangile s'est répandu rapidement dans toute la province d'Asie. Comme avant, l'intention missio-pneumatique de Luc en écrivant les Actes est évidente.

Conclusion

Dans les sept chapitres suivants, nous examinerons plus en détail chacune de ces sept effusions du Saint-Esprit. Nous observerons attentivement comment Luc présente systématiquement le baptême de l'Esprit comme une expérience de revêtement de puissance donnée aux croyants pour leur permettre de participer à la mission de Dieu. Dans le chapitre suivant, nous examinerons plus en détail la première effusion du Saint-Esprit, qui a eu lieu à Jérusalem le jour de la Pentecôte. Nous verrons comment cette effusion s'est traduite par un témoignage immédiat et puissant à Jérusalem et au-delà, et comment elle introduit et établit le *motif de revêtement de puissance en vue du témoignage* que Luc continue à souligner dans tout le livre des Actes des Apôtres.

– DEUXIÈME PARTIE –

UN REGARD MISSIO-PNEUMATOLOGIQUE SUR LES ACTES

- CHAPITRE 4 -

LA PREMIÈRE EFFUSION À JÉRUSALEM

LA CLÉ

ACTES 1.8

Mais vous recevrez une puissance, le Saint-Esprit qui viendra sur vous ; et vous serez Mes témoins… à Jérusalem…

LA PREMIÈRE EFFUSION À JÉRUSALEM

ACTES 2.1-4

Quand le jour de la Pentecôte arriva, ils étaient tous ensemble dans le même lieu. Tout à coup, il vint du ciel un bruit comme celui d'un souffle violent qui remplit toute la maison où ils étaient assis. Des langues qui semblaient de feu et qui se séparaient les unes des autres leur apparurent ; elles se posèrent sur chacun d'eux Ils furent tous remplis d'Esprit Saint et se mirent à parler en d'autres langues, selon que l'Esprit leur donnait de s'exprimer.

Certaines personnes organisent leur journée avec un agenda. Sur un morceau de papier, ils énumèrent les tâches qu'ils espèrent accomplir chaque jour. Puis, au fur et à mesure qu'ils avancent dans leur journée, ils cochent chaque élément une fois terminé. Dans Actes 1.8, Jésus a donné à l'Église émergente une sorte d'« agenda missiologique » quand il a dit à ses disciples qu'ils seraient ses témoins « à Jérusalem, et dans toute la Judée et la Samarie, et même aux extrémités de la terre ». Le livre des Actes des Apôtres est l'histoire divinement inspirée de l'accomplissement du programme de cet agenda par l'église. Il est, cependant, beaucoup plus que cela. C'est l'histoire de comment l'Église émergente a été rendue capable d'accomplir cette tâche par la puissance de la Pentecôte. Le premier point sur leur liste était la proclamation du Christ à Jérusalem. Avant de se lancer dans cette tâche, cependant, ils devaient attendre jusqu'à ce qu'ils aient été « revêtus de la puissance d'en haut » (Luc 24.49). Ce n'est qu'àpres cela, pas avant, qu'ils devaient commencer à travailler selon leur agenda.

Dans ce chapitre, nous examinerons la première effusion du Saint-Esprit dans les Actes, où les disciples furent revêtus de la puissance de l'Esprit. Cette effusion eut lieu dans la ville de Jérusalem le jour de la Pentecôte (2.1-4). Elle permit à l'Église d'exécuter le premier point de son agenda—l'évangélisation de Jérusalem. Elle l'a également aidé à se préparer pour ses missions ultérieures d'atteindre la Judée, la Samarie, et les extrémités de la terre (1.8).

En regardant cette puissante effusion de l'Esprit, nous poserons trois questions importantes et nous chercherons à y répondre.[1] La première question : « Que s'est-il passé ? » Une maxime de l'interprétation du récit biblique est que l'on doit savoir exactement *ce qui* s'est passé avant de pouvoir déterminer *pourquoi* cela est arrivé. Nous commencerons donc notre enquête sur cette effusion de l'Esprit, et sur chacune des autres effusions de l'Esprit

---

1 Dans les chapitres qui suivent, nous poserons également ces trois questions sur les six autres effusions clés du Saint-Esprit dans les Actes.

dans les Actes, en concentrant notre attention sur les événements réels de cette effusion particulière, en cherchant à déterminer précisément ce qui s'est passé. Une fois que nous aurons fait cela, nous poserons une deuxième question : « Quel fut le résultat ? » Ici, nous chercherons à découvrir les relations de cause à effet, le cas échéant, entre l'effusion de l'Esprit et les progrès missionnaires de l'Église. Ensuite, une fois que nous aurons déterminé ce qui s'est passé et ce qui en a résulté, nous poserons une dernière question : « Et alors ? » C'est-à-dire quelles sont les implications de ces vérités pour l'Église du XXIe siècle ? Avec ces choses à l'esprit, tournons maintenant notre attention vers les événements du jour de la Pentecôte.

La première effusion à Jérusalem

La Pentecôte était un jour spécial dans le calendrier religieux juif, étant l'une des trois fêtes annuelles de pèlerinage auxquelles tous les hommes vivant dans et autour de la ville de Jérusalem étaient tenus d'assister.[2] La fête de la Pentecôte a lieu chaque année le cinquantième jour après la Pâque—*Pentecôte* signifiant « cinquantième » dans la langue grecque. Ce jour était également connu sous d'autres noms. On l'appelait parfois la fête des Semaines (Ex 34.22), car elle se produisait une semaine des semaines après la fête de la Pâque. On l'appelait aussi la fête de la Moisson (Ex 23.16) et la fête des Prémices (v. 19), car à la Pentecôte les gens apportaient les premiers fruits de leur récolte d'orge et les offraient à Dieu. Parce que la Pentecôte avait lieu pendant la saison chaude de l'année où les voyages étaient plus faciles, des milliers de Juifs palestiniens et de la diaspora y assistaient. Selon les paroles de Luc, ils venaient de « toutes les nations qui sont sous le ciel » (Actes 2.5).

---

2 Les deux autres fêtes de pèlerins étaient la Pâque et les Tabernacles.

L'effusion de l'Esprit le jour de la Pentecôte s'est probablement produite vers fin mai ou début juin de l'an 28 ap. J.-C.[3] Deux possibilités existent en ce qui concerne le lieu même de l'événement. Populairement, on croit que les 120 étaient dans une « chambre haute » dans un endroit secret de la ville de Jérusalem lorsque l'effusion s'est produite. C'était peut-être la même salle où Jésus avait mangé le repas pascal avec ses disciples (Luc 22.12). Actes 1.13 est cité comme preuve de ce point de vue : « Quand ils furent entrés, ils montèrent dans la chambre haute où ils se tenaient d'ordinaire... » Ce verset, et celui qui suit, nous dit que les onze, ainsi qu'un groupe d'autres personnes choisies, résidaient dans cette salle du deuxième étage. C'est là que les disciples passaient aussi du temps à prier (v. 14) et à diriger les affaires de l'Église (vv. 15-26).

Un deuxième endroit possible pour l'effusion de l'Esprit était sur le mont du temple à Jérusalem. Cet emplacement semble plus plausible que le premier pour plusieurs raisons : tout d'abord, Luc nous dit qu'après l'ascension de Jésus, les disciples « étaient continuellement dans le temple louant Dieu » (Luc 24.53). Ils continuèrent apparemment cette pratique pendant encore un certain temps, même après l'effusion de l'Esprit le jour de la Pentecôte (2.46 ; 3.1). Puisque l'effusion s'est produite pendant la célébration de la Fête des Semaines, il est également probable que les disciples aient passé une grande partie de leur temps au temple avec les autres adorateurs juifs. En outre, Luc indique que l'effusion s'est produite à « la troisième heure du jour » (2.15), ou neuf heures du matin. C'était l'heure des prières du matin (3.1). Les disciples, étant des Juifs fidèles, ont probablement assisté à ces prières.

Une autre indication que l'effusion de l'Esprit s'est produite dans le temple est la taille de la foule présente ce jour-là. Luc nous dit

---

3 Cette détermination est faite de la façon suivante : En acceptant l'an 6 av. J.-C. comme l'année de la naissance de Jésus, et sachant qu'Il a commencé son ministère public à l'âge de 30 ans (Luc 3.23), et que son ministère a continué pendant environ trois ans et demi, nous déduisons qu'Il fut crucifié en l'an 28 ap. J.-C. Le jour de la Pentecôte a eu lieu 50 jours plus tard la même année.

que, suite au message de Pierre, « environ trois mille âmes » furent ajoutées à l'église (2.41). Ces trois mille convertis en toute probabilité, ne représentaient qu'un faible pourcentage de la foule qui s'était rassemblée pour observer les merveilles et entendre la prédication de Pierre. Si les trois mille personnes représentaient dix pour cent de la foule, alors 30 000 personnes étaient rassemblées. Si les trois mille représentaient vingt pour cent de la foule, alors quinze mille personnes étaient présentes. Le seul lieu à Jérusalem qui aurait pu accueillir une telle foule est le vaste parvis des Gentils dans le temple (voir fig. 4.1). On a estimé que le parvis des Gentils pouvait accueillir plus de deux cent mille fidèles.

LE PARVIS DES GENTILS

(FIGURE 4.1)

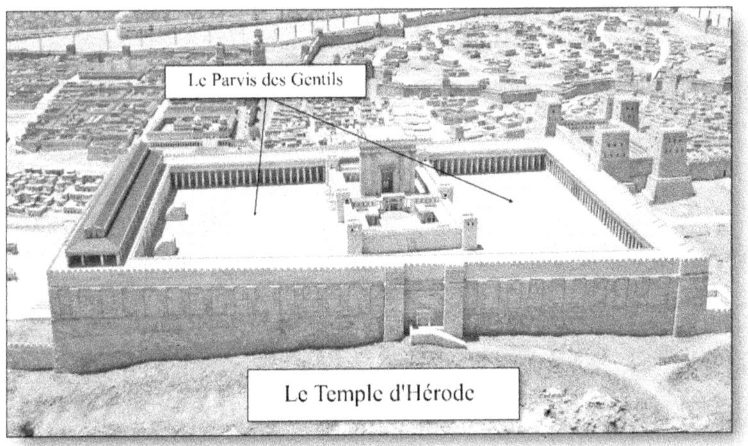

Certains se sont opposés à ce point de vue, en citant Actes 2.2, qui dit que les disciples étaient assis dans une « maison » lorsque l'Esprit fut répandu. Toutefois, dans son ouvrage en deux volumes, Luc cite Jésus et Étienne se référant au temple comme une « maison » (Luc 19.46 ; Actes 7.47). Le mot grec traduit « maison » (*oikon*) peut aussi porter le sens générique de « bâtiment ». Partout où l'effusion s'est produite, ce fut un événement à ne jamais oublier.

Il y a deux façons possibles de voir l'effusion de l'Esprit le jour de la Pentecôte : comme une *effusion universelle unique* et aussi comme une *effusion* locale vocationnelle.

Une effusion universelle unique

Les érudits ont longtemps commenté la nature de l'unicité de cette effusion. Par exemple, James D. G. Dunn a écrit,

« La Pentecôte est un nouveau commencement—l'inauguration du nouvel âge, l'Âge de l'Esprit—qui n'avait jamais existé auparavant. »[4] Clark H. Pinnock est d'accord : « la Pentecôte était un acte de Dieu qui a initié le Nouvel Age... Ce fut un tournant historique et le début de la moisson de la fin des temps. »[5] John R. W. Stott écrit que la Pentecôte était « l'acte final du ministère de salut de Jésus avant la Parousie ».[6] Il poursuit « en ce sens, le jour de la Pentecôte est unique… »[7] Il y a donc un sens dans lequel l'événement de la Pentecôte a été un événement unique et jamais répété. Il a inauguré une nouvelle époque de la relation de Dieu avec l'humanité—l'Âge de l'Esprit. La Pentecôte, ainsi comprise, est l'un des sept événements majeurs de l'histoire du salut.[8] En tant que tel, il est irremplaçable. C'est à la Pentecôte qu'une nouvelle ère a été inaugurée dans la relation de Dieu avec l'humanité.

---

4 James D. G. Dunn, *Baptism in the Holy Spirit: A Re-examination of the New Testament Teaching on the Gift of the Spirit in Relation to Pentecostalism Today*, (Philadelphia, PA: The Westminister Press, 1970), 44.

5 Clark H. Pinnock, *Flame of Love: A Theology of the Holy Spirit* (Downers Grove, IL: InterVarsity Press, 1996), 142.

6 John R. W. Stott, *The Message of Acts: The Spirit, the Church and the World* (Downers Grove, IL: Inter-Varsity Press, 1990), 61.

7 Ibid.

8 Ces sept événements marquants sont : (1) la création de l'homme (Gn 1.26-27) ; (2) l'appel d'Abraham (Gn 12.1-3) ; (3) le don de la loi et de l'alliance mosaïque (Ex 19.5-8 , 20.1-17) ; (4) l'alliance de David (2 S 7.4-17) ; (5) la mort et la résurrection du Christ (Mt 27-28 ; Marc 15-16 ; Luc 23-24 ; Jean 18-20) ; (6) l'effusion de l'Esprit à la Pentecôte (Actes 2.1-4) ; (7) la seconde venue du Christ (Ap 19.11-16).

Vu sous cet angle, l'effusion de l'Esprit le jour de la Pentecôte était aussi une effusion universelle, au moins potentiellement. En citant Joël, Pierre note que l'Esprit a été répandu sur « toute l'humanité » (Actes 2.17 ; cf. Joël 2.28). Le don de l'Esprit a ainsi été mis à la disposition de chaque personne dans chaque nation du monde. Il ne serait plus limité à certaines personnes ou à certaines occasions. Deux conséquences découlent de cette réalité : premièrement, parce que le Saint-Esprit a été répandu universellement, chaque personne peut être sauvée. Remarquez comment Pierre termine sa citation de la prophétie de Joël par la déclaration heureuse : « Et il arrivera que quiconque invoquera le nom du Seigneur sera sauvé » (Actes 2.21). Parce que le Saint-Esprit a été donné universellement, toute personne, de n'importe quelle ethnè, de tout lieu sur la terre, peut invoquer le nom de Jésus et recevoir un cœur nouveau et un esprit nouveau (Ez 36.22, 27). Ainsi, toutes les nations sont devenues le peuple élu de Dieu.

Il y a une deuxième implication de l'effusion universelle de l'Esprit : non seulement tous ceux qui invoquent le Seigneur peuvent être sauvés, mais tous ceux qui invoquent son nom pour le salut peuvent aussi participer pleinement à la mission de Dieu. En prévision de l'effusion de la Pentecôte, Jésus promit que le Saint-Esprit viendrait sur les croyants pour les revêtir de puissance pour être ses témoins (1.8). Peu importe sa faiblesse ou sa marginalisation par autrui, toute personne qui reçoit le baptême pentecôtiste peut ainsi devenir un participant efficace pour atteindre les nations avec l'Évangile.

Non seulement l'effusion de l'Esprit le jour de la Pentecôte a des implications sotériologiques et missiologiques, mais elle a aussi une puissante signification eschatologique. Citant de nouveau Joël, Pierre souligna que l'effusion de l'Esprit était la preuve que les derniers jours étaient arrivés : « 'Et ce sera dans les derniers jours,' dit Dieu, 'que je répandrai de mon Esprit sur toute l'humanité...' » (2.17). Il est significatif que Pierre, par l'inspiration de l'Esprit, ait changé la phrase de Joël « après cela » (2.28) en « les derniers jours ». Certains ont proposé que l'effusion de L'Esprit à la Pentecôte marque le début des derniers jours. Il semble plus plausible que les derniers jours aient commencé avec l'apparition de Jésus, le Messie. Quoi qu'il en soit, l'effusion pentecôtiste, y compris la déclaration de Pierre, était une indication claire que les derniers jours avaient effectivement commencé et qu'ils seraient un âge caractérisé par une effusion universelle de l'Esprit sur toute l'humanité.

Une effusion locale-vocationnelle

Bien que l'effusion de l'Esprit le jour de la Pentecôte puisse être considérée à juste titre comme un événement unique, exceptionnel, elle peut également être considérée comme une effusion locale et vocationnelle.[9] Stott reconnaît cette double caractéristique de l'époque : « La Pentecôte, écrit-il, fut l'inauguration de la nouvelle ère de l'Esprit... » Dans le même paragraphe, il décrit également la Pentecôte comme « le premier 'réveil' de l'histoire, lorsque le peuple de Jérusalem devint vivement conscient de la présence immédiate et envahissante [de Dieu] ».[10] L'effusion à la Pentecôte était *locale* puisqu'il s'agissait d'une effusion de l'Esprit sur une congrégation locale de croyants, l'église à Jérusalem. Elle était *vocationnelle* puisqu'elle a permis à cette église locale d'accomplir sa vocation donnée par le Christ d'être ses témoins à Jérusalem (1.8). En

---

9 Roger Stronstad, *The Charismatic Theology of St. Luke*, (Peabody, MA: Hendrickson Publishers, Inc., 1984), 23, 24. Ici, Stronstad parle du « motif vocationnel » du don de l'Esprit dans l'historiographie de l'Ancien Testament. Il définit ce don vocationnel de l'Esprit comme le revêtement par l'Esprit des compétences appropriées requises pour que les dirigeants puissent accomplir leur vocation divine. Ces compétences comprennent, entre autres, la connaissance, la perception, l'artisanat, le leadership, les prouesses militaires et la force physique. Selon Stronstad, Luc applique ce même motif vocationnel au ministère charismatique de Jésus tel que décrit dans son Évangile, et à l'église primitive telle qu'elle est décrite dans les Actes. Il discute ces choses plus en profondeur d'un point de vue christologique et pneumatologique dans *Spirit, Scripture and Theology: A Pentecostal Perspective*, pages 150-152 et 159-167 respectivement.

10 Stott, 61.

ce sens, l'effusion de L'Esprit le jour de la Pentecôte est comme toute autre effusion de l'Esprit dans les Actes. Stronstad note que « le don de l'Esprit aux disciples le jour de la Pentecôte n'est pas un événement isolé et unique. Ce n'est qu'une des nombreuses occasions, avant et après la Pentecôte, où les gens étaient remplis de l'Esprit. » [11]

Regardons maintenant de plus près cette « première effusion à Jérusalem » et posons la question : comment cette effusion du Saint-Esprit aide-t-elle à développer le *motif* de Luc *du revêtement de puissance en vue du témoignage,* établi dans Actes 1.8 ? Nous le ferons en posant nos trois questions : « Que s'est-il passé ? », « Quel fut le résultat ? » et « Et alors ? ».

Que s'est-il passé ?

Que s'est-il passé exactement le jour de la Pentecôte ? Voyons si on peut recréer la scène. Jésus avait ordonné à ses disciples de « restez dans la ville » jusqu'à ce qu'ils soient revêtus par le Saint-Esprit (Luc 24.49 ; Actes 1.4-8). En obéissance à son commandement, ils étaient retournés à Jérusalem, où ils avaient rassemblé un groupe d'environ 120 disciples engagés de Jésus, et avaient commencé leur temps d'attente (1.12). Leurs journées étaient remplies de prières et de louanges, parfois dans la chambre haute (Actes 1.14) et parfois dans les parvis du temple (Luc 24.53). Une attente ardente a dû remplir leurs cœurs. Enfin, le jour de la Pentecôte, les 120 personnes se rassemblèrent dans le temple à l'heure de la prière. Traçant leur chemin à travers la masse des fidèles, ils trouvèrent leur voie vers le lieu désigné—peut-être sous l'un des portiques couverts d'un côté de l'immense parvis des Gentils. Là, ils s'assirent ensemble et, tandis que la foule festive se rassemblait autour d'eux, ils commencèrent leurs prières. Puis, c'est arrivé…

---

11 Stronstad, 53.

Soudain, du ciel, vint un bruit qui ressemblait au rugissement d'un vent violent. Instinctivement, les yeux du peuple s'élevèrent vers le ciel. Certains furent saisis d'effroi et d'étonnement. D'autres se mirent les mains sur les oreilles pour étouffer le son assourdissant. Et pourtant, étrangement, bien qu'il y eût le hurlement d'un vent puissant, il n'y eut aucun mouvement d'accompagnement, aucun souffle sur les cheveux, aucun mouvement des habits. L'anomalie a confondu les sens des gens. Puis, aussi soudainement qu'il avait commencé, le rugissement s'arrêta, bientôt suivi d'une deuxième grande merveille. Luc décrit comme ceci : « Des langues qui semblaient de feu et qui se séparaient les unes des autres leur apparurent ; elles se posèrent sur chacun d'eux » (v. 3). Stanley M. Horton élabore : « Une masse de flammes apparut au-dessus des têtes de tout le groupe. Puis elle s'est rompue, et une seule langue qui ressemblait à une flamme de feu s'est posée sur la tête de chacun d'entre eux, hommes et femmes. »[12] Ce phénomène surnaturel peut avoir duré pendant plusieurs minutes. Les spectateurs étaient immobiles, les yeux écarquillés, bouches bées. Et pourtant, Dieu n'en avait pas encore fini avec cette journée de miracles.

De tous côtés, ceux qui avaient entendu le grand « bruit » se précipitèrent dans la Cour des païens (v. 6). La foule réunie s'est rapidement transformée en milliers de personnes. Alors que la foule stupéfaite s'émerveillait, Dieu fit une autre merveille : « Ils furent tous remplis d'Esprit Saint et se mirent à parler en d'autres langues, selon que l'Esprit leur donnait de s'exprimer » (v. 4). Pour certains, il semblait que ces pauvres Galiléens étaient ivres ou fous. « Ils sont pleins de vin doux ! » quelqu'un a crié (v. 13). Cependant, au fur et à mesure que le peuple écoutait plus attentivement, il commençait à entendre un par un ces Galiléens sans instruction parler dans leur propre langue maternelle (v. 6). Les voyageurs d'Arabie les entendaient parler arabe ; ceux d'Égypte les entendaient parler copte ;

---

12 Stanley M. Horton, *The Book of Acts: The Wind of the Spirit* (Springfield, MO: Gospel Publishing House, 1996), 30.

les visiteurs de Rome les entendaient parler latin, et ainsi de suite (vv. 7-11). Qu'est-ce qu'ils disaient ? Ils proclamaient avec joie les merveilles de Dieu ! (v. 11). Stupéfaits, les gens commencèrent à se demander les uns aux autres : « Que veut dire ceci ? » (v. 12).

En réponse à leur demande, Pierre, qui, quelques semaines plus tôt, avait terriblement nié même connaître Jésus (Luc 22.54-62), s'est tenu aux côtés des onze et a commencé à proclamer son nom (Actes 2.14 ff). À la suite des puissantes manifestations de la présence et de la puissance de Dieu, et de l'annonce de l'Évangile par Pierre, inspiré par l'Esprit, trois mille personnes se repentirent de leurs péchés et vinrent à connaître Christ comme Seigneur et Sauveur (v. 41). Ce même jour, ils furent baptisés dans l'eau et ajoutés à l'Église—et, éventuellement, à en juger par le contexte, baptisés dans le Saint-Esprit (vv. 38-41).

Quel fut le résultat ?

Les résultats immédiats de cette expérience par les disciples, de la plénitude de l'Esprit le jour de la Pentecôte, furent double : le premier fut un changement intérieur remarquable chez les 120 disciples. Le second fut le puissant témoignage oint par l'Esprit qui s'est répandu dans la ville de Jérusalem. Roland Allen décrit le premier résultat :

> Les Actes révèlent un changement très curieux dans la conduite des apôtres avant et après la Pentecôte.... Avant la Pentecôte, les apôtres sont dépeints comme agissant sous l'influence d'une théorie intellectuelle ; après la Pentecôte, ils sont dépeints comme agissant sous l'impulsion de l'Esprit. »[13]

Il explique plus loin : « La venue de l'Esprit à la Pentecôte était la venue d'un Esprit missionnaire… [et Il] éveilla dans les cœurs des

---

13 David Paton and Charles H. Long, eds., *The Compulsion of the Spirit: A Roland Allen Reader* (Grand Rapids, MI: William B. Eerdmans Publishing Co., 1983), 76.

disciples du Christ un grand désir de transmettre ce qu'ils avaient reçu. »[14] Ainsi, selon Allen, la venue de l'Esprit « leur révéla le besoin des hommes pour ce que lui seul pouvait leur fournir ».[15] Avec la réception de l'Esprit, les disciples reçurent une nouvelle urgence et une nouvelle hardiesse intérieure : la hardiesse de proclamer sans crainte et avec hardiesse le Christ dans leur ville natale, et un désir ardant de le faire.

Cependant, le résultat le plus remarquable de cette plénitude de l'Esprit chez les disciples, était le témoignage extérieur plutôt que la transformation intérieure. Ce témoignage, c'était l'immédiate et puissante annonce de l'Évangile, sous l'inspiration de l'Esprit, suivie d'un étonnant succès dans l'évangélisation. Selon J. B. Lawrence, après la Pentecôte,

> [Les disciples] étaient comme des hommes qui se dépassaient eux-mêmes par une puissante impulsion intérieure.... La passion de la volonté divine était dans leur âme, et la liberté d'une parole divine était sur leurs lèvres. On leur avait demandé d'attendre la puissance et la puissance était venue. L'esprit, comme un souffle puissant du ciel, les avait remplis d'énergie divine. Leurs langues étaient touchées par le feu depuis l'autel, et quand ils ont commencé à parler les milliers qui étaient présents à la fête ont ressenti l'influence de l'enthousiasme divin et ont été mus par la présence divine.[16]

La réception de l'Esprit par les disciples a eu pour résultat une proclamation explosive extraordinaire inspirée par l'Esprit, à la fois dans les langues non apprises et dans la langue vernaculaire locale, chacune d'elles ayant servi de témoignage impressionnant à la multitude rassemblée. La première manifestation du discours

---

14 Ibid.

15 Ibid., 91.

16 J. B. Lawrence, *The Holy Spirit in Missions* (Atlanta, GA: Home Missions Board of the Southern Baptist Convention, 1947), 39-40.

prophétique était celle des 120 disciples qui parlèrent en langues « comme l'Esprit leur donnait de s'exprimer » (Actes 2.4). Dans les versets 16-18, Pierre identifie ce discours en langues inspirées comme une prophétie en déclarant à la foule : « *c'est ici* [le parler en langues des disciples] *ce qui* [l'accomplissement de la prophétie de Joël, qui dit] ...vos fils prophétiseront, et vos filles aussi » (OST, italiques ajoutés). Ainsi, Pierre a identifié le parler en langues comme l'accomplissement de la prophétie de Joël selon laquelle tout le peuple de Dieu serait un jour prophète.

Luc dit qu'ils « parlaient des merveilles de Dieu » dans la langue maternelle de leurs auditeurs (v. 11). Certains ont interprété cette activité des disciples comme une louange ointe par l'Esprit et qui est adressée à Dieu.[17] Un examen plus attentif du texte, cependant, révèle que leurs paroles n'étaient pas dirigées vers Dieu mais vers la multitude. C'était plutôt une proclamation inspirée par l'Esprit. La version Nouvelle Bible Segond traduit mieux cette phrase : « Nous les entendons dire dans notre langue les œuvres grandioses de Dieu ! » Menzies commente, « Le récit de Luc souligne la signification missiologique du don pentecôtiste... Le don de l'Esprit permet aux disciples de communiquer avec les gens 'de toutes les nations sous le ciel' (Actes 2.5). Le produit de ce don divin ne doit pas être compris simplement comme une louange adressée à Dieu. C'est, avant tout, une proclamation. »[18]

Le mot grec traduit ici « en parlant de » est *laleo*. C'est le mot générique employé pour parler (c.-à-d. « prononcer des mots ») et peut être utilisé de diverses façons et dans divers contextes. L'étude de l'usage du mot par Luc révèle cependant que, dans la grande majorité des cas, il l'utilise pour faire une déclaration ou une proclamation, c'est-à-dire en des mots adressés directement aux gens.

---

17 Par exemple, French L. Arrington, *The Acts of the Apostles: An Introduction and Commentary* (Peabody, MA: Hendrickson Publishers, 1988), 22.

18 Robert P. Menzies, *Empowered for Witness: The Spirit in Luke-Acts* (Sheffield, Eng: Sheffield Academic Press, 2001), 177.

Dans les Actes des Apôtres, lorsque le contexte l'exige, *laleo* est souvent traduit en anglais par « prêché » (8.25 ; 11.19 ; 13.42 ; 14.25 ; 16.6). Un usage typique du mot est 4.31 : « Et ils étaient tous remplis du Saint-Esprit et *parlaient* la parole de Dieu avec assurance » (italiques ajoutées). Cela ne veut pas dire qu'il n'existe pas de louange conduite par l'Esprit. Il y en a certainement, comme l'indique Luc 1.64[19], 1 Corinthiens 14.15-17, et Éphésiens 5.18-19. Le fait est qu'ici, conformément à son *motif de revêtement de puissance en vue du témoignage,* présenté dans Actes 1.8, Luc présente ce discours inspiré par l'Esprit comme une proclamation miraculeuse de la puissance de Dieu dans les langues des nations païennes réunies. Qu'il s'agisse de louange ou de proclamation, le but du parler en langues était indéniablement le témoignage. Sinon, pourquoi l'Esprit les aurait-il fait parler dans les langues de ceux qui s'étaient rassemblés pour voir ce qui se passait ?

Le fait que Luc souligne que les pèlerins s'étaient rassemblés de « toutes les nations sous le ciel » et que les disciples parlaient en langues païennes parce qu'ils étaient remplis de l'Esprit, est important pour l''intention missio-pneumatologique de Luc en écrivant les Actes. Stott souligne : « Bien que toutes les nations du monde n'étaient pas présentes *littéralement*, elles y étaient *de façon représentative*. Car Luc inclut dans sa liste les descendants de Sem, Cham et Japhet, et nous donne dans Actes 2 une 'Table des nations' comparable à celle de Genèse 10. »[20]

L'effusion de l'Esprit à la Pentecôte a un but missiologique clair. L'implication est claire : Dieu démontrait ses desseins mondiaux et revêtait son église de puissance afin que l'Évangile puisse être prêché en puissance à chaque nation sous le ciel. En ce qui concerne le parler des disciples en langues païennes, Don Richardson commente,

---

19 Dans tout Luc-Actes, Luc 1.64 est le seul moment où le mot *laleo* est utilisé pour la louange.

20 Stott, 68.

> Dans le contexte du ministère de Jésus et de ses plans clairement articulés pour le monde entier, l'effusion de cette explosion miraculeuse de langues *païennes* ne pouvait avoir qu'un seul but en vue : faire comprendre clairement que la puissance du Saint-Esprit avait été accordée et l'était encore dans le but spécifique et intentionnel de l'évangélisation de tous les peuples.[21]

Au-delà du parler en langues, il y a eu un deuxième exemple de témoignage prophétique, immédiatement après la réception de l'Esprit par les disciples à la Pentecôte. Cet exemple se trouve dans ce que l'on appelle communément la « prédication » de Pierre, à la Pentecôte. Cependant, ce n'était pas du tout une prédication, du moins pas dans le sens traditionnel du terme. Il s'agissait plutôt d'une proclamation prophétique—un discours insufflé par l'Esprit (*pneuma,* en grec).[22] Byron Klaus commente que : « Pierre a alors expérimenté un résultat très important du revêtement par le baptême de l'Esprit : il est devenu le porte-parole du Saint-Esprit… »[23] Horton, plus détaillé dans son explication, a écrit :

> Toujours oint de l'Esprit, [Pierre] éleva la voix et se mit à « proclamer » ou à leur parler. Le mot utilisé pour ce parler [*apephthengxato*] vient du même verbe utilisé pour le parler en langues du texte de Actes 2.4 [*apophthengesthai*]. Cela suggère que Pierre parlait dans sa propre langue (l'araméen) comme l'Esprit lui donnait de s'exprimer. En d'autres termes, ce qui suit n'est pas une prédication dans le sens ordinaire du

---

21 Don Richardson, *Eternity in Their Hearts,* rev. ed. (Ventura, CA: Regal Books, 1984), 198-199.

22 Un discours *pneumatique* est une allocution inspirée de l'Esprit. Il est caractérisé par une illumination spirituelle, une perspicacité vive et un pouvoir de persuasion.

23 Byron D. Klaus, "The Mission of the Church," in *Systematic Theology,* rev. ed., Stanley M. Horton, ed. (Springfield, MO: Logion Press, 1995).

> terme... c'est plutôt, une manifestation spontanée du don de prophétie (1 Co 12.10 ; 14.3).[24]

Pierre interprète les événements de la Pentecôte de façon missiologique. Devant la foule (qui représente au figuré toutes les nations de la terre), Pierre tire le « texte de sa prédication » de Joël 2.28-32, donnant ainsi le ton à tout son message à suivre. Dans celui-ci, il explique le sens et l'importance de ce qui vient de se passer.[25] L'effusion de l'Esprit était un signe évident que les derniers jours avaient bel et bien commencé, et que cette effusion des derniers temps n'était pas seulement pour les Juifs, mais pour toute l'humanité. Par conséquent, toute personne, juive ou païenne, qui invoquera le nom du Seigneur sera sauvée (v. 21). Cette promesse fait allusion à la promesse antérieure de Jésus selon laquelle les disciples seraient revêtus de puissance pour être des témoins « jusqu'aux extrémités de la terre » (1.8).

La Pentecôte est le premier exemple de Luc dans les Actes de son *motif de revêtement de puissance en vue du témoignage*. La réception de l'Esprit par les disciples à la Pentecôte s'est traduite par un revêtement divin, qui à son tour s'est traduit par un témoignage immédiat et efficace. À la suite de ce témoignage rempli de l'Esprit, ceux qui ont entendu les paroles de Pierre ont été profondément touchés : « Après avoir entendu cela, ils eurent le cœur vivement touché, et ils dirent à Pierre et aux autres apôtres : frères, que ferons-nous ? Pierre leur dit : repentez-vous, et que chacun de vous soit baptisé au nom de Jésus-Christ, pour le pardon de vos péchés ; et vous recevrez le don du Saint-Esprit » (Actes 2.37-38). C'est ce qu'ils firent, et trois mille personnes furent ajoutées à l'Église. En se basant sur le contexte, il est probable que ceux qui furent sauvés étaient

---

24 Horton, 37.

25 Tout comme dans Luc 4.18-19 Jésus a expliqué ce qui lui est arrivé quand il a été oint par l'Esprit à son baptême (3.21-22).

aussi remplis de l'Esprit.[26] Cela se manifeste par le fait qu'une communauté dynamique de témoins a été créée, car « le Seigneur ajoutait chaque jour à l'Église ceux qui étaient sauvés » (2.47).

Et alors ?

Nous posons maintenant notre troisième question sur ce passage : « Et alors ? » Quelle instruction tirer de cette expérience de la plénitude de l'Esprit par les disciples, au jour de la Pentecôte ? Quelle instruction tirer de cette prédication de Pierre qui eut pour résultat un grand nombre de personnes sauvées ? Que signifient ces événements du premier siècle pour nous aujourd'hui en tant que croyants du XXIe siècle ?

Les événements de la Pentecôte, comme nous le verrons de plus en plus clairement au cours de cette étude, sont à la fois programmatiques et paradigmatiques. Pour être *programmatique*, un épisode narratif doit faire référence aux événements qui se déroulent dans le récit. Ainsi, lorsque nous disons que les événements de la Pentecôte sont programmatiques, nous voulons dire que ces événements établissent un schéma significatif qui sera répété tout au long de l'ouvrage. Pour être *paradigmatique*, un épisode doit avoir des caractéristiques normatives qui s'appliquent à tout le peuple de Dieu à tout moment et dans toutes les cultures. Ainsi, lorsque nous parlons de l'effusion de l'Esprit à la Pentecôte comme étant paradigmatique, nous voulons dire que nous pouvons nous attendre à ce que le Saint-Esprit soit répandu de la même manière et avec les mêmes résultats, comme ce fut le cas au jour de la Pentecôte, comme Jésus le fit connaître dans 1.8.

---

26 Pierre leur a dit que s'ils se repentaient et étaient baptisés, ils recevraient le don du Saint-Esprit. Ils se repentirent et furent baptisés. L'implication est donc qu'ils ont aussi reçu le don de l'Esprit. James Shelton est d'accord avec ce point de vue, et déclare qu'« ...il est évident que les nouveaux convertis dans Actes 2.38 étaient revêtus pour le ministère ». *Mighty in Word and Deed,* 130.

En ayant cela à l'esprit, il devient évident qu'en tant que chrétiens vivant au XXIe siècle, nous avons en effet beaucoup à apprendre de ce qui s'est passé au jour de la Pentecôte. Je mentionnerai brièvement quatre leçons importantes :

LA NECESSITE DU REVÊTEMENT PNEUMATIQUE

Tout d'abord, nous apprenons la nécessité absolue du revêtement pneumatique dans l'accomplissement de la Grande Commission du Christ. Luc rapporte deux fois le commandement de Jésus à ses disciples qu'ils ne devaient même pas tenter l'œuvre missionnaire avant d'avoir été revêtus par le Saint-Esprit (Luc 24.49 ; Actes 1.4-5). Jésus leur promit alors une puissance suffisante pour la tâche. Cette puissance viendrait « après que » le Saint-Esprit soit venu sur eux (1.8, NBS). Les disciples ont obéi explicitement au commandement de Jésus, et le jour de la Pentecôte, ils ont été revêtus de puissance pour la tâche qui les attendait. De la même manière, si nous voulons aujourd'hui exécuter efficacement le commandement du Christ de prêcher l'Évangile à toutes les nations, nous devons d'abord obéir à son commandement tout aussi contraignant de « restez dans la ville » jusqu'à être « revêtus de la puissance d'en haut ».

LE SAINT-ESPRIT EST LA SOURCE

Une autre leçon que nous apprenons de l'effusion à la Pentecôte est que le Saint-Esprit est la source du revêtement de la puissance missionnaire. On parle beaucoup aujourd'hui des missionnaires qui équipent les dirigeants nationaux et les églises pour accomplir l'œuvre du ministère. C'est une question importante ; cependant, il y a une question de renforcement des capacités encore plus fondamentale—le revêtement de la puissance divine qui résulte du baptême dans le Saint-Esprit. Ce fait est merveilleusement illustré dans l'histoire de la Pentecôte.

LE MODÈLE DE LA PENTECOTE

Troisièmement, le récit de la Pentecôte nous apprend comment nous pouvons nous attendre à ce que ce revêtement se produise. Selon le modèle de la Pentecôte, le baptême dans l'Esprit est reçu de façon soudaine, avec puissance, de façon personnelle, tout au fond de soi et de manière vérifiable, tout comme cela s'est produit pour les 120. Ceux qui cherchent le baptême dans l'Esprit ne doivent pas s'attendre à une expérience fade ou insipide, mais à une rencontre puissante avec Dieu qui change la vie.

CHANGEMENT INTERIEUR, EVANGELISATION EFFICACE

Finalement, nous apprenons quelque chose sur les résultats auxquels nous pouvons nous attendre si, nous aussi, nous sommes revêtus de la puissance de l'Esprit. Si nous permettons à l'Esprit de nous remplir et de nous revêtir de puissance, nous pouvons nous attendre au même changement intérieur spectaculaire et à une efficacité grandement accrue dans l'évangélisation, tout comme les disciples l'ont expérimenté à la Pentecôte.

CONCLUSION

Dans ce chapitre, nous avons examiné l'effusion de l'Esprit au jour de la Pentecôte. Nous avons découvert que, bien qu'il s'agisse d'une effusion historique et universelle, ce fut aussi une effusion locale et vocationnelle. En étant remplie de l'Esprit, l'église de Jérusalem devint une puissante force de témoignage. Dans le chapitre suivant, nous découvrirons qu'une deuxième effusion de l'Esprit s'est manifestée à Jérusalem, une effusion qui fut, d'une certaine manière, encore plus extraordinaire et puissante que la première. Et, comme nous le verrons, de même que la première, la deuxième effusion a donné lieu à un puissant témoignage oint par l'Esprit.

– CHAPITRE 5 –

LA SECONDE EFFUSION À JÉRUSALEM

LA CLÉ

ACTES 1.8

Mais vous recevrez une puissance, celle du Saint-Esprit survenant sur vous, et vous serez mes témoins... à Jérusalem...

LA DEUXIÈME EFFUSION À JÉRUSALEM

ACTES 4.31

Quand ils eurent prié, le lieu où ils étaient assemblés trembla ; ils furent tous remplis du Saint-Esprit, et ils annonçaient la parole de Dieu avec assurance.

C'est indéniable, le jour de la Pentecôte a été un moment décisif dans l'histoire du salut. Il a inauguré un nouveau jour glorieux dans les rapports de Dieu avec l'humanité. La présence vivifiante de son Esprit, qui pendant des siècles avait été réservée à des personnes choisies et à des occasions spéciales, était maintenant répandue librement sur tous. Maintenant, à cause de la Pentecôte, quiconque peut invoquer le nom du Seigneur et être sauvé (2.21), et par un baptême subséquent du Saint-Esprit, ces mêmes personnes peuvent être revêtues pour prendre pleinement part à la mission rédemptrice des nations (1.8). Bien que tout cela soit vrai, nous ne devons pas oublier que l'effusion de la Pentecôte était aussi une effusion de l'Esprit sur une congrégation de croyants dans un lieu spécifique pour accomplir un but spécifique : l'évangélisation de Jérusalem.

La seconde effusion à Jérusalem

Il est donc significatif qu'une deuxième effusion du Saint-Esprit ait eu lieu à Jérusalem quelques semaines après la première. Luc rapporte cette effusion avec une économie de mots : « Quand ils eurent prié, le lieu où ils étaient assemblés trembla ; ils furent tous remplis du Saint-Esprit, et ils annonçaient la parole de Dieu avec assurance » (4.31). Que penserons-nous de cette deuxième effusion du Saint-Esprit à Jérusalem ? Pour répondre à cette question, nous allons, comme nous l'avons fait lors de la première effusion, poser trois questions :

Que s'est-il passé ?

Après le jour de la Pentecôte, l'Église nouvellement revêtue par l'Esprit est devenue une puissante force de témoignage dans la ville de Jérusalem. Luc note que « le Seigneur ajoutait chaque jour à l'Église ceux qui étaient sauvés » (2.47). Au moment de la seconde effusion à Jérusalem, le nombre de disciples était passé d'environ trois mille hommes et femmes à « environ cinq mille hommes » (4.4), sans compter les femmes et les enfants. Ce succès évangélique (ainsi que le remue-ménage causé par la guérison de l'homme boiteux à la porte du temple appelée la Belle) troubla grandement les autorités juives. Ils convoquèrent donc les apôtres et les menacèrent, les avertissant « de parler désormais à qui que ce soit en ce nom-là [Jésus] » (v. 17). Puis ils les relâchèrent.

Après leur libération, les apôtres retournèrent auprès des disciples et racontèrent ce qui leur était arrivé. Stronstad localise le « lieu » (4.31, *topos*) de leur rassemblement comme le mont du temple.[1] Après que les apôtres eurent fait leur rapport à la congrégation, « d'un commun accord, ils élevèrent la voix vers Dieu » et se mirent à prier. Dans leur prière, ils réaffirmèrent la souveraineté de Dieu sur les affaires des hommes (vv. 24-28), et le supplièrent de prendre note des menaces des dirigeants juifs et de leur donner l'audace de continuer à témoigner de Jésus, malgré ces menaces (v. 29). Ils conclurent leur prière en demandant à Dieu de confirmer la vérité de son Évangile en étendant sa main pour guérir les malades, et pour accomplir des signes et des prodiges au nom de Jésus (v. 30). C'est alors que c'est arrivé, soudainement, comme au jour de la Pentecôte...

Le pavé de pierre commença à trembler sous leurs pieds. Les vibrations ont migré vers le haut à travers leurs jambes et dans leur corps, faisant frémir leurs entrailles. Le Saint-Esprit manifestait à nouveau sa présence au milieu d'eux, comme il l'avait fait quelques semaines auparavant, le jour de la Pentecôte. C'était une deuxième théophanie—une autre manifestation puissante de la puissance et de la présence de Dieu. Comme cela s'était passé au jour de la Pentecôte, « ils furent tous remplis du Saint-Esprit ».[2] Certains furent remplis pour la première fois, d'autres ont été à nouveau remplis de l'Esprit, car ils avaient déjà été remplis le jour de la Pentecôte ou à un autre

---

1 Roger Stronstad, *The Prophethood of All Believers: A Study of Luke's Charismatic Theology* (Irving, TX: ICI University Press, 1998), 54. Voir 6.13-14 et 7.49-50 où le temple est appelé un « lieu », aussi *topos*.

2 Comparez 2.4 et 4.31 où le sens en grec est exactement le même (*epleestheesan pantes*).

moment depuis lors. Et, comme au jour de la Pentecôte, ceux qui furent remplis de l'Esprit furent revêtus de puissance pour témoigner, car, dit Luc, « ils annonçaient la parole de Dieu avec assurance ».

Il est fort probable que la grande majorité des milliers de croyants vivant à Jérusalem étaient présents à cette occasion. Stronstad remarque que :

> ...l'antécédent des phrases « ils étaient tous réunis » et « ils furent tous remplis de l'Esprit » renvoient à ce qui précède et que Luc a mentionné plus haut dans ce même chapitre : 5 000 hommes qui ont cru (Actes 4.4). Ainsi, Luc informe Théophile et tous les futurs lecteurs de son récit que plus de 5 000 hommes furent remplis du Saint-Esprit.[3]

S'il y avait, en fait, plus de cinq mille hommes, ainsi que leurs femmes et leurs enfants, présents à cette occasion, quelle puissante réunion de prière cela a dû être. Quel rugissement triomphant a dû surgir du milieu d'eux !

Quel fut le résultat ?

Les résultats de cette deuxième effusion à Jérusalem sont le reflet de ceux de la première effusion à la Pentecôte : une grande énergie spirituelle a été répandue, et le résultat fût un témoignage puissant et convaincant en parole et en œuvre. Le verset 33 décrit ce témoignage : « Avec une grande puissance les apôtres rendaient témoignage de la résurrection du Seigneur Jésus. Et une grande grâce reposait sur eux tous. » Luc identifie la source de la « grande puissance » (*dunamei megal*) des apôtres comme étant « une grâce abondante » (*charis megal*). Le contexte révèle que la source de cette grâce abondante était la présence vivifiante du Saint-Esprit (v. 31).

---

3 Ibid.

En partant de ce lieu, ces croyants fraîchement revêtus de puissance « remplirent Jérusalem de [leur] enseignement » (5.28). Trois fois dans ce même chapitre, Luc relie ce témoignage avec hardiesse à la venue de l'Esprit (vv. 13, 29, 31). Quel était leur message ? C'était la résurrection du Seigneur Jésus (v. 33). Un autre résultat remarquable de cette effusion de l'Esprit fut la revitalisation de la vie communautaire dynamique, née le jour de la Pentecôte (vv. 34-37 ; cf. 2.44-47).

Bien que nous appelions cette effusion de l'Esprit la deuxième effusion à Jérusalem, ce n'était probablement qu'une des nombreuses effusions qui ont dû se produire à travers Jérusalem dans les jours qui ont suivi l'effusion initiale à la Pentecôte. À la suite de ces effusions répétées de l'Esprit, le témoignage de l'église à Jérusalem a continué à prospérer et à gagner du terrain (5.12-16).

Ces effusions ont également servi à un deuxième objectif très important. Non seulement les chrétiens de Jérusalem étaient revêtus pour témoigner davantage dans la ville, mais ils étaient aussi préparés à la persécution et à la dispersion qui allaient bientôt se produire. Quand la persécution allait survenir, ils seraient prêts à répandre la bonne nouvelle en Judée, en Samarie et au-delà. En incluant une deuxième effusion de l'Esprit à Jérusalem presque immédiatement dans son récit, Luc renforce son intention missio-pneumatique des Actes, et illustre encore l'importance du revêtement de l'Esprit pour un témoignage efficace.

Et alors ?

Quelles leçons peut-on tirer de cet épisode et qui peuvent être appliquées à l'Église d'aujourd'hui ? Pour répondre à cette question, il faut d'abord en poser une autre : pourquoi Luc a-t-il inclus cet épisode ici, dans son récit, en premier ? Son inclusion dans les Actes est importante. Cette importance est démontrée par le fait que plusieurs semaines se sont écoulées depuis le jour de la Pentecôte, et pourtant, ce n'est que ce septième épisode dont Luc choisit de relater les faits.[4] Luc, sous la direction du Saint-Esprit, a inclus cet incident dans son récit parce que cela fait clairement progresser son intention d'auteur, tel qu'énoncé dans 1.8 : « Mais vous recevrez une puissance, celle du Saint-Esprit survenant sur vous, et vous serez mes témoins... » Luc voulait que ses lecteurs sachent qu'une seule effusion—ou une seule plénitude—de l'Esprit n'est pas suffisante, quelle qu'en soit son degré de puissance ou sa dimension spectaculaire de la chose.

Personne ne peut nier la grandeur et la puissance de l'effusion de l'Esprit le jour de la Pentecôte, ni l'impact qu'elle a eu sur la vie de ceux qui ont reçu l'Esprit. Cependant, même les effets de cette expérience, aussi puissante et transformatrice soit-elle, ne pouvaient soutenir indéfiniment la vie spirituelle des disciples et leurs ministères. Pour conserver leur ferveur spirituelle, et pour maintenir le témoignage dynamique mandaté par Jésus, ils ont dû faire l'expérience de nouvelles plénitudes de l'Esprit. Ces plénitudes répétées ont été vécues à la fois de manière collective, comme avec la communauté rassemblée des croyants (4.31), mais aussi de manière individuelle, comme avec Pierre (4.8). Nous ne pouvons pas non plus compter sur une expérience sur une expérience de plénitude de l'Esprit, faite dans le passé, pour soutenir nos ministères aujourd'hui. Comme les premiers disciples, nous devons rechercher et expérimenter des plénitudes répétées de l'Esprit.

D'autres actes de témoignage remplis de la puissance de l'Esprit à Jérusalem

Bien que cette étude se limite à sept effusions clés de l'Esprit dans les Actes, il y a beaucoup d'autres exemples de témoignage inspiré de l'Esprit dans le livre. Avant de passer à la troisième effusion au chapitre 6, examinons brièvement sept autres actes de

4 Voir Appendice 1.

témoignage remplis de la puissance de l'Esprit qui se sont produits à Jérusalem, chacun à la suite des diverses effusions de l'Esprit dans la ville.

1. Témoignage à la Belle Porte du temple

La guérison de l'homme boiteux à la Belle Porte du temple (3.1-10), et le discours prophétique de Pierre qui suivit (vv. 11-26) sont des exemples supplémentaires de témoignage rempli de la puissance de l'Esprit venant de l'effusion de l'Esprit à la Pentecôte. Dans ce récit, Luc cite un exemple spécifique du ministère des apôtres, qu'il avait précédemment décrit en des termes plus généraux dans 2.43 : « La crainte s'emparait de chacun, et il se faisait beaucoup de prodiges et de signes par les apôtres. »

La déclaration de Pierre au boiteux, « Mais ce que j'ai, je te le donne » (3.6), est une confession concernant la puissance de l'Esprit qu'il a reçu à la Pentecôte. Sa prédication qui suit est son deuxième discours *pneumatique* dans les Actes, le premier ayant eu lieu le jour de la Pentecôte. Le contexte de la prédication, y compris la manifestation du don de guérison qui l'a précédée, indique que Pierre agissait sous l'influence de l'Esprit. Shelton écrit que dans ce texte, ainsi que dans d'autres passages :

> ... où la parole d'autorité agit mais où le Saint-Esprit n'est pas explicitement identifié comme responsable de cette parole, l'œuvre de l'Esprit est souvent insinuée par la présence de certains éléments dans le contexte (comme un miracle de guérison). Luc ne se sent pas obligé de faire référence au Saint-Esprit avant chaque déclaration des fidèles. Il se contente de laisser le lecteur le comprendre de manière implicite. Une fois qu'il mentionne la présence du Saint-Esprit dans le discours d'un orateur, Luc ne le répète pas

> chaque fois qu'il présente l'un des discours de cette personne. Il considère que la première référence est suffisante....[5]

En outre, Shelton remarque que dans 1.8, Luc établit un thème dominant pour le livre, et que ce thème sert de précédent pour tout témoignage ultérieur dans les Actes :

> Dans le premier chapitre des Actes des Apôtres, Luc établit ce précédent : « Mais vous recevrez une puissance, celle du Saint-Esprit survenant sur vous, et vous serez mes témoins » (v. 8)... Ainsi le thème dominant de la pneumatologie de Luc dans cette présentation de l'église primitive est : « Nous sommes témoins de ces choses, de même que le Saint-Esprit » (5.32).[6]

Encore une fois, comme au jour de la Pentecôte, le témoignage de Pierre, oint par l'Esprit, donne lieu à une grande moisson d'âmes : « Cependant, beaucoup de ceux qui avaient entendu la parole crurent, et le nombre des hommes s'éleva à (environ) cinq mille » (4.4).

2. <u>Témoignage aux dirigeants juifs</u>

Un autre exemple de témoignage rempli de la puissance de l'Esprit à Jérusalem est le témoignage de Pierre et Jean aux autorités religieuses juives (4.5-22). Luc introduit de façon caractéristique les paroles de Pierre en notant qu'il était « rempli du Saint-Esprit » (v. 8). De nouveau, comme au jour de la Pentecôte, la plénitude de Pierre par l'Esprit se traduit par la proclamation claire et ointe par l'Esprit de la puissance salvatrice du nom Jésus (v. 10-12). Et une fois de plus, Luc attribue soigneusement le témoignage des apôtres à l'œuvre de revêtement du Saint-Esprit dans leurs vies.

---

5 Shelton, 146-147.

6 Ibid., 147.

3. <u>Un complot est démasqué</u>

Non seulement le revêtement de l'Esprit a permis à l'Église de résister à la persécution de l'extérieur (4.5-22), mais elle lui a aussi permis de faire face au mal à l'intérieur, tel que démontré dans l'histoire de Ananias et Saphira (5.1-11). Parce qu'il était rempli de l'Esprit, Pierre a pu discerner la main de Satan dans la conspiration du couple (vv. 3, 9). Luc, selon le modèle, montre que le résultat final de l'action de Pierre, inspirée par l'Esprit, est le témoignage : « Une grande crainte saisit toute l'Église et tous ceux qui apprirent ces choses » (v. 11).

4. <u>Témoignage en cours à Jérusalem</u>

Dans 5.12-16, Luc résume et révèle la nature du témoignage constant de l'église à Jérusalem. C'était un témoignage caractérisé par des signes miraculeux et des prodiges, l'unité et une proclamation publique continuelle ointe par l'Esprit « au milieu du peuple », qui se traduisait par « les multitudes d'hommes et de femmes qui croyaient au Seigneur augmentaient toujours plus » (cf. v. 14). Luc présente ce témoignage comme la conséquence directe du revêtement de la puissance de l'Esprit à la Pentecôte et lors les effusions ultérieures de l'Esprit à Jérusalem. Entre-temps, le témoignage de l'Église s'est étendu au-delà de la ville de Jérusalem aux environs : « La multitude accourait aussi des villes voisines de Jérusalem et apportait des malades et des gens tourmentés par des esprits impurs ; et tous étaient guéris » (v. 16).

5. <u>L'emprisonnement, la libération et le témoignage</u>

La libération miraculeuse des apôtres de prison et le témoignage courageux qui s'en est suivi est un autre exemple de la manière dont la présence vivifiante de l'Esprit a permis à l'église de Jérusalem de remplir son mandat évangélique (5.17-42). Le commandement de l'ange aux apôtres d'« allez, tenez-vous dans le temple, et annoncez au peuple toutes les paroles de cette vie » (v. 20), reflète clairement le *motif de revêtement de puissance en vue du témoignage* de Luc, comme le fait également le courage donné par le Saint-Esprit aux apôtres pour poursuivre leur prédication même après le harcèlement et les menaces des autorités Juives (vv. 21-31). Pierre a attribué leur témoignage à l'œuvre de l'Esprit dans leur vie : « Nous sommes témoins de ces choses, de même que le Saint-Esprit que Dieu a donné à ceux qui lui obéissent » (v. 32).

6. Une décision guidée par l'Esprit

La nomination de sept hommes par les apôtres pour les aider dans le ministère de l'église auprès des veuves (6.1-7), témoigne également de l'intention missio-pneumatique de Luc dans la rédaction des Actes, car, selon Luc, c'est une œuvre conduite par l'Esprit et centrée sur la mission. Le différend concernant les soins des veuves hellénisées menaçait de bouleverser la mission évangélique de l'Église. Les apôtres, toujours sous l'influence de l'Esprit, formulent un plan (comme cela se produisit encore au Concile à Jérusalem dans le chapitre 15.1-29). Sept hommes remplis de l'Esprit sont choisis et mandatés pour servir en cette qualité, libérant ainsi les apôtres pour se concentrer sur la prière et le ministère de la Parole (v. 5-6).

Comme d'habitude, Luc précise très clairement que ces sept hommes étaient remplis du Saint-Esprit (v. 3). Il utilise également cet épisode pour présenter deux hommes qui, plus tard, donneront un puissant témoignage oint par l'Esprit dans les Actes, Étienne et Philippe. Fidèle à son intention en écrivant, Luc remarque que, à la suite de cette action, « la parole de Dieu se répandait, le nombre des disciples se multipliait beaucoup à Jérusalem, et une grande foule de sacrificateurs obéissait à la foi » (v. 7).

7. Le témoignage d'Étienne rempli de la puissance de l'Esprit

Un dernier exemple de ministère rempli de la puissance de l'Esprit à Jérusalem est le ministère d'Étienne, l'un des sept choisis pour aider avec ce problème des veuves négligées (6.1-8.1). Avec les six autres hommes choisis, il est identifié comme un « homme plein de foi et d'Esprit Saint » (v. 5). Il est en outre décrit comme étant « plein de grâce et de puissance » (v. 8). Son témoignage à Jérusalem a été marqué par une proclamation ointe et des démonstrations miraculeuses de la puissance de Dieu (v. 8). Luc remarque qu'à cause de son puissant témoignage prophétique, ses détracteurs « n'étaient pas capables de résister à la sagesse et à l'Esprit par lequel il parlait » (v. 10). Lorsqu'il fut capturé et amené devant le Conseil juif, il témoigna de nouveau avec puissance (7.1-53). Son message est un autre exemple du discours *pneumatique* et de l'accomplissement de la promesse prophétique de Jésus dans Luc 21.12-15. Même dans le martyre, Étienne exerçait son ministère dans la puissance de l'Esprit. Il est de nouveau décrit comme étant « rempli du Saint-Esprit » (v. 55). Son témoignage a été une proclamation puissante pour les habitants de Jérusalem. Le plus important, c'est que cela a profondément affecté un jeune juif pharisien du nom de Saul, qui a participé au martyre d'Étienne (v. 58). Saul, témoin de la grâce avec laquelle Étienne est mort, a été profondément ému. Cette expérience a contribué à ce qu'il devienne un disciple du Christ. En incluant ce détail dans son récit, Luc prépare le lecteur à la conversion éventuelle de Saul, à son baptême de l'Esprit et à son ministère missionnaire. Le *motif* de Luc *de mettre en évidence le revêtement de puissance en vue du témoignage,* se reflète clairement dans chacun de ces sept récits.

Conclusion

À la suite de deux puissantes effusions de l'Esprit à Jérusalem, l'Église devint rapidement une puissante force évangélique dans la ville, avec des milliers de nouveaux membres s'ajoutant à ses rangs. Cependant, Jésus avait dit que l'Église devait être son témoin, non seulement à Jérusalem, mais « à Jérusalem et dans toute la Judée et dans la Samarie… ». Dans le chapitre suivant, nous verrons comment ce témoignage s'est répandu de Jérusalem en Judée et en Samarie par la puissance de l'Esprit. Nous verrons aussi comment les apôtres ont agi pour s'assurer que l'Évangile continuerait à se répandre par la puissance pentecôtiste de Samarie « et jusqu’aux extrémités de la terre ».

- CHAPITRE 6 -

L'EFFUSION EN SAMARIE

LA CLÉ

ACTES 1.8

Mais vous recevrez une puissance, celle du Saint-Esprit survenant sur vous, et vous serez Mes témoins ... dans toute la Judée, dans la Samarie...

L'EFFUSION EN SAMARIE

ACTES 8.14-18

Quand les apôtres, qui étaient à Jérusalem, apprirent que [les habitants de] la Samarie avaient reçu la parole de Dieu, ils leur envoyèrent Pierre et Jean. Ceux-ci, descendus chez eux, prièrent pour eux, afin qu'ils reçoivent l'Esprit Saint. Car il n'était encore descendu sur aucun d'eux ; ils avaient seulement été baptisés au nom du Seigneur Jésus. Alors Pierre et Jean leur imposèrent les mains, et ils reçurent l'Esprit Saint.

Dans les chapitres 4 et 5, nous avons enquêté sur deux puissantes effusions du Saint-Esprit à Jérusalem qui ont eu pour résultat un puissant élan d'évangélisation dans la ville et dans les environs. Ces mêmes effusions ont préparé l'Église à ce qui allait arriver. À l'insu des disciples de Jésus, une frénésie de persécutions violentes allait bientôt éclater contre l'église de Jérusalem. La persécution serait si intense que de nombreux croyants devraient fuir pour sauver leur vie. Dans ce chapitre, nous concentrerons notre attention sur l'expansion de l'évangélisation qui a résulté de cette persécution et de l'effusion de l'Esprit en Samarie qui a facilité une évangélisation encore plus large. Nous nous référons à cette effusion comme étant l'effusion en Samarie. C'est la troisième des sept effusions clés de l'Esprit.

L'un de ceux qui furent dispersés par la persécution, fut Philippe, que Luc a déjà présenté dans 6.5 comme l'un des sept « diacres » remplis de l'Esprit. Luc dit que Philippe « descendu dans une ville de la Samarie, y prêcha le Christ » (8.5). Son ministère d'évangélisation, rempli de l'Esprit, en Samarie a donné lieu à une grande moisson d'âmes. Dans ce chapitre, nous examinerons brièvement cette campagne couronnée de succès. Cependant, nous concentrerons la plus grande partie de notre attention sur l'effusion de l'Esprit qui a suivi lorsque les apôtres ont visité l'œuvre. La décision des apôtres d'envoyer Pierre et Jean en Samarie démontre la haute importance qu'ils accordaient à ce que tout croyant reçoive l'Esprit pour être un témoin du Christ comme promis dans 1.8.

Les relations géographiques et chronologiques

Pour mieux saisir le contexte entourant les sept effusions clés du livre des Actes, il est utile de comprendre les relations géographiques et chronologiques de ces événements. Les relations géographiques sont illustrées sur la carte ci-dessous (fig. 6.1). Les relations chronologiques sont illustrées dans la figure 6.2. Dans ce tableau, le symbole de la colombe représente l'effusion de l'Esprit, le symbole de la « tête parlante » représente la proclamation qui a suivi, et les chiffres et flèches représentent le nombre total des effusions et la progression de l'Église qui a suivi. Les périodes sont approximatives.

Remarquez le temps important qui s'écoule entre chaque effusion. En lisant les Actes des Apôtres, on a tendance à avoir l'impression que les événements des premiers chapitres se sont produits sur une période de temps relativement courte. La figure 6.2, cependant, nous donne une image plus précise des écarts de temps entre les effusions individuelles—des mois et des années plutôt que des jours et des semaines.

SEPT EFFUSIONS CLES DE L'ESPRIT DANS LE LIVRE DES ACTES

(FIGURE 6.1)

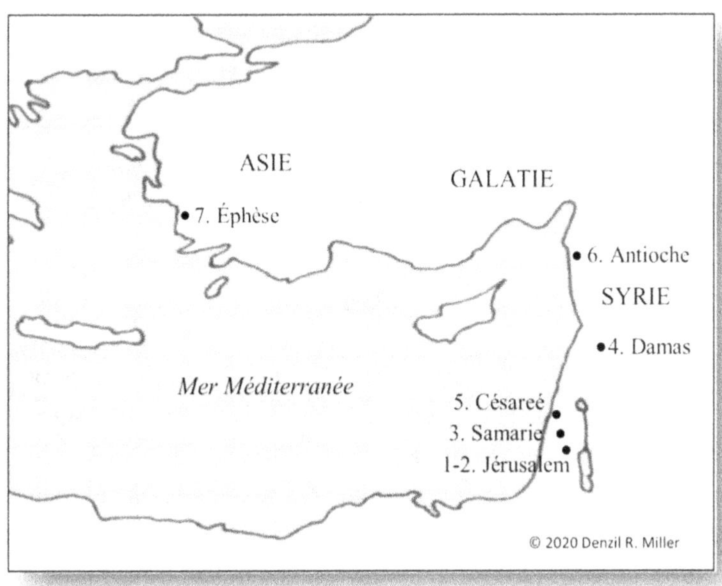

(FIGURE 6.2)

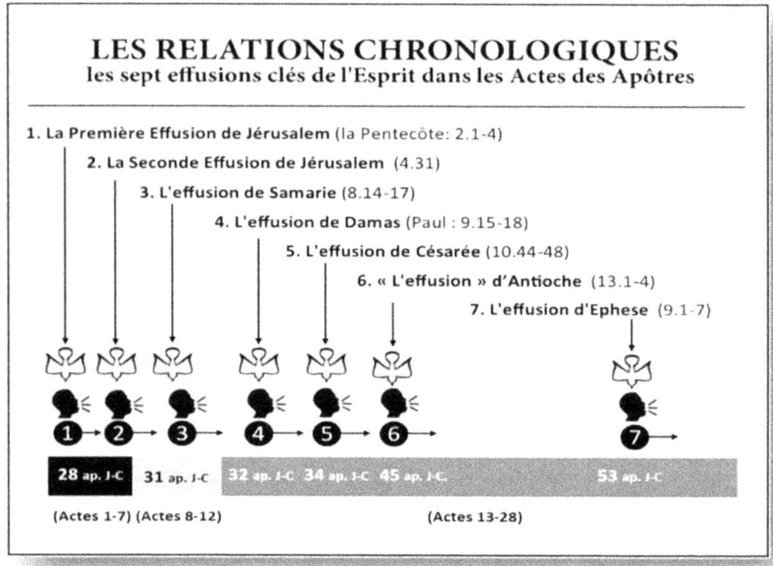

Quand on considère le fait que Luc a choisi très peu d'épisodes pour raconter l'histoire des débuts de l'Église, on comprend mieux l'importance de chaque effusion pour faire avancer son intention d'auteur.

L'effusion en Samarie

L'effusion en Samarie (8.14-17) a eu lieu environ trois ans après l'effusion initiale de l'Esprit, au jour de la Pentecôte. Après la Pentecôte, les croyants nouvellement baptisés dans l'Esprit ont rempli Jérusalem de leur enseignement au sujet de Jésus ressuscité (5.28). En très peu de temps, des milliers de nouveaux disciples ont peuplé les rangs de l'Église en plein essor. L'influence de l'Église commença à s'étendre dans les environs (5.16), et pourtant, trois ans après la Pentecôte, l'expansion géographique globale de l'Église semblait s'être arrêtée, du moins temporairement.

Certains théologiens, comme Don Richardson, ont suggéré un manque de volonté de la part des apôtres d'obéir au commandement de Jésus de porter l'Évangile aux nations. Il écrit : « Des centaines de millions de chrétiens pensent que les Actes des Apôtres écrit par Luc, est le récit de l'obéissance des 12 apôtres à la Grande Commission. En fait, il fait état de leur réticence à lui obéir. »[1] L'évaluation de Richardson, cependant, semble être une mauvaise interprétation du texte. Il est vrai qu'il y avait des barrières géographiques et culturelles qu'il fallait franchir pour que l'Église puisse remplir le mandat mondial de Jésus, et les humains sont, par nature, réticents à traverser ces deux barrières. Avant que l'église primitive puisse remplir son obligation d'évangéliser les *ethné*, il fallait briser les préjugés raciaux et culturels enracinés depuis longtemps et formuler de nouveaux paradigmes mentaux plus inclusifs. Cependant, en mettant l'accent sur ces processus, Richardson exagère son propos et, je crois, il manque le point que Luc a soulevé : parce que les disciples avaient été remplis de l'Esprit, ils ont pu apprendre les dures leçons missiologiques qu'ils n'auraient peut-être jamais apprises autrement.

Puisque Luc ne le précise pas, nous ne pouvons que spéculer sur la raison pour laquelle, après trois ans, l'Église est restée à Jérusalem. Y a-t-il eu un malentendu (ou du moins une compréhension insuffisante) au sujet de la mission ? C'est probablement le cas. L'Église faisait-elle l'objet d'un regroupement stratégique ? Cela aurait également pu être le cas. Avait-elle été retardée de façon providentielle ? C'est également possible. Quelle qu'en soit la raison, Luc n'émet aucune critique à l'égard de l'Église à ce sujet. Il dit simplement qu'il y eut « une grande persécution contre l'église qui était à Jérusalem » (8.1). Il semble plus plausible que Satan, plutôt que Dieu, ait été l'auteur de la persécution, puisqu'il s'agissait de chrétiens battus, emprisonnés et même tués. C'est

---

1 Don Richardson, *Eternity in Their Hearts,* rev. ed. (Ventura, CA: Regal Books, 1981), 197.

seulement parce que l'Église était dotée de l'Esprit qu'elle a pu triompher malgré les persécutions. Ceci, après tout, était la promesse de Jésus aux disciples dans Luc 12.11-12. Citant ce même passage, John Michael Penney note : « Ainsi, en temps de persécution et d'opposition, les plénitudes de l'Esprit sont des moyens souverains pour une proclamation plus courageuse, comme on peut le voir avec Pierre (Actes 4.8), Étienne (8.55), Paul (13.9) et les disciples à Antioche de Pisidie (13.52). La parole de Dieu se répand ainsi malgré la persécution… »[2] Le message de Actes 8.1-4 n'est pas ce que Dieu peut faire de manière providentielle par la persécution, ce que le Saint-Esprit ne peut faire en remplissant les croyants volontaires, mais plutôt, ce que le Saint Esprit peut faire en et par les disciples qui, malgré une dure persécution, ont été remplis par le Saint-Esprit.

Quelle que soit l'interprétation que l'on puisse donner à ces événements, le témoignage de l'Église était sur le point de sortir des frontières de la ville de Jérusalem. Jésus avait dit qu'en recevant le Saint-Esprit, l'Église serait son témoin « à Jérusalem, [et] dans toute la Judée, [et] dans la Samarie... » (1.8). Le temps était venu pour l'Église d'élargir son témoignage.

Que s'est-il passé ?

L'histoire de l'effusion en Samarie peut être comparée comme une pièce de théâtre en trois actes, avec le premier acte intitulé « La dispersion » ; le deuxième acte, « Le rassemblement » ; et le troisième acte, « L'effusion ». Voyons comment cette histoire passionnante s'est développée.

ACTE I : LA DISPERSION (8.1-3)

À Jérusalem, dès le tout début, le ministère de l'Église s'est déroulé dans une atmosphère de ressentiment qui couve et de

---

2 John Michael Penney, *The Missionary Emphasis of Lukan Pneumatology* (Sheffield, Eng.: Sheffield Academic Press, 1977), 113.

harcèlement incessant. Cependant, ce harcèlement s'est rapidement transformé en une véritable vague de persécution.

À l'aube du jour de la Pentecôte, le souvenir amer des troubles causés par Jésus de Nazareth, était toujours frais dans l'esprit des chefs religieux juifs. Ils pensaient qu'en complotant pour son exécution, ils s'étaient débarrassés de ce fléau galiléen. Puis surgirent les rumeurs persistantes de sa résurrection, et avant qu'ils aient eu le temps de répondre à ces rumeurs, survinrent les événements extraordinaires de la Pentecôte, suivis par l'étonnant succès évangélique de l'Église. La peur de perdre les rênes du pouvoir grandissait de jour en jour. Cette peur a commencé à se manifester par la multiplication d'actes antagonistes contre l'Église.

Le premier acte manifeste est survenu après la guérison de l'homme boiteux à la Belle Porte du temple, et la défection massive qui a suivi. Voyant ce qui se passait juste sous leur nez—dans les cours mêmes du temple —l'élite juive se mit en colère. Ayant capturé Pierre et Jean, ils les emprisonnèrent, les menacèrent et les relâchèrent, espérant que cela mettrait fin à l'affaire (4.5-22). Cependant, quand les deux apôtres retournèrent vers les croyants et firent leur rapport, une autre puissante effusion de l'Esprit eut lieu (4.31), suscitant un témoignage encore plus puissant dans la ville.

Jour après jour, l'Église devenait plus forte. Et, pendant tout ce temps, la crainte augmentait dans le cœur des dirigeants juifs. Luc dit qu'ils étaient « remplis de jalousie » (5.17). « Que faudra-t-il pour arrêter ces gens ? » se demandaient-ils. Les disciples de Jésus, cependant, continuaient à répandre leurs enseignements dans tout Jérusalem. La tension continua de monter jusqu'à ce qu'elle atteigne un point d'inflammabilité.

L'étincelle qui alluma les flammes de la persécution fut le ministère d'Étienne oint par l'Esprit. Sous l'impulsion d'un jeune rabbin juif originaire de Cilicie, nommé Saul de Tarse, et furieux à cause de l'apologie inspirée d'Étienne (7.2-51), un groupe de Juifs radicaux, connu sous le nom de Synagogue des Affranchis (6.9), est passé à l'action. Ils ont saisi Étienne et l'ont lapidé à mort. À ce moment-là, la rage refoulée et contenue jusque-là, a soudain éclaté comme une tempête, en une sauvage persécution contre l'Église. Luc dit : « Il y eut, ce jour-là, une grande persécution contre l'Église qui était à Jérusalem » (8.1). Au premier rang de la persécution se trouvait Saul, qui « ravageait l'Église ; il pénétrait dans les maisons, en arrachait hommes et femmes et les faisait jeter en prison » (v. 3).

Cette persécution violente a eu pour conséquence la dispersion des chrétiens de Jérusalem « dans les contrées de la Judée et de la Samarie » (8.1).[3] Cependant, les apôtres, pour des raisons non précisées, restèrent à Jérusalem, prenant sur eux de plein fouet le poids de la persécution.

Cette violence contre l'Église n'a cependant pas eu l'effet que les autorités juives avaient espéré. En fait, c'est exactement le contraire qui s'est produit. Au lieu d'étouffer le nouveau mouvement, il n'a servi qu'à le disperser dans toute la région. Comme un feu qui s'embrase, les braises de l'évangélisation se répandaient tout autour, pour ensuite allumer de nouveaux feux en divers endroits. C'est ainsi que Luc le dit : « Ceux donc qui avaient été dispersés allèrent de lieu en lieu, annonçant la bonne nouvelle de la Parole. » Le rideau se referme ainsi sur le premier acte de notre pièce de théâtre.

ACTE II : LE RASSEMBLEMENT (8.4-13)

Au début du deuxième acte, Luc attire l'attention de ses lecteurs sur Philippe, l'un des disciples dispersés. Ce n'est pas Philippe, l'apôtre (Luc 6.14), car il était resté à Jérusalem avec les onze autres, mais Philippe, le « diacre » (parfois appelé Philippe, l'évangéliste), qui avait été présenté par Luc comme un des sept hommes remplis de l'Esprit et choisis pour servir à table (6.5). Luc nous dit que Philippe « descendu dans une ville de la Samarie, y prêcha le Christ » (8.5).

---

3 Remarquez comment Actes 8.1 fait écho à Actes 1.8, qui tous deux parlent du témoignage en Judée et en Samarie.

Le ministère de Philippe parmi les Samaritains fut une étape importante dans l'histoire des missions chrétiennes, car c'était la première entreprise post-pentecôtiste de l'Église dans les missions transculturelles. Bien que les Samaritains vécussent dans la région voisine et juste au nord de la Judée, ils avaient, au cours des siècles, développé leur propre identité culturelle distincte. Les Juifs les méprisaient et les considéraient comme des métis et des hérétiques, et, en réponse, les Samaritains haïssaient les Juifs à cause de leur orgueil et de leur arrogance.

Le ministère charismatique de Philippe en Samarie fut, néanmoins, un succès à couper le souffle. Luc affirme que « les foules, d'un commun accord, s'attachaient à ce que disait Philippe, en apprenant et voyant les miracles qu'il faisait » (v. 6). Les démoniaques étaient libérés, les infirmes jetaient leurs béquilles et marchaient, beaucoup étaient sauvés et baptisés d'eau, et la joie remplissait la ville. Puis, dans un coup de théâtre insoupçonné, le plus puissant sorcier de la région confessa le Christ et fut baptisé d'eau. Ce qui s'est passé à Samarie a été un merveilleux « réveil » pour presque tout le monde ! Ainsi s'achève l'acte II, avec un grand rassemblement d'âmes provenant d'un groupe de peuples exclus. Alors commençait « l'internationalisation » de l'Église.

ACTE III : L'EFFUSION (8.14-17)

Le rideau se lève sur l'acte III avec les apôtres à Jérusalem, où ils reçoivent un rapport de Samarie concernant une grande moisson d'âmes qui a eu lieu sous le ministère de Philippe. Ils ont dû se réjouir de cette nouvelle encourageante. Cependant, en y regardant de plus près, ils ont remarqué qu'il y avait quelque chose de troublant dans le réveil de Samarie. C'était en fait, quelque chose de si important que cela nécessitait leur intervention immédiate—aucun des convertis samaritains n'était rempli de l'Esprit. Les apôtres choisirent donc Pierre et Jean et les envoyèrent en Samarie pour qu'ils puissent prier avec les nouveaux croyants « afin qu'ils reçoivent l'Esprit Saint », car, comme le texte l'ajoute, « Il n'était encore descendu sur aucun d'eux »

(v. 16). Il est fort probable qu'à leur arrivée à Samarie, les apôtres ont pris le temps d'encourager et d'instruire les Samaritains. Ils leur imposèrent alors les mains et, un à un, « ils reçurent l'Esprit Saint » (v. 17), tout comme les croyants lors de la première et deuxième effusion de l'Esprit à Jérusalem.

Pourquoi cela s'est-il passé ainsi ?

En plus de la question « Que s'est-il passé ? », nous devons, à ce stade, insérer une autre question importante. Pourquoi l'effusion en Samarie s'est-elle produite de la sorte ? Cette deuxième question en suggère quatre autres :

- Pourquoi est-ce que les disciples dispersés, venant de Jérusalem ont-ils agi de cette manière ?
- Qu'est-ce qui a rendu Philippe capable de faire ce qu'il a fait ?
- Pourquoi les apôtres ont-ils envoyé Pierre et Jean en Samarie ?
- Pourquoi Pierre et Jean ont-ils imposé les mains aux croyants samaritains ?

Alors que nous cherchons des réponses à ces questions, il est important de se rappeler que ces événements se sont produits environ trois ans après le jour de la Pentecôte. Il est également significatif que cette histoire ne figure que dans les douzième, treizième et quatorzième épisodes (et seulement la deuxième série épisodique) du livre des Actes.[4] Encore une fois, cet aperçu met l'accent sur le caractère épisodique des Actes des Apôtres, et souligne à quel point Luc a été sélectif dans le choix des événements qu'il a inclus dans son livre. Imaginez, sur trois années complètes de ministère dynamique, Luc n'a inclus que quatorze événements dans

---

4 Voir Appendice 1

son histoire jusqu'à présent. Chaque événement a été choisi pour faire avancer son objectif en écrivant le livre. Nous chercherons donc à répondre à chacune des quatre questions ci-dessus à la lumière de l'intention de Luc en écrivant les Actes, telle que révélée dans Actes 1.8.

POURQUOI EST-CE QUE LES DISCIPLES DISPERSÉS VENANT DE JERUSALEM ONT-ILS AGI DE CETTE MANIÈRE ?

En d'autres termes, qu'est-ce qui a donné aux chrétiens persécutés la force morale et spirituelle nécessaire pour prêcher l'Évangile dans des circonstances aussi difficiles ? Nous devons garder à l'esprit que ces croyants dispersés étaient des réfugiés politiques et religieux, fuyant pour leur propre survie. Luc écrit : « Or Saul ravageait l'Église ; il pénétrait dans les maisons, en arrachait hommes et femmes et les faisait jeter en prison » (8.3). Des années plus tard, Paul témoignera : « J'ai persécuté à mort cette Voie, liant et mettant en prison hommes et femmes » (22.4-5). Les premiers croyants avaient été menacés, maltraités et chassés de leurs maisons. Certains avaient été séparés des membres de leur famille. Beaucoup d'entre eux avaient perdu leurs activités, leurs biens et leurs économies. Un récit du XXe siècle peut nous aider à comprendre ce que ces réfugiés du premier siècle ont dû ressentir :

Au cours de l'été et de l'automne 1994, le monde a vu des centaines de milliers de réfugiés traumatisés émigrer du petit pays de l'Afrique centrale, le Rwanda, vers les pays voisins. Nous assistions à l'une des plus grandes tragédies que l'histoire ait connues, alors qu'un groupe ethnique tentait d'éradiquer totalement un autre. Dans son livre, *Rwanda : A Walk Through Darkness... Into Light*, Carl Lawrence décrit une scène qui s'est répétée à maintes reprises au cours de ces horribles journées :

> Les fermiers qui, normalement, auraient dû être dans leurs champs pour évaluer leurs récoltes, les mères qui auraient dû être devant leur petite maison pour faire du feu et préparer le

> petit déjeuner, les enfants qui, normalement, auraient dû être en train de rire et de parler en enfilant leurs plus beaux vêtements pour aller à l'école, sortaient plutôt des buissons en portant sur leur dos ou leur tête tout ce qui leur appartenait. En regardant la rivière, ils se sont rendu compte qu'ils allaient tout perdre. Il n'y avait aucun doute sur ce qu'ils devaient faire. Ils posé leurs maigres affaires à leurs pieds et se sont tenus là, au bord de la rivière, le dernier obstacle avant d'atteindre une sorte de sécurité. Ils ne savaient pas ce qu'il y avait de l'autre côté, mais ils savaient que ça ne pouvait pas être aussi mauvais que ce qu'ils venaient de quitter.[5]

Ces croyants du premier siècle qui ont fui Jérusalem ont dû subir le même traumatisme que ces réfugiés rwandais, des siècles plus tard. Avec cela à l'esprit, c'est d'autant plus étonnant ce que ces premiers réfugiés chrétiens ont fait. « Là où ils passaient, ceux qui avaient été dispersés annonçaient la Parole », alors qu'ils étaient persécutés et démunis (8.4, NBS).

Qu'est-ce qui les rendait capable de le faire ? Qu'est-ce qui leur donnait le courage moral et la volonté de prêcher l'Évangile dans des circonstances aussi difficiles ? La réponse de Luc est simple et directe : ils avaient été remplis de l'Esprit, et cette expérience durable fit une différence radicale dans leur attitude face à la persécution. Leur plénitude avait dû se produire pendant l'une des deux effusions à Jérusalem, soit le jour de la Pentecôte, lorsque 120 furent remplis de l'Esprit, soit quelques semaines plus tard, lorsque plus de cinq mille furent remplis, soit à un autre moment inconnu. Jésus avait promis la puissance pour témoigner, et Luc nous montre comment cette puissance est effective, même dans les circonstances les plus difficiles.

---

5 Carl Lawrence, *Rwanda: A Walk Through Darkness... Into Light* (Gresham, OR: Vision House Publishing, Inc., 1995), 62.

QU'EST-CE QUI REND PHILIPPE CAPABLE DE FAIRE CE QU'IL A FAIT ?

De tous ceux qui « prêchaient la parole », Luc retient Philippe et attire l'attention des lecteurs sur son ministère dans la ville de Samarie. Il décrit le ministère de Philippe comme étant charismatique dans son caractère, illustré par une proclamation efficace et centrée sur le Christ (v. 5, cf. v. 12), les signes miraculeux, l'exorcisme des démons et la guérison des paralytiques (v. 6-7). Par ce ministère oint par l'Esprit, beaucoup ont connu le Christ, ont été baptisés d'eau, et il y a eu « une grande joie dans cette ville » (v. 8). La question se pose alors, qu'est-ce qui a rendu Philippe capable d'exercer ce ministère ? D'où a-t-il reçu une telle puissance et autorité ? Après tout, il n'était pas l'un des douze apôtres. La réponse est sans équivoque pour Luc : Philippe avait été revêtu de la puissance du Saint-Esprit.

Luc développe habilement l'histoire du ministère de Philippe en Samarie (ainsi que le ministère d'Étienne à Jérusalem) en relatant plus tôt l'épisode des sept diacres dans 6.1-7. Il souligne intentionnellement que Philippe, Étienne et les cinq autres étaient tous des hommes « de qui l'on rende un bon témoignage, remplis de l'Esprit et de sagesse » (v. 3). Implicitement, Philippe, comme Étienne, était aussi « plein de grâce et de puissance » (v. 8). C'est parce qu'il était rempli de l'Esprit qu'il était capable de servir avec une telle puissance en Samarie. Le ministère de Philippe est un exemple de plus d'un témoignage missionnaire rempli de l'Esprit dans les Actes.

POURQUOI LES APOTRES ONT-ILS ENVOYÉ PIERRE ET JEAN EN SAMARIE ?

Pourquoi, en apprenant le réveil en Samarie, les apôtres ont-ils envoyé Pierre et Jean en Samarie ? Luc répond à notre question : ils les ont envoyés « afin qu'ils [les nouveaux croyants samaritains] reçoivent l'Esprit Saint ». Car il n'était encore descendu sur aucun d'eux… » (vv. 15-16). Bien que beaucoup de Samaritains furent sauvés, guéris et délivrés de l'esclavage démoniaque, il manquait un ingrédient essentiel dans le réveil samaritain : aucun n'avait été rempli de l'Esprit—cela était une préoccupation importante pour les apôtres. C'était une question tellement cruciale dans leur esprit qu'ils ont dépêché les deux membres les plus éminents de leur groupe, Pierre et Jean, pour s'occuper de la situation.

La question à traiter était celle d'un témoignage continu. Les Samaritains avaient reçu l'Évangile, ils avaient fait l'expérience de la puissance miraculeuse de Dieu, ils avaient été baptisés d'eau et ils avaient fait l'expérience de la joie de connaître Christ. Et pourtant, aussi grandes que soient ces bénédictions (et nous ne voulons en aucun cas les sous-estimer), selon l'estimation de Luc, elles n'étaient pas suffisantes. Ceux qui reçoivent l'Évangile doivent faire plus que se délecter de leur joie nouvellement découverte ; ils doivent devenir des messagers efficaces de ce même Évangile auprès des autres. Conformément au plan de Jésus, l'Évangile fut prêché pour la première fois à Jérusalem. Il avait maintenant pénétré dans les régions de la Judée et de la Samarie, mais il ne devait pas s'arrêter là. Il devait aller de là jusqu'aux extrémités de la terre. Si les Samaritains devaient devenir des participants à part entière à la mission du Christ, ils devaient, eux aussi, être revêtus de la puissance de l'Esprit, comme les disciples l'avaient été au jour de la Pentecôte.

Menzies est d'accord avec l'évaluation selon laquelle Luc considérait le don de l'Esprit reçu par les Samaritains comme le même don que celui reçu par les 120 à la Pentecôte. Il affirme que c'était « un revêtement prophétique accordé aux convertis qui leur a permis de participer efficacement à la mission de l'Église ».[6] Il poursuit son propos :

> Il est évident, d'après le langage choisi par Luc dans Actes 8.15-19, qu'il considérait le don pneumatique reçu par les Samaritains comme étant identique au don pentecôtiste. Les

---

6 Robert P. Menzies, *Empowered for Witness: The Spirit in Luke-Acts* (Sheffield, Eng: Sheffield Academic Press, 2001), 211.

> termes descriptifs de l'expérience samaritaine sont également associés à la Pentecôte : . . . [*lambanein pneuma hagion*] (« recevoir », 2.38 ; 8.15, 17, 19 ; cf. 1.8) ; … [*epipiptein à pneuma à hagion*] (« tomber sur », 8.16 ; 11.15).[7]

Les apôtres ont envoyé Pierre et Jean en Samarie parce qu'ils croyaient que l'Eglise devait être plus qu'une simple communauté de croyants bénis (comme beaucoup d'églises pentecôtistes et charismatiques aujourd'hui), elle devait être une communauté prophétique qui témoigne comme l'église à Jérusalem. Les nouveaux croyants samaritains, par conséquent, avaient besoin de la même expérience de revêtement. J. Rodman Williams écrit à propos de l'effusion en Samarie :

> Le résultat [des Samaritains recevant l'Esprit] fut que le peuple non seulement entra dans le salut par le ministère de Philippe, mais ils sont aussi devenus une communauté qui témoigne par le ministère de Pierre et Jean. Puisque Jésus avait dit à ses disciples : « Vous serez mes témoins à Jérusalem, dans toute la Judée et la Samarie, et jusqu'aux extrémités de la terre », sa référence à la Samarie pourrait bien signifier non seulement un peuple à qui le témoignage doit être rendu, mais aussi par qui il doit être poursuivi.[8]

Nous concluons que la réception du Saint-Esprit par les Samaritains était en accord avec le modèle de Luc : c'était un don de l'Esprit subséquent au salut dont le but était le revêtement de la puissance en vue du témoignage dans et au-delà des frontières de la Samarie, et « jusqu'aux extrémités de la terre » (1.8). Shelton en convient : « Il est raisonnable de supposer qu'ici parmi les

---

7 Ibid.

8 J. Rodman Williams, *Renewal Theology: Systematic Theology from a Charismatic Perspective, in Three Volumes in One*, vol. 2, *Salvation, the Holy Spirit and Christian Living* (Grand Rapids, MI: Zondervan Publishing House, 1990), 249.

Samaritains, comme ailleurs dans Luc-Actes, l'activité du Saint-Esprit reflète un témoignage inspiré de la puissance de Dieu. »[9]

POURQUOI PIERRE ET JEAN ONT-ILS IMPOSE LES MAINS AUX CROYANTS SAMARITAINS ?

Le verset 17 dit : « Alors ils [Pierre et Jean] leur imposèrent les mains, et ils reçurent l'Esprit Saint. » Mais pourquoi ? Pourquoi les deux apôtres ont-ils imposé les mains aux croyants samaritains à cette occasion ? Certains, comme Bruce, ont suggéré qu'ils leur imposaient les mains parce que « des preuves particulières ont peut-être été nécessaires pour assurer aux Samaritains, habitués à être méprisés comme étrangers par le peuple de Jérusalem, qu'ils étaient pleinement intégrés dans la nouvelle communauté du peuple de Dieu ».[10] Bien qu'il ne fasse aucun doute que les Samaritains aient été encouragés par l'acceptation des apôtres dans la communauté des croyants, cette explication est insuffisante pour éclairer la raison pour laquelle on leur a imposé les mains.

D'autres ont suggéré que l'imposition des mains est nécessaire pour que les gens reçoivent le Saint-Esprit. Cette conclusion ne peut toutefois être étayée. Des sept effusions clés abordées dans les Actes, les mains ne sont imposées que dans trois (8.17 ; 9.17 ; 19.6), alors qu'elles ne sont pas imposées dans les quatre autres (2.4 ; 4.31 ; 10.44 ; 13.2). Nous devons donc conclure que l'imposition des mains, bien qu'elle soit parfois utilisée en relation avec la réception de l'Esprit, n'est pas un élément essentiel en soi.

La pratique de l'imposition des mains est cependant utilisée dans les Actes des Apôtres à deux fins : pour guérir les malades, comme dans le cas de Paul avec le père de Publius (9.12, 17 ; 28.8), et pour confier un mandat, comme dans le cas des sept diacres (6.6),

---

9 James B. Shelton, *Mighty in Word and Deed: The Role of the Holy Spirit in Luke-Acts* (Peabody, Massachusetts: Hendrickson Publishers, 1991), 130.

10 F. F. Bruce, *The Book of The Acts,* rev. ed. (Grand Rapids, MI: William B. Eerdmans Publishing Co., 1988), 170.

ainsi que dans le cas de Barnabas et Saul, au début de leur premier voyage missionnaire (13.3). Le mandat est également fortement impliqué dans les cas de Paul (9.12-19, cf. 22.14-15 ; 26.16-18) et des Éphésiens (19.6, cf. v.10). Ces deux utilisations de l'imposition des mains (c.-à-d. la guérison et le mandat) semblent donc être les principales utilisations de la pratique dans la compréhension de Luc. En gardant cela à l'esprit, Menzies tire la conclusion suivante concernant l'imposition des mains de Pierre et de Jean aux Samaritains :

> Puisque, de toute évidence, le rite n'est pas lié à la guérison dans 8.17 et 19.6, il n'est pas incongru de penser que dans ces cas, il fait partie d'une cérémonie de mandat. Je suggère donc que Pierre et Jean incorporent les Samaritains, non pas dans l'Église, mais dans l'entreprise missionnaire de l'Église.[11]

Nous réitérons donc notre question : pourquoi cette imposition des mains aux croyants Samaritains quand ils ont reçu l'Esprit ? La réponse est double : la première raison était de les aider à recevoir l'Esprit. Le texte est clair : Pierre et Jean ont prié pour eux « afin qu'ils reçoivent l'Esprit Saint » (v. 15). Deuxièmement, les deux apôtres leur imposèrent les mains afin de les mandater pour le service missionnaire. Il ne suffisait pas que l'Évangile soit allé *en* Samarie ; il fallait aussi qu'il aille *de* la Samarie aux extrémités de la terre, comme Jésus l'avait indiqué. La Samarie devait devenir une nouvelle base pour l'activité missionnaire. Stronstad écrit que « le don de l'Esprit aux croyants de Samarie démontre que tous, même un groupe méprisé comme les Samaritains, doivent s'engager dans la tâche missionnaire. Pour cette responsabilité commune, ils reçoivent le même équipement : le don vocationnel de l'Esprit. »[12] Menzies ajoute : « Ainsi les Samaritains sont mandatés et revêtus de puissance

---

11 Menzies, 212.

12 Roger Stronstad, *The Charismatic Theology of St. Luke* (Peabody, MS: Hendrickson Publishers, 1984), 65.

pour la tâche missionnaire qui les attendait. Une communauté prophétique s'est formée. Un nouveau centre pour l'activité missionnaire a été établi. »[13]

Quelqu'un peut demander pourquoi Philippe n'a pas prié avec ces nouveaux croyants pour qu'ils reçoivent l'Esprit. Après tout, il était certainement qualifié, puisqu'il était lui-même « rempli de l'Esprit » (6.3). Certains ont suggéré que seuls les apôtres pouvaient imposer les mains aux autres pour recevoir l'Esprit. Mais cela ne peut pas être vrai car Ananias, un simple disciple, a imposé les mains à Paul quand il a reçu l'Esprit (9.10, 17). Alors pourquoi Philippe n'a-t-il pas conduit les Samaritains à l'expérience pentecôtiste ? On ne peut que s'interroger. Nous sommes cependant amenés à poser une question similaire : pourquoi des milliers de pasteurs pentecôtistes à travers le monde ne parviennent-ils pas à conduire les membres de leur église au baptême de l'Esprit ? Encore une fois, nous ne pouvons que nous interroger.

On disait un jour à un certain prédicateur qui avait conduit plusieurs personnes dans l'expérience du baptême de l'Esprit : « Vous avez le *don* de prier avec les gens pour recevoir le Saint-Esprit. » Il a répondu : « Non, je n'ai pas le don de prier avec les gens pour recevoir le Saint-Esprit. Je n'ai pas trouvé un tel don en lisant les Écritures. Cependant, mon *objectif* est de voir les gens remplis de l'Esprit. » Il est possible que Philippe n'ait tout simplement pas eu d'objectif. Quelle qu'en soit la raison, les apôtres se sont empressés de remédier à cette situation inacceptable.

Quel fut le résultat ?

Une communauté qui témoigne

Suite à la réception de l'Esprit par les Samaritains, une communauté de témoins, ointe par l'Esprit a été établie et a continué

13 Menzies, 212.

à promouvoir l'Évangile dans et au-delà de la région de la Samarie. Luc résume dans 9.31,

> L'église était en paix dans toute la Judée, la Galilée et la Samarie ; elle s'édifiait, marchait dans la crainte du Seigneur et *progressait* par l'assistance du Saint-Esprit (italique ajouté).

Remarquez comment Luc dit que l'église « progressait » dans toute la Judée, la Galilée et la Samarie. Peu après l'effusion de l'Esprit en Samarie, nous lisons que l'église a été établie à Damas (9.1). Peu de temps après, nous découvrons que l'Église s'étendait jusqu'en Phénicie, Chypre et Antioche (11.19-21). Si nous regardons attentivement ce texte, nous découvrons en effet que le motif de revêtement de puissance en vue du témoignage de Luc est bien avancé. Bien que le thème soit présenté de façon plus subtile que dans d'autres cas, il n'en est pas moins présent, ce que plusieurs commentateurs ont observé. Par exemple, F. F. Bruce, citant G. W. H. Lampe, commente la « Pentecôte » de Samarie :

> Luc présente la mission samaritaine comme la première avancée importante de la mission chrétienne. Le récit de la « Pentecôte » de Samarie suggère qu'un nouveau noyau de la communauté en expansion a été établi pour que l'Évangile puisse se diffuser depuis ce nouveau centre de la mission de l'Esprit.[14]

UNE BENEDICTION RECIPROQUE

Il y a deux autres indications de témoignage rempli de l'Esprit résultant de l'effusion en Samarie : premièrement, il semble y avoir une sorte « d'effet réciproque » sur Pierre et Jean. Luc note qu'après que les deux apôtres eurent prié pour que les Samaritains

---

14 G. W. H. Lampe, *The Seal of the Spirit* (London, Eng: Longmans, Green, 1951), 70; quoted in Bruce, 170.

reçoivent l'Esprit, ils sont restés un certain temps en Samarie et ont « rendu témoignage » et « annoncé la parole du Seigneur » (8.25). Tout au long des Actes, les deux phrases indiquent la proclamation de l'Évangile, principalement aux perdus (2.40 ; 10.42 ; 12.24 ; 13.44, 48-49 ; 15.8, 35-36 ; 16.32 ; 19.10 ; 20.24). L'implication est que Pierre et Jean se sont joints à Philippe et aux croyants samaritains nouvellement remplis de l'Esprit, pour un temps d'évangélisation. Puis, sur le chemin du retour à Jérusalem, Pierre et Jean prêchèrent l'Évangile à « plusieurs villages des Samaritains » (8.25). Il semble donc que les apôtres eux-mêmes aient reçu une bénédiction réciproque en priant pour que les Samaritains reçoivent l'Esprit.

Toute personne ayant déjà prié avec d'autres personnes pour la réception de l'Esprit, sait que, celui qui exerce ce ministère sous l'onction de l'Esprit reçoit souvent un bénéfice égal à celui qui bénéficie de ce ministère rendu. Pour prier avec d'autres afin qu'ils soient remplis de l'Esprit, il faut d'abord avoir été, soi-même, renouvelé dans l'Esprit, et c'était certainement le cas pour Pierre et Jean. Ainsi, ils ont reçu eux-mêmes une passion renouvelée pour prêcher l'Évangile. Bien que nous ne lisions rien de leur prédication de l'Évangile sur le chemin de Samarie, après avoir prié avec les croyants pour recevoir l'Esprit, ils prêchèrent l'Évangile à « plusieurs villages des Samaritains » (v. 25).

Un deuxième avantage réciproque reçu par les apôtres fut une meilleure compréhension de la mission de Dieu, et une passion renouvelée pour s'engager dans cette mission. C'est la première fois dans les Actes que nous lisons que l'un des apôtres prêche l'Évangile à quelqu'un d'autre que les Juifs. Il semble que Pierre et Jean aient appris une précieuse leçon de Philippe le diacre. Ils ont appris qu'ils devaient annoncer librement l'Évangile sans avoir de préjugé contre quiconque. C'est une leçon que l'Esprit de Dieu devra donner à Pierre quelques années plus tard (10.9-16, 28). Rappelez-vous, c'est Jean qui, lors d'une visite précédente dans la région, a voulu appeler le feu du ciel pour consumer les Samaritains (Luc 9.54). Voir l'Esprit répandu sur les Samaritains—et recevoir, eux-mêmes, une touche fraîche du

Saint-Esprit—a aidé les apôtres à voir le peuple samaritain avec des yeux nouveaux, plus rédempteurs.

Non seulement les apôtres ont reçu une bénédiction réciproque de l'effusion en Samarie, mais Philippe aussi, a dû recevoir une touche fraîche du Saint-Esprit sur sa vie. Il entendit de nouveau la voix du Seigneur, cette fois prononcée par un ange : « Lève-toi et va du côté du midi, sur le chemin qui descend de Jérusalem à Gaza » (v. 26). Là, sur une route déserte, Philippe rencontra un Éthiopien qui roulait dans un char. Cet Africain noir est le premier « pur païen » à recevoir l'Évangile dans le livre des Actes. Robert C. Tannehill décrit la rencontre de Philippe avec l'Éthiopien comme une « scène d'anticipation », et l'Éthiopien comme représentant « ceux qui sont aux extrémités de la terre... ».[15] Il écrit : « L'Éthiopie était à la périphérie du monde connu. Cette scène anticipe la puissance de l'Évangile pour atteindre « les extrémités de la terre » (1.8).[16]

Une fois de plus, Luc montre Philippe comme se déplaçant sous la direction de l'Esprit : « L'Esprit dit à Philippe : Avance, et rejoins ce char » (v. 29). De manière providentielle, Philippe trouve que l'Éthiopien lisait dans le rouleau du livre d'Ésaïe. C'est en effet un rendez-vous divin ! Plus étonnant encore, il lisait un passage d'Ésaïe 53, qui parle prophétiquement de la passion de Jésus et de sa mort substitive. Poussé par l'Esprit, Philippe saisit l'occasion : « Alors Philippe ouvrit la bouche et, commençant par ce texte, lui annonça la bonne nouvelle de Jésus » (v. 35). L'Éthiopien crut et fut baptisé. Philippe est alors « enlevé » par l'Esprit de Dieu.

Bruce souligne qu'il existe une variante de lecture du verset 39. Cette lecture, connue sous le nom de texte occidental, se trouve dans plusieurs manuscrits des Pères de l'Eglise. Il y est écrit :

15 Robert C. Tannehill, *The Narrative Unity of Luke-Acts: A Literary Interpretation*, vol. 2, *The Acts of the Apostles* (Philadelphia: Fortress Press, 1994), 108.

16 Ibid., 107.

« L'Esprit du Seigneur est tombé sur l'eunuque, et l'ange du Seigneur a enlevé Philippe. » D'après Bruce,

> Le texte occidental, cependant, fait que l'ange du Seigneur enlève Philippe, tandis que *l'Esprit* du Seigneur tombe sur l'Éthiopien... cette lecture plus longue a pour effet d'indiquer clairement que le baptême de l'Éthiopien a été suivi du don de l'Esprit. Même avec la lecture plus courte, il est raisonnable de conclure qu'il a bien reçu l'Esprit...[17]

Howard Ervin, soutenant ce point de vue, ajoute que « le contexte lui-même suggère que la réaction immédiate de l'Éthiopien à l'effusion de l'Esprit divin a été vocale, car 'l'eunuque... joyeux... poursuivait son chemin.' »[18]

UN SIGNE RECONNAISSABLE

Un autre effet immédiat de la réception du Saint-Esprit par les Samaritains fut une sorte de manifestation visible de l'Esprit. Ceci est évident puisque « Simon vit que l'Esprit était donné par l'imposition des mains des apôtres » (v. 18). Comme d'autres l'ont souligné, la manifestation qu'il a vue devait être un signe impressionnant puisque Simon, qui était un puissant sorcier, était si impressionné qu'il voulait acheter la capacité de prier avec les autres afin qu'ils reçoivent l'Esprit et, par déduction, la manifestation qui l'accompagne.

Nous ne pouvons que spéculer sur la nature exacte du signe. Les pentecôtistes classiques ont opté pour le parler en langues. C'est une déduction raisonnable, puisque la parole en langues est le seul signe explicitement indiqué dans les Actes comme se produisant au baptême de l'Esprit, et il est clairement mentionné dans trois autres cas (2.4 ; 10.47 ; 19.6). Comme Menzies l'a fait remarquer, il

---

17 Bruce, 178.

18 Howard M. Ervin, *Spirit Baptism: A Biblical Investigation* (Peabody, MS: Hendrickson Publishers, Inc., 1987), 75.

s'ensuivrait du modèle de Luc que le signe samaritain était une parole inspirée de l'Esprit, concluant que « implicite dans le récit est l'hypothèse que les Samaritains, dès la réception de l'Esprit, commencent à prophétiser et parler en langue comme le jour de la Pentecôte » (8.16-18 ; cf. 2.4-13 ; 10.45-46 ; 19.6).[19]

ET ALORS ?

Nous posons maintenant notre dernière question pour ce chapitre. Quelles leçons pouvons-nous tirer de l'effusion en Samarie de nos jours ?

LEÇONS TIREES DU MINISTERE DE PHILIPPE

Le ministère de Philippe nous apprend trois leçons : premièrement, nous apprenons l'importance d'être rempli de l'Esprit afin de maximiser notre efficacité dans le ministère. Bien que Philippe ne fût pas lui-même un apôtre, il avait un ministère d'évangélisation qui était rempli de la puissance de l'Esprit. Nous aussi, nous pouvons nous attendre à maximiser notre efficacité dans le ministère si nous sommes remplis et demeurons remplis du Saint-Esprit.

Par la suite, nous apprenons de Philippe l'importance de proclamer le Christ. Luc dit que « Philippe, descendu dans une ville de la Samarie, y prêcha le Christ ». Et plus tard, lorsqu'il rencontra l'Éthiopien sur la route du désert, il « lui annonça la bonne nouvelle de Jésus » (8.35). C'était la puissance de l'Évangile (Rm 1.16) couplée à la puissance de l'Esprit (Actes 1.8) qui a apporté les résultats incroyables dans ces deux cas.

Enfin, le ministère de Philippe nous apprend quelque chose sur la puissance évangélique des signes et des prodiges. Luc dit que « les foules, d'un commun accord, s'attachaient à ce que disait Philippe, en apprenant et voyant les miracles qu'il faisait » (8.6).

---

19 Menzies, 211.

Aujourd'hui, l'église prend conscience de la nécessité pour les missionnaires d'exercer leur ministère dans la puissance et l'onction du Saint-Esprit avec la démonstration des signes, si l'on veut que les peuples réfractaires du monde soient atteints par l'Évangile.

UNE LEÇON TIREE DE L'ACTION DE L'APOTRE

Non seulement, le ministère de Philippe nous apprend des leçons sur l'évangélisation, mais l'action des apôtres nous apprend aussi une leçon importante, concernant l'implantation des églises. Luc dit que lorsque les apôtres de Jérusalem entendirent parler de l'œuvre en Samarie, ils envoyèrent immédiatement Pierre et Jean à Samarie pour aller prier avec les nouveaux croyants « afin qu'ils reçoivent l'Esprit Saint » (8.15). Ceux qui reçoivent le Christ doivent ensuite être revêtus de la puissance de l'Esprit pour pouvoir l'annoncer efficacement aux autres. Nous en tirons donc une leçon importante : quand nous implantons de nouvelles églises, il ne suffit pas simplement de prêcher Christ ; il ne suffit pas non plus de faire des miracles ou même d'établir une église locale de croyants ; nous devons intentionnellement implanter des églises missionnaires remplies de l'Esprit capables de se reproduire et d'implanter d'autres églises missionnaires remplies de l'Esprit. Nous reviendrons plus en détail sur cette question au chapitre 10.

D'AUTRES MINISTÈRES REMPLIS DE L'ESPRIT DANS LA RÉGION

Avant de conclure ce chapitre et de passer au suivant, prenons un moment pour regarder brièvement d'autres actes accomplis par des ministères remplis de l'Esprit en Judée, Samarie et dans les régions environnantes.

LE MINISTERE DE PHILIPPE REMPLI DE L'ESPRIT DANS LES REGIONS CÔTIÈRES

L'histoire du témoignage de Philippe à l'eunuque éthiopien se termine par son « enlèvement » de Gaza pour se retrouver dans la ville d'Azot, à environ trente-deux kilomètres au nord. De là, il part en tournée d'évangélisation vers le nord dans « toutes les villes par lesquelles il passait jusqu'à son arrivée à Césarée » (v. 40). En voyageant, Luc dit : « Il évangélisa. » C'est ce qu'il a certainement fait, selon son *modus operandi* habituel, dans la puissance de l'Esprit.

LE MINISTERE DE PIERRE REMPLI DE L'ESPRIT DANS LA REGION

Luc parle aussi du ministère itinérant de Pierre dans les régions de Judée, Samarie et Galilée (9.31-43). Luc cite deux exemples spécifiques de ce ministère : le premier, la guérison d'un paralytique du nom d'Énée, a eu lieu dans le village judéen de Lydda, à une trentaine de kilomètres au nord-ouest de Jérusalem (9.32-35). En incluant cette histoire dans les Actes, Luc informe ses lecteurs que Pierre a continué à exercer son ministère dans la puissance de l'Esprit. Puisque Luc a déjà dit au lecteur que le ministère de guérison des apôtres se faisait dans la puissance du Saint-Esprit (cf. 2.4 ; 2.43 ; 3.6 ; 4.31-33), nous pouvons considérer que ce miracle fut opéré avec cette même puissance. Un deuxième exemple du ministère itinérant de Pierre dans la région est l'histoire de la résurrection de Tabitha, qui a eu lieu dans la ville côtière de Jaffa (9.36-43).

Bien que la guérison d'Énée et la résurrection de Tabitha aient été des miracles accomplis sur les croyants, chacun sert de témoignage puissant pour leurs communautés respectives. Grâce à la guérison d'Énée, « tous les habitants de Lydda et [de la plaine] de Saron le virent et se convertirent au Seigneur » (v. 35). Lorsque Tabitha fut ressuscitée, « cela fut connu de tout Jaffa, et beaucoup crurent au Seigneur » (v. 42). Luc dépeint à nouveau le ministère revêtu de la puissance de l'Esprit en paroles et en œuvres comme produisant des résultats extraordinaires dans le domaine de l'évangélisation.

Un résumé du ministère en Judée et Samarie

L'évangélisation de l'église en Judée et en Samarie peut être définie comme un ministère conduit dans la puissance de l'Esprit. Dans son intégralité, elle est représentative de l'intention de Luc : le *revêtement de puissance en vue du témoignage* de Luc. Ce ministère rempli de l'Esprit impliquait une direction divine, une intervention angélique, des visions, des démonstrations de puissance miraculeuse, la prière avec d'autres personnes pour recevoir l'Esprit, et une proclamation ointe et courageuse de l'Évangile. Le résultat fut une grande moisson d'âmes. La dynamique derrière l'ensemble de ce ministère était l'effusion répétée de l'Esprit sur l'église.

Conclusion

Luc a inclus l'histoire de la visite de Pierre et de Jean à Samarie, et l'effusion subséquente de l'Esprit, pour démontrer la préoccupation constante des apôtres qui voulaient que ceux qui croient et sont engagés dans les nouvelles « implantations des églises » reçoivent aussi le revêtement de la puissance de l'Esprit. À la suite de l'effusion en Samarie, l'Évangile continua à se répandre dans toute la Judée et la Samarie, s'étendant vers le nord en Galilée (9.31), en Phénicie (11.19), à Damas (9.2) et à Antioche (11.19), et vers l'ouest à Chypre et Cyrène (11.20).

Nous avons examiné jusqu'ici dans notre étude trois effusions clés de l'Esprit dans le livre des Actes des Apôtres. Nous avons vu comment chacune d'elles a conduit à un puissant témoignage missionnaire oint par le Saint-Esprit. Dans le prochain chapitre, nous examinerons la quatrième effusion clé de l'Esprit dans le livre des Actes des Apôtres, l'effusion à Damas. Bien qu'à cette occasion une seule personne ait reçu le Saint-Esprit, la signification de l'événement est indéniable, car celui qui est rempli de l'Esprit est Saul de Tarse (qui allait devenir l'apôtre Paul). Comme avec les autres effusions, l'effusion à Damas se traduira par un puissant témoignage oint par l'Esprit.

- CHAPITRE 7 -

L'EFFUSION À DAMAS

LA CLÉ

ACTES 1.8

Mais vous recevrez une puissance, celle du Saint-Esprit survenant sur vous, et vous serez Mes témoins... jusqu'aux extrémités de la terre.

L'EFFUSION À DAMAS

ACTES 9.17-18

Ananias partit et, lorsqu'il fut arrivé dans la maison, il imposa les mains à Saul et dit : Saul, mon frère, le Seigneur Jésus, qui t'est apparu sur le chemin par lequel tu venais, m'a envoyé pour que tu recouvres la vue et que tu sois rempli d'Esprit Saint. Au même instant, il tomba de ses yeux comme des écailles, et il recouvra la vue. Il se leva et fut baptisé...

Jusqu'ici dans notre étude, nous avons examiné trois effusions clés du Saint-Esprit dans les Actes. Deux ont eu lieu à Jérusalem et une autre en Samarie. Nous avons démontré comment chaque effusion a donné lieu à un témoignage missionnaire puissant, et comment chacune a fait progresser l'intention missio-pneumatologique de Luc en écrivant le livre des Actes. Dans ce chapitre, nous discuterons d'une quatrième effusion clé de l'Esprit, l'effusion à Damas.

Cette effusion, ainsi que celle qui la précède et celle qui la suit, se produisit pendant une « période de transition » dans les Actes entre une mission auprès des Juifs et une autre auprès des païens (voir fig. 7.1 ci-dessous). Ces trois effusions serviront à préparer l'Église à sa prochaine mission auprès des païens. Elles sont les suivantes :

- L'effusion en Samarie (8.14-18)
- L'effusion à Damas (9.15-19)
- L'effusion à Césarée (10.44-46)

Ces expéditions seront suivies de deux autres, qui se rapportent également à la mission auprès des païens. Ils serviront, cependant à propulser l'église vers « la partie la plus éloignée de la terre ». Ce sont :

- L'« effusion » à Antioche (13.1-4)
- L'effusion à Éphèse (19.1-7)

Nous discuterons de chacune de ces effusions de manière détaillée dans ce livre. Pour l'instant, cependant, il est important que nous comprenions comment chacune s'intègre dans la structure missionnaire mondiale des Actes.

Comme vous vous en souviendrez, au chapitre 3, nous avons décrit Actes 1.8 comme la clé d'interprétation du livre des Actes. Ce verset important, qui se trouve au début du récit de Luc, sert de deux buts stratégiques : il expose d'abord un *modèle paradigmatique* qui sert de motif directeur pour l'ensemble du livre. Ce motif se retrouve dans la première moitié du verset : « Mais vous recevrez une puissance, celle du Saint-Esprit survenant sur vous, et vous serez Mes témoins… ». Dans cette étude, nous appelons ce modèle : *le revêtement de puissance en vue du témoignage,* le *motif* de Luc. Deuxièmement, le verset fonctionne comme une *esquisse de programme* pour le livre des Actes des Apôtres. Cette esquisse de programme se trouve dans la deuxième moitié du verset : « ...à Jérusalem, dans toute la Judée et la Samarie, et jusqu'aux extrémités de la terre. » Ces trois désignations (c.-à-d. Jérusalem, Judée et Samarie, et jusqu'aux extrémités de la terre) suggèrent trois divisions du livre qui peuvent être décrites comme suit :

« Jérusalem »	Actes 1.12-8.1	La mission juive
« La Judée et la Samarie »	Actes 8.1b-12.25	Le passage de la mission auprès des Juifs à la mission auprès des païens
« Les extrémités de la terre »	Actes 13.1-28.31	La mission auprès des païens

La figure 7.1 nous aide à comprendre ces relations :

SEPT EFFUSIONS CLES EN RAPPORT AVEC LES MISSIONS AUPRES DES JUIFS ET AUPRES DES PAÏENS

(FIGURE 7.1)

Introduction 1.1-11	**La mission juive** *à Jérusalem*	**Période de transition** *Judée et Samarie* (s'étendant à la Galilée, Chypre, Cyrène et Antioche)	**La mission auprès des païens** *aux extrémités de la terre*
	1.12-8.1a En accomplissant la mission auprès des Juifs	**8.1b-12.25** Préparation à la mission auprès des païens	**13.1-28.31** Exécutant la mission auprès des païens
Actes 1.8 « Vous recevrez la puissance... vous serez mes témoins... »	**1** La Pentecôte **2** La deuxième effusion à Jérusalem	**3** L'effusion à Samarie **4** L'effusion à Damas **5** L'effusion à Césarée	**6** L'« effusion » à Antioche **7** L'effusion à Éphèse

L'effusion en Samarie, discutée dans le dernier chapitre, représentait la première tentative de l'Église de s'engager dans des missions interculturelles. Il s'agissait de la première mission en dehors de la grande Jérusalem et de la Judée et auprès d'un groupe de personnes ne soit pas de purs juifs. Ce qui s'est passé en Samarie a été le premier défi, face aux attitudes sectaires et aux préjugés culturels de nombreux chrétiens Juifs vivant à Jérusalem. Cela leur a montré que non seulement Dieu accepte désormais dans sa famille ceux qui, culturellement, sont différents d'eux, mais aussi qu'il les remplira de son Esprit et les utilisera pour accomplir sa mission sur la terre. Ce chapitre se penchera sur la deuxième de ces trois effusions « transitoires » dans les Actes des Apôtres, l'effusion à Damas qui a aidé l'église à se préparer pour sa mission auprès des païens, et comment elle a contribué à l'intention missio-pneumatologique de Luc en écrivant ce livre.

L'EFFUSION À DAMAS

L'effusion à Damas s'est produite vers l'an 32 ap. J.-C., environ quatre ans après l'effusion initiale de l'Esprit le jour de la Pentecôte. Cette effusion est unique dans les Actes en ce qu'un seul homme est rempli de l'Esprit, un homme appelé Saul de Tarse, qui deviendra par la suite l'apôtre Paul.

Luc présente d'abord Saul de Tarse comme un ennemi juré de l'Église. Dans un passage entre parenthèses du récit du martyre d'Étienne, Luc note comment Saul, en gardant les vêtements de ceux qui lapidaient Étienne à mort, a apporté son soutien implicite à l'acte (7.58). Il devint bientôt un meneur dans la persécution qui éclata à Jérusalem après la lapidation d'Étienne. Luc dit qu'il « ravageait l'Église ; il pénétrait dans les maisons, en arrachait hommes et femmes et les faisait jeter en prison » (8.3). Paul déclara plus tard : « J'ai persécuté à mort cette Voie, liant et mettant en prison hommes et femmes... Dans une synagogue après l'autre, j'emprisonnais et battais ceux qui croyaient en [Christ] » (22.4, 19). En une autre occasion, Paul a témoigné « je me suis dit que je devais faire beaucoup de choses hostiles au nom de Jésus de Nazareth... et, quand on voulait les faire mourir, j'apportais mon suffrage » (26.9-10). Il se lamente encore, « je les forçais à blasphémer. Dans l'excès de ma fureur contre eux, je les persécutais même jusque dans les villes étrangères » (v. 11).

Alors qu'il se rendait dans l'une de ces villes étrangères, Damas en Syrie, la vie de Saul pris à jamais une toute autre direction. Des années plus tard, il déclara : « Je suis parti pour Damas afin de faire venir à Jérusalem même ceux qui y étaient prisonniers pour être punis » (22.5). Avait-il reçu des rapports de Damas faisant part que les croyants dispersés avaient du succès là-bas ? Damas aurait-elle pu connaître un réveil semblable à celui de Samarie ? Le texte ne le dit pas. Quoi qu'il en soit, Saul était destiné à avoir deux rencontres puissantes avec Dieu—l'une avec le Christ ressuscité et l'autre avec L'Esprit répandu—et sa vie devait en être changée à jamais. Le grand persécuteur de l'église devait en devenir l'ardent promoteur. Comme nous l'avons fait avec les trois premières effusions de l'Esprit, nous poserons trois questions au sujet de celle-ci.

Que s'est-il passé ?

Saul et sa bande de zélotes étaient sur la route depuis plusieurs jours. Ils avaient voyagé vers le nord-est depuis Jérusalem, à travers la Judée et dans le sud de la Syrie. Le souverain sacrificateur avait accordé à Saul la permission d'aller à Damas, d'arrêter les chrétiens en fuite et de les ramener à Jérusalem enchaînés pour être jugés et punis. À midi, le groupe approchait de sa destination. Alors qu'ils approchaient de la ville, une lumière brillante resplendit soudain autour d'eux. Vaincus par la peur, ils tombèrent au sol. Dans le dialecte hébreu, une voix imposante résonna au milieu de la lumière : « Saul, Saul, pourquoi me persécutes-tu ? Désorienté, Saul répondit : Qui es-tu, Seigneur ? Jésus répondit : Je suis Jésus que tu persécutes. » La voix lui donna des instructions : il devait se rendre dans la ville de Damas, et là, on lui dirait quoi faire. Plus tard dans Actes, Paul a révélé que Jésus lui avait dit une autre parole à ce moment-là :

> ...car voici pourquoi je te suis apparu : je te destine à être serviteur et témoin des choses que tu as vues de moi et de celles pour lesquelles je t'apparaîtrai. Je t'ai pris du milieu de ce peuple et des païens, vers qui je t'envoie, pour leur ouvrir les yeux, afin qu'ils se tournent des ténèbres vers la lumière et du pouvoir de Satan vers Dieu, et qu'ils reçoivent le pardon des péchés et un héritage avec ceux qui sont sanctifiés par la foi en moi. (Actes 26.16-18)

Lorsque Saul se releva enfin du sol, il ne pouvait plus voir. Ses compagnons de voyage le conduisirent par la main dans la ville à la maison d'un homme du nom de Judas, qui vivait dans une rue appelée la Droite. Pendant trois jours, Saul resta aveugle dans la maison. Une grande partie de son temps était consacrée à la prière. Pendant ce temps, il eut une seconde vision. Il a vu en vision un homme du nom d'Ananias, qui entrait et lui imposait les mains, afin qu'il recouvre la vue.

LA CONVERSION DE SAUL

Une question se pose ici : Saul était-il chrétien à cette époque ? S'est-il converti sur la route de Damas, ou sa conversion a-t-elle eu lieu, comme certains disent, trois jours plus tard quand Ananias lui imposa les mains et qu'il fut rempli de l'Esprit ? Ou, a-t-il été converti à un moment donné entre ces deux événements ? Certains, parce qu'ils interprètent le baptême de l'Esprit comme une initiation à la conversion, disent que Saul n'aurait pas pu se convertir avant qu'Ananias lui impose les mains et qu'il reçoive l'Esprit.[1] Leur théologie ne le permet pas.

Les faits, cependant, conduisent à la conclusion que Saul en effet, se converti sur la route de Damas. Nous disons cela pour trois raisons : Premièrement, Paul a appelé Jésus « Seigneur » (v. 5), et il a lui-même enseigné que « personne ne peut dire, 'Jésus est Seigneur,' sauf par le Saint-Esprit » (1 Co 12.3). Deuxièmement, il obéit à Jésus et se soumit à sa volonté (vv. 6-9). Une preuve qu'une personne est vraiment née de nouveau est la soumission à la volonté de Dieu (Jean 14.15). Jésus ordonna à Saul d'aller dans la ville de Damas pour recevoir d'autres instructions. Bien qu'il fût aveugle, Saul se soumit totalement à la volonté de son nouveau Seigneur, suivant ses

---

1 C.-à-d., James D. G. Dunn, *Baptism in the Holy Spirit: A Re-examination of the New Testament Teaching on the Gift of the Spirit in Relation to Pentecostalism Today* (Philadelphia, PA: The Westminister Press, 1970); John R. W. Stott, *Baptism and Fulness of the Holy Spirit* (Downers Grove, IL: Inter-Varsity Press, 1964).

instructions à la lettre. Enfin, Ananias l'a appelé « frère Saul » (v. 17 ; cf. Actes 22.13). Ananias s'est de toute évidence rendu compte que Saul était devenu un membre de la communauté des vrais croyants, l'église. James B. Shelton écrit : « Ananias n'a pas proclamé Jésus comme Seigneur à Paul ; c'est Jésus ressuscité lui-même qui l'a fait—avant que Paul arrive à Damas (9.3-8). Paul était déjà en prière *avant* l'arrivée d'Ananias (v. 11). La conversion de Paul sur la route de Damas, plutôt que dans la ville de Damas, pourrait être fortement justifiée. »[2] Howard M. Ervin ajoute,

> À partir du contexte précédent, il est clair qu'Ananias savait qui Saul était et pourquoi il était venu à Damas, pour persécuter les croyants. Il ne serait donc jamais entré en présence de Saul et ne lui aurait pas adressé le titre de « frère Saul », à moins d'avoir été assuré à l'avance que Saul était, en toute vérité, un « frère » en Christ. Saul doit donc être devenu chrétien, dans le plein sens du terme, avant qu'Ananias ne vienne à lui.[3]

En réalité, Saul a eu cinq expériences spirituelles significatives à cette époque : Il s'est converti, il a recouvré la vue, il a été revêtu de la puissance de l'Esprit, il a été mandaté pour le service missionnaire et il a été baptisé dans l'eau. Nous avons déjà parlé de sa première expérience ; regardons maintenant les quatre autres.

LA GUERISON DE SAUL

Comme Il l'a fait pour Saul, Jésus est également apparu dans une vision à Ananias. Dans la vision, il demanda à Ananias d'aller à la maison de Judas et de prier pour Saul. Au début, Ananias eut peur, car il avait entendu parler du traitement brutal que Saul infligeait aux

---

2 James B. Shelton, *Mighty in Word and Deed: The Role of the Holy Spirit in Luke-Acts.* (Peabody, MA: Hendrickson Publishers, Inc., 1991), 131.

3 Howard M. Ervin, *Spirit Baptism, a Biblical Investigation* (Peabody, MA: Hendrickson Publishers, Inc., 1987), 76.

croyants de Jérusalem. Le Seigneur, cependant, insista : « Va, car cet homme est pour moi un instrument de choix, afin de porter mon nom devant les nations et les rois, et devant les fils d'Israël... » (v. 15). Obéissant, Ananias se rendit à l'endroit indiqué. En entrant dans la maison, il trouva Saul, comme il l'avait vu dans sa vision. En lui parlant, Ananias dit : « Saul, mon frère, le Seigneur Jésus, qui t'est apparu sur le chemin par lequel tu venais, m'a envoyé pour que tu recouvres la vue et que tu sois rempli d'Esprit Saint » (v. 17).

Comme indiqué ci-dessus, la première expérience spirituelle de Saul fut sa conversion au Christ. La deuxième est survenue quand Ananias lui imposa les mains, car « au même instant, il tomba de ses yeux comme des écailles, et il recouvra la vue » (v. 18). Ce miracle devait être un grand encouragement pour Saul. C'était une démonstration physique de la transformation intérieure qui venait de prendre place dans sa vie. Pendant des années, sa vie avait été « pleine de ténèbres », mais maintenant elle était « entièrement illuminée » par la lumière du Christ (cf. Luc 11.34-36). Le miracle était aussi le symbole du futur ministère missionnaire de Saul, qui était « d'ouvrir leurs yeux [les Juifs et les païens] pour qu'ils se tournent des ténèbres vers la lumière et du pouvoir de Satan vers Dieu... » (Actes 26.18).

LE REVETEMENT DE PUISSANCE DE SAUL

Dieu a aussi envoyé Ananias vers Saul pour prier pour lui afin qu'il soit « rempli de l'Esprit Saint » (v. 17). Bien que Luc n'affirme pas explicitement que Saul fut rempli de l'Esprit au moment où Ananias lui a imposé les mains, l'implication évidente est qu'il le fut. Le ministère courageux et persuasif de Saul, qui a immédiatement suivi cette expérience, en est la preuve. (J'en parlerai plus en détail dans les paragraphes ci-dessous.) Commentant ce passage, French L. Arrington écrit,

> La préoccupation première de Luc était l'appel de Dieu et le revêtement de puissance de Saul pour son ministère

apostolique. L'expérience de Paul était donc cohérente avec le but de l'effusion de L'Esprit sur les disciples à la Pentecôte et à Samarie. Eux aussi étaient équipés pour porter le nom de leur Seigneur.[4]

Il n'est fait mention d'aucun phénomène charismatique accompagnant le baptême par L'Esprit de Saul, tel que le fait de parler en langues, comme dans d'autres récits. Dans un autre lieu, Paul affirme cependant qu'il parle en langues, une expérience qu'il attribue au Saint-Esprit (1 Co 12.10-11 ; 14.13-18). Comme d'autres l'ont souligné, Paul a dû commencer à parler en langues à un moment donné. Il n'est donc pas déraisonnable de supposer qu'il a commencé à l'occasion de son baptême de L'Esprit comme l'ont fait les autres croyants dans Actes (2.4 ; 10.46 ; 19.6). Le point clé que Luc tente de souligner ici, cependant, est que Saul a été revêtu de puissance en vue du témoignage, ce qu'il démontre dans les versets suivants (v. 20, 22, 27).

LE MANDAT DE SAUL

Saul n'a pas seulement été guéri et revêtu de la puissance de l'Esprit quand Ananias lui a imposé les mains, il a aussi été mandaté pour l'œuvre missionnaire. Comme nous l'avons vu dans le dernier chapitre, dans les Actes des Apôtres, l'imposition des mains signifie souvent le fait d'être mandaté pour le ministère (Actes 6.6 ; 13.3). Compte tenu du contexte dans lequel Ananias a imposé les mains à Saul, il est probable que cet incident représentait également un acte de mandat. Notez ce que le Seigneur a dit à Ananias quand il l'a envoyé pour imposer les mains à Saul : « ...il est l'instrument que j'ai choisi pour porter mon nom devant les nations, les rois et les fils d'Israël... » (v. 15) ; et notez les paroles du Seigneur à Saul quand il lui ait apparu sur la route de Damas : « ...Car voici pourquoi je t'ai

---

4 French L. Arrington, *The Acts of the Apostles: An Introduction and Commentary* (Peabody, MA: Hendrickson Publishers, Inc., 1988), 100.

apparu, pour te nommer ministre et témoin... te sauvant du peuple juif et des païens vers lesquels je t'envoie » (26.16-17, cf. 22.14-15). Dans ce contexte, Ananias impose les mains à Saul de Tarse—qui allait bientôt devenir Paul, l'apôtre—en le mandatant pour le service missionnaire.

LE BAPTEME D'EAU DE SAUL

Finalement, Saul fut baptisé dans l'eau. Luc dit simplement, « ...il s'est levé et a été baptisé » (v. 18). Certains ont suggéré que cette déclaration se réfère, non pas au baptême de Saul dans l'eau, mais à son baptême dans le Saint-Esprit. Cette explication peut être plausible (cf. 1.5 ; 11.16). Il est plus probable, cependant, que la déclaration se réfère au baptême d'eau de Saul, puisque plus tard dans les Actes, lorsqu'il témoigne devant les Juifs de sa conversion, il mentionne son baptême d'eau (22.16). Il est néanmoins possible, sur la base de la déclaration de Pierre dans 2.38, qu'il ait pu être baptisé dans l'Esprit en même temps que son baptême d'eau.

QUEL FUT LE RÉSULTAT ?

Nous en venons maintenant à notre deuxième question sur l'effusion à Damas. Quels ont été les résultats du fait que Saul ait été rempli de l'Esprit ? Les résultats ont été de puissants témoignages immédiats et continuels. Ces résultats peuvent être divisés en trois groupes : résultats immédiats, résultats intermédiaires et résultats à long terme, comme suit :

RESULTATS IMMEDIATS

Le résultat immédiat du fait que Saul était rempli de l'Esprit fut un témoignage audacieux et puissant de l'Esprit. Après son baptême dans l'Esprit (v. 17-19)—en fait, dans le verset suivant, Luc écrit : « Et aussitôt il commença à proclamer Jésus dans les synagogues, disant : 'Il est le Fils de Dieu' » (v. 20). Deux versets plus tard, Luc souligne le témoignage de plus en plus puissant de Saul à

Damas : « Cependant Saul se fortifiait intérieurement de plus en plus et confondait les Juifs qui habitaient Damas, en démontrant que Jésus est le Christ » (v. 22). Arrington souligne : « Son augmentation en puissance parle de l'œuvre dynamique et continue de l'Esprit. Une telle puissance spirituelle est fondamentale pour l'expérience pentecôtiste (1.8). »[5] Comme dans le cas des trois effusions précédentes, le *motif* de Luc *: le revêtement de puissance en vue du témoignage* est clairement mis en évidence. Ce récit, comme les autres, est étroitement lié à 4.31 : « Ils étaient tous remplis du Saint-Esprit et se mirent à annoncer la parole de Dieu avec assurance. »

RESULTATS INTERMEDIAIRES

Non seulement Luc indique qu'il y a eu des résultats immédiats du fait que Saul était rempli de l'Esprit, mais il indique aussi qu'il y a eu des résultats intermédiaires. Les résultats intermédiaires, tout comme les résultats immédiats, sont des témoignages. Luc continue son thème de témoignage dans les versets 27-28 :

> Mais Barnabas le prit avec lui, le conduisit auprès des apôtres et leur décrivit comment... il s'était exprimé ouvertement au nom de Jésus. Il allait et venait avec eux à Jérusalem et s'exprimait ouvertement au nom du Seigneur (9.27-28).

Une lecture superficielle de ce récit, nous laisse à penser qu'il ne s'est écoulé que peu de temps (des jours, plutôt que des mois ou des années) entre le moment où Saul a été rempli de l'Esprit à Damas et son témoignage à Jérusalem ; pourtant, en réalité, trois années complètes se sont écoulées entre ces deux événements. Nous le découvrons en lisant la lettre de Paul aux Galates :

---

5 Ibid.

> Mais lorsque Dieu, qui m'avait mis à part dès le sein de ma mère et m'a appelé par sa grâce, trouva bon de révéler en moi son Fils, afin que je le prêche parmi les païens, des lors, je ne consultai ni la chair, ni le sang, et je ne montai pas à Jérusalem vers ceux qui étaient apôtres avant moi ; mais je m'en allai en Arabie, et je retournai de nouveau à Damas. Puis, trois ans plus tard, je suis allé à Jérusalem... (1.15-18).

Certains suggèrent que le séjour de Paul en Arabie s'est produit entre le verset 25, lorsque Saul est descendu dans une corbeille pour s'échapper de Damas (cf. 2 Co 11.32), et le verset 26, à son arrivée à Jérusalem. Il est plus probable, cependant, que son expérience en Arabie a eu lieu entre les versets 22 et 23. Selon ce point de vue, c'est pendant ce temps, « lorsque plusieurs jours se sont écoulés », que Paul prêcha l'Évangile en Arabie. F. F. Bruce, en comparant les passages des Actes et des Galates, commente :

> Il est communément supposé que le séjour de Paul en Arabie eût la nature d'une retraite religieuse : qu'il cherchait la solitude dans le désert... afin de communier avec Dieu et de penser à toutes les implications de sa nouvelle vie, sans perturbation. Mais le contexte dans lequel il parle de son voyage en Arabie, immédiatement après avoir reçu son mandat d'annoncer le Christ parmi les païens, suggère qu'il y est allé pour prêcher l'Évangile.[6]

À la fin de ces jours, Luc écrit : « Les Juifs complotèrent ensemble pour le faire disparaître » (v. 23). Arrington spécule : « Ce complot contre sa vie aurait pu être la conséquence d'une activité missionnaire en Arabie. »[7] De retour à Damas, Saul doit s'échapper pour sauver sa vie, et de là, il se rend à Jérusalem. À Jérusalem,

---

6 F. F. Bruce, *The Book of the Acts*, rev. ed. (Grand Rapids, MI: William B. Eerdmans Publishing Co., 1988), 191-192.

7 Arrington, 100.

souligne Luc, on le voit « s'exprimer ouvertement au nom du Seigneur » (v. 28).

Comme nous l'avons dit plus haut, selon le récit de Luc, il semble que toutes ces activités de témoignage de Saul (vv. 20, 22, 27-29) ont lieu pratiquement l'une après l'autre alors qu'en réalité, quand elles se sont réellement déroulées sur une période de trois ans. Luc aurait-il pu délibérément tronquer ces récits afin de relier plus étroitement le témoignage puissant de Paul à son baptême de L'Esprit dans les versets 17-18 ? C'est une possibilité. Quel que soit le motif de Luc, l'ordre qu'il donne aux événements met une fois de plus l'accent sur son *motif de revêtement de puissance en vue du témoignage.*

RESULTATS A LONG TERME

Luc rapporte aussi les résultats à long terme de la plénitude de l'Esprit dans la vie de Saul. Ces résultats à long terme sont consignés dans les chapitres 13 à 28 des Actes des apôtres et comprennent les trois voyages missionnaires de Paul ainsi que son voyage à Rome. Luc préface le ministère missionnaire de Paul avec le récit de son baptême de l'Esprit parce que, dans l'esprit de Luc, il est essentiel que ses lecteurs sachent que Paul était rempli de l'Esprit, et que tout son ministère missionnaire a été accompli dans la puissance de l'Esprit.[8]

Tout au long des Actes, Luc décrit le ministère de Paul comme étant charismatique par son contenu et son caractère. Paul prêche avec puissance (13.16 ff ; 14.3, 21), reçoit la révélation divine (13.9-11 ; 14.9 ; 27.9-10), guérit les malades (14.10 ; 28.8-9), accomplit des signes et des prodiges (14.3 ; 15.12), chasse les démons (16.18), est conduit par l'Esprit (16.6-10 ; 19.21 ; 20.22-23), a des visions (16.9-10 ; 18.9 ; 22.17-21 ; 23.11 ; 27.23-25), fait preuve de

---

8 Tout comme étaient les ministères de Jésus (Luc 3.22-23 ; 4.1, 14, 18-19; 5.17 ; 6.19 ; Actes 10.38), Pierre (Actes 2.14 ; 3.6 ; 4.8 ; 5.3 ff, 15-16 ; 8.14-17), Jean (5.25 ; 8.14-17), les apôtres (2.43 ; 5.12 ; 5.33), les premiers croyants (4.31 ; 8.4), Étienne (6.8-10 ; 7.55), Philippe (8.5-13, 26, 29, 39-40) et Ananias (9.10-18).

courage surnaturel (14.20), prie pour que d'autres reçoivent l'Esprit (19.6) et fait des miracles extraordinaires (19.11-13). Arrington compare les ministères charismatiques de Pierre et Paul :

> Dans les Actes des Apôtres, Luc met en parallèle l'expérience charismatique de Paul avec celle de Pierre. Pierre et Paul reçurent tous deux le don de L'Esprit pour le service (2.4 ; 4.8, 31 ; 9.17 ; 13.9, 52). Le facteur le plus important de leur succès était qu'ils étaient instruits et dirigés par le Saint-Esprit (10.19-20 ; 13.1-2 ; 16.6-7 ; 21.4, 10-11)... En accord avec son but, Luc enseigne que lorsque Paul fut rempli de l'Esprit, il reçut une onction charismatique plutôt qu'une expérience de conversion. Une telle onction précède et affecte la mission. Tout comme Pierre, l'onction spéciale de Paul avait une importance considérable pour sa nouvelle vocation dans la vie.[9]

Un autre résultat du fait que Paul était rempli de l'Esprit (bien que Luc ne le mentionne pas) est le fait qu'il a écrit treize livres du Nouveau Testament, plus que tout autre auteur du Nouveau Testament. Sans controverse, le fait d'être rempli de l'Esprit fut un facteur essentiel dans sa rédaction des écritures du Nouveau Testament (1 Co 2.10-16 ; 1 Th 3.13 ; 2 Tm 3.16 ; 2 Pierre 1.21).

Luc conclut ses récits des effusions en Samarie et à toute la Judée, la Galilée et la Samarie ; elle s'édifiait, marchait dans la crainte du Seigneur et progressait par l'assistance du Saint-Esprit » (9.31). Fidèle à son intention primaire, Luc note comment ces effusions ont eu pour résultat un témoignage de plus en plus étendu dans la région.

Et alors ?

Quelles applications pouvons-nous faire concernant l'effusion à Damas en ce qui concerne nos vies et nos ministères

---

9 Arrington, 100.

aujourd'hui ? Les applications précédentes s'appliquent ici, comme la nécessité d'être rempli de l'Esprit avant de s'aventurer dans une œuvre évangélique ou missionnaire. Une telle action équivaudrait à un soldat qui se lance dans la bataille sans son arme ou à un ouvrier de construction qui se rend sur le chantier sans ses outils. Ainsi, toute théologie qui relativise une expérience de revêtement de la puissance de l'Esprit subséquente à la nouvelle naissance ne peut que nuire à la cause des missions mondiales et affaiblir les efforts d'évangélisation de l'Église dans le monde. Il y a trois leçons supplémentaires que nous pouvons tirer de l'effusion à Damas.

L'IMPORTANCE D'UNE SEULE PERSONNE

Premièrement, nous ne devrions jamais minimiser l'importance d'une seule personne remplie de L'esprit. À Damas, à cette occasion, un seul homme fut rempli. Mais quelle différence significative sa plénitude a fait dans l'histoire et le progrès de l'Église ! Et quelle différence, peut faire une seule personne remplie de l'Esprit, pour faire avancer la cause du Christ aujourd'hui. Nous ne devrions jamais nous décourager quand seulement un ou quelques-uns sont remplis de l'Esprit quand nous officions. Nous devrions plutôt nous réjouir et continuer à prêcher le message de la Pentecôte et prier fidèlement avec ceux qui cherchent la puissance de l'Esprit—peu importe le nombre, grand ou petit.

N'IMPORTE QUI PEUT ÊTRE UTILISÉ

Une deuxième leçon que nous pouvons apprendre est que toute personne remplie de l'Esprit—aussi insignifiante qu'elle puisse paraître dans l'échelle des valeurs—peut être utilisée par Dieu pour conduire les autres au baptême du Saint-Esprit. Ce ministère vital ne doit pas être considéré comme le seul domaine exclusif de compétence réservé aux « apôtres » ou d'autres dirigeants chrétiens très en vue. Dieu a utilisé Ananias pour prier avec Paul, et aujourd'hui toute personne disposée à écouter la voix de l'Esprit et à marcher dans l'obéissance et la foi peut être utilisée de la même manière.

CONNAITRE L'OBJECTIF

Une dernière leçon que nous pouvons tirer de l'effusion à Damas est qu'il est essentiel, pour ceux qui sont remplis de l'Esprit de connaître le but de sa plénitude de l'Esprit-être mandaté pour la mission. Jésus et Ananias ont tous deux révélés à Saul le but de sa mission (Actes 9.15-17 ; 22.10-16 ; 26.14-18). Cette connaissance a certainement eu une grande influence sur sa réaction, suite à cette plénitude ; celle-ci fut un témoignage immédiat et puissant témoignage. Beaucoup aujourd'hui sont vraiment remplis de l'Esprit, mais sans comprendre pourquoi Dieu les a remplis. Cet état de fait entraîne souvent soit la désillusion face au don, soit diverses formes de fanatisme et d'abus. Il est donc important que les croyants ne soient pas seulement conduits dans cette expérience, mais qu'on leur enseigne aussi le sens et le but de cette expérience.

CONCLUSION

On peut voir dans l'effusion à Damas, comme dans les trois précédentes, que Luc continue à développer son *motif de revêtement de puissance en vue du témoignage*, présenté plus tôt dans Actes 1.8. Saul fut rempli de l'Esprit, non pas pour confirmer sa nouvelle naissance, mais pour « porter le nom [du Seigneur] devant les nations et leurs rois et devant le peuple d'Israël ». Le fait qu'il ait été rempli a eu pour résultat un témoignage immédiat, car « aussitôt il a commencé à prêcher dans les synagogues que Jésus est le Fils de Dieu » (Actes 9.20). Il devait finalement devenir le grand apôtre des païens. Ce thème dominera les chapitres 13 à 28 des Actes des Apôtres. Dans le chapitre suivant, nous examinerons la cinquième effusion clé de l'Esprit dans le livre des Actes des Apôtres, l'effusion à Césarée, où Luc continue à suivre son thème missio-pneumatique.

- CHAPITRE 8 -

L'EFFUSION À CÉSARÉE

LA CLÉ

ACTES 1.8

Mais vous recevrez une puissance, celle du Saint-Esprit survenant sur vous, et vous serez Mes témoins... et jusqu'aux extrémités de la terre.

L'EFFUSION À CÉSARÉE

ACTES 10.44-46

Comme Pierre prononçait encore ces mots, le Saint-Esprit descendit sur tous ceux qui écoutaient la parole. Tous les croyants circoncis qui étaient venus avec Pierre furent étonnés de ce que le don du Saint-Esprit soit aussi répandu sur les païens. Car ils les entendaient parler en langues et exalter Dieu.

Juste avant son retour au ciel, Jésus a promis à ses disciples d'envoyer le Saint-Esprit pour les revêtir de puissance pour l'œuvre qui les attendait (Luc 24.49). Ils deviendraient alors ses témoins à Jérusalem, en Judée, en Samarie et jusqu'aux extrémités de la terre (Actes 1.8). Il a accompli cette promesse pour la première fois le jour de la Pentecôte lorsqu'il a répandu son Esprit sur les disciples en attente à Jérusalem (2.4). Aussitôt que l'église de Jérusalem reçut l'Esprit, elle est devenue une puissante communauté qui témoigne (2.14, 47). Les disciples baptisés dans l'Esprit commencèrent immédiatement à proclamer l'Évangile par la puissance pentecôtiste dans leur ville et dans les environs. L'église a connu une croissance exponentielle, et peu de temps après des milliers de nouveaux convertis ont peuplé ses rangs (2.41, 47 ; 4.4).

Au fil des semaines, et à la suite de la dispersion de l'Église par la persécution (8.1 ; 11.19), des croyants revêtus de la puissance de l'Esprit, ont proclamé le Christ et ont fait des convertis dans des lieux aussi éloignés que Samarie, Gaza, Damas, Phénicie, Chypre, Cyrène et Antioche (8.5, 26 ; 9.2 ; 11.19-20). Cependant, jusqu'à là, ils ne témoignaient presque exclusivement qu'aux Juifs, mis à part la remarquable exception du ministère de Philippe en Samarie. Les Samaritains, pourtant, étaient, au moins en partie juifs.

Les chrétiens de Jérusalem étaient de vrais disciples du Christ, et ils avaient vraiment été revêtus de la puissance de l'Esprit. Pourtant, ils se débattaient encore avec la « question des païens ». Comment ceux qui étaient rituellement impurs pourraient-ils être acceptés par Dieu ? Comment des païens incirconcis, qui mangeaient des aliments non casher et qui se souillaient en participant à des pratiques païennes, pourraient-ils devenir les enfants de Jéhovah ? Pourraient-ils vraiment devenir de vrais disciples du Messie sans d'abord devenir de bons Juifs ? Et pourtant, Jésus lui-même ne leur avait-il pas ordonné de porter l'Évangile aux nations ? N'avait-il pas dit qu'ils seraient ses témoins, non seulement à Jérusalem, en Judée et en Samarie, mais aussi jusqu'aux « extrémités de la terre » ? Comment allaient-ils concilier ces questions épineuses ?

Dieu allait bientôt fournir une réponse à leurs questions, et il le ferait d'une manière presque impensable : il répandrait son Esprit sur les païens incirconcis, comme il l'avait répandu sur les Juifs le jour de la Pentecôte. Lui-même les purifierait, les habiterait et les intégrerait dans sa famille. Plus encore, il les revêtirait de puissance pour qu'ils soient ses témoins auprès des nations.

L'effusion à Césarée

Nous voici à la cinquième effusion du Saint-Esprit dans les Actes, l'effusion à Césarée. (C'est, en même temps, la troisième et dernière effusion qui s'est produite pendant la période de transition entre les missions auprès des Juifs et la mission auprès des païens.)[1] Comme nous l'avons déjà vu dans les chapitres 6 et 7, deux effusions précédentes au cours de cette période de transition ont eu des implications profondes dans la préparation de l'Église émergente pour sa future mission auprès des païens. La première a eu lieu en Samarie. Le ministère de Philippe fut la première entreprise de l'église qui s'éloigna d'un témoignage purement juif, et le ministère ultérieur de Pierre et Jean en Samarie fut le premier ministère post-Pentecôte des apôtres en dehors de Jérusalem et de la Judée. En donnant l'Esprit aux Samaritains, Dieu a démontré aux chrétiens juifs que même un peuple méprisé comme eux pouvait devenir participant à sa mission pour les nations.

Tout comme l'effusion en Samarie, l'effusion à Damas a eu des implications d'une grande envergure pour la prochaine mission de l'Église auprès des païens, car elle a servi de point de départ dans la carrière missionnaire de Paul. C'est là que, peu après sa conversion, Paul fut revêtu de puissance et mandaté pour être « l'apôtre des païens ».

Maintenant, comme pour les deux effusions qui l'ont précédée, l'effusion à Césarée aiderait à préparer l'église à l'extension

---

1 Voir figure 7.1, page 140.

missionnaire vers les nations. Cette effusion est souvent appelée la « Pentecôte des païens », car c'était la première effusion de l'Esprit sur un peuple purement païen.

L'effusion à Césarée s'est produite à Césarée, une magnifique ville portuaire de construction romaine située à environ 80 kilomètres au nord-ouest de Jérusalem. La date de l'effusion se situe vers l'an 35 ap. J.-C., sept ans après l'effusion initiale de l'Esprit au jour de la Pentecôte.[2] À cette occasion, l'Esprit fut répandu sur la maison d'un centurion romain du nom de Corneille. En ce qui concerne Corneille, Luc écrit : « Il était pieux et avec toute sa maison il craignait Dieu ; il faisait beaucoup d'aumônes au peuple et priait Dieu constamment » (10.2). Néanmoins, bien que Corneille fût un adorateur sincère du Dieu d'Israël, dans l'esprit juif, il restait un païen et un étranger. Comme auparavant, en examinant les événements importants qui se sont produits à Césarée, nous poserons nos trois questions de base : « Que s'est-il passé ? », « Quel fut le résultat ? » et « Et alors ? »

Que s'est-il passé ?

L'effusion à Césarée—y compris les circonstances qui l'ont précédée—est l'un des exemples les plus clairs dans le livre des Actes, du Saint-Esprit agissant dans son rôle de directeur de la moisson. Dans cette histoire, Luc présente l'Esprit comme celui qui dirige activement l'œuvre missionnaire de l'Eglise. Un accent est clairement mis dans tout cet évènement, sur le travail remarquable du Saint-Esprit, agissant de part et d'autre dans cette situation, pour organiser un rendez-vous divin entre Pierre et Corneille. Par une série d'interventions divines coordonnées (vv. 3, 10-16, 19) et de circonstances providentielles (vv. 9, 17-18) l'Esprit de Dieu réunit Pierre, l'apôtre juif, et Corneille, le centurion païen.

---

2 Voir figure 6.2, page 112.

L'Esprit travaille de deux manières principales pour réaliser cet événement central : il travaille d'abord par des visions. L'une est donné à Corneille (vv. 3-6) et l'autre à Pierre (vv. 9-16). Il s'adresse aussi directement à Pierre, lui disant quoi faire (vv. 18-19). Plus tard, lors d'une rencontre avec les frères de Jérusalem, Pierre défend ses actions à Césarée en témoignant que c'est le Saint-Esprit qui le dirigea vers cette œuvre (11.12).

Une fois arrivé chez Corneille, Pierre prêcha un message puissant inspiré par l'Esprit. Mais avant de pouvoir conclure son message, « le Saint-Esprit descendit sur tous ceux qui écoutaient la parole » (v. 44). « Tous » dans ce verset semble inclure à la fois les hôtes païens et les visiteurs juifs. Les six chrétiens juifs qui avaient accompagné Pierre, depuis Jaffa étaient étonnés que « le don du Saint-Esprit soit *aussi* répandu sur les païens » (v. 45, italique ajouté). « Aussi » indique que leur étonnement n'était pas qu'ils avaient été eux-mêmes remplis de l'Esprit à nouveau, mais que Dieu avait aussi remplis de son Esprit les païens incirconcis. Ils le savaient « car ils les entendaient parler en langues et exalter Dieu » (v. 46).

En entendant ces païens de Césarée parler en langues, Pierre et les autres Juifs qui étaient venus avec lui furent étonnés de ce que « le don du Saint-Esprit soit aussi répandu sur les païens », c'est-à-dire comme ils l'avaient reçu au jour de la Pentecôte. Dans son rapport adressé plus tard aux apôtres et aux frères de Jérusalem, Pierre leur expliqua comment « le Saint-Esprit descendit sur eux, comme (il l'avait fait) au commencement sur nous aussi » (11.15). Il fait à nouveau référence au jour de la Pentecôte. Tout comme le Saint-Esprit a été donné aux 120 à Jérusalem pour les revêtir de puissance pour le témoignage missionnaire selon la promesse de Jésus dans 1.8, il est maintenant donné aux païens pour le même but.

L'intention de Luc de présenter l'effusion de l'Esprit sur les païens de Césarée comme une expérience de revêtement de puissance, plutôt que comme une expérience de conversion et d'initiation, est mise en évidence par le soin avec lequel il utilise le sermon de Pierre pour ouvrir la voie à cette manifestation spectaculaire (vv. 34-43). En examinant le message de Pierre, on peut dégager trois thèmes principaux :

L'examen du message de Pierre révèle trois thèmes principaux. La première est la nouvelle compréhension de Pierre du désir de Dieu d'accueillir de manière inconditionnelle les païens dans la famille de Dieu (vv. 34-35) : cette nouvelle compréhension fut d'abord révélée à Pierre dans sa vision sur la terrasse à Jaffa (vv. 9-16). Le deuxième thème c'est l'Évangile. Pierre proclame la Seigneurie du Christ (v. 36), parle de sa vie, de sa mort et de sa résurrection (v. 37-40), déclare qu'il est le juge des vivants et des morts (v. 42) et appelle ensuite ses auditeurs à croire en lui (v. 43). Le troisième thème que Pierre souligne est celui d'un témoignage vocationnel rempli de l'Esprit, qu'il mentionne cinq fois dans son sermon, comme suit :

1. Le ministère de Jésus rempli de l'Esprit. La première référence de Pierre au témoignage rempli de l'Esprit se trouve dans 10.38, où il décrit le ministère de Jésus de la manière suivante : « Comment Dieu a oint d'Esprit Saint et de puissance Jésus de Nazareth, qui allait de lieu en lieu en faisant le bien et en guérissant tous ceux qui étaient sous l'oppression du diable ; car Dieu était avec lui. » Celui de Jésus était une onction vocationnelle, c'est-à-dire qu'il était oint par l'Esprit pour accomplir une tâche prescrite par Dieu. Ce passage fait écho aux paroles de Jésus dans Luc 4.18, où Jésus annonçait : « L'Esprit du Seigneur est sur moi, parce qu'il m'a oint… pour annoncer la bonne nouvelle… pour renvoyer libres les opprimés… » Par implication, Luc dit que l'onction que les païens de Césarée devaient recevoir serait aussi une onction vocationnelle. Son but, comme celui de Jésus, était le revêtement de puissance pour le service.

2. Le rôle des apôtres comme des témoins. Ensuite, Pierre rappelle à ses auditeurs son rôle et celui des autres apôtres comme témoins : « Nous sommes témoins de tout ce qu'il a fait… » (v. 39). Cette déclaration fait référence à Luc 24.48 et Actes 1.8, où Jésus dit à

ses disciples qu'ils seraient ses témoins une fois qu'ils auraient été revêtus de puissance par le Saint-Esprit.

3. Les témoins de sa résurrection. Pierre raconte ensuite comment Dieu a ressuscité Jésus d'entre les morts, et comment il est apparu « aux témoins choisis d'avance par Dieu » (vv. 40-41). L'apôtre informe ainsi ses auditeurs que les disciples de Jésus sont appelés à être témoins de sa résurrection (Luc 24.46-48 ; Actes 1.22). Cette déclaration nous rappelle comment, plus tôt dans les Actes des Apôtres, après la deuxième effusion à Jérusalem, « avec une grande puissance les apôtres rendaient témoignage de la résurrection du Seigneur Jésus » (4.33). Une fois que l'Esprit sera répandu sur les païens de Césarée, ils deviendront eux aussi des témoins de la résurrection du Christ.

4. L'ordre de témoigner. Ensuite, Pierre raconte comment Jésus avait « commandé [à ceux qui avaient été témoins de sa résurrection] de prêcher au peuple et d'attester qu'il a été lui-même désigné par Dieu comme juge des vivants et des morts » (v. 42).

5. Les prophètes rendent témoignage. Enfin, Pierre décrit Jésus comme celui dont « tous les prophètes rendent de lui le témoignage » (v. 43).

Ainsi, dans les sept derniers versets du sermon de Pierre comportant seulement neuf versets, il n'y a pas moins de cinq références directes aux témoignages. C'est à ce moment-là—dans le contexte de la description que Pierre fait au sujet du témoignage de l'église oint par l'Esprit—que l'Esprit est répandu sur la communauté mixte des Juifs-et des Gentils : « Comme Pierre prononçait encore *ces mots*, le Saint-Esprit descendit sur tous ceux qui écoutaient la parole » (v. 44, italiques ajoutés). Remarquez l'expression « ces mots ». À quels mots Luc fait-il référence ? Il se réfère aux paroles que Pierre prononçait en ce moment, des paroles sur le témoignage vocationnel inspiré par l'Esprit. C'est à ce moment précis que Dieu a répandu son Esprit sur le peuple. L'implication est évidente : Dieu a répandu son Esprit sur les païens pour la même raison qu'il a répandu l'Esprit sur les croyants juifs à la Pentecôte, afin qu'ils reçoivent la puissance pour être ses témoins (1.8).

Cette interprétation de ce passage est renforcée par l'explication de Pierre de l'événement aux apôtres et aux frères de Jérusalem. Il décrit la scène ainsi :

> Lorsque je me mis à parler, le Saint-Esprit descendit sur eux, comme (il l'avait fait) au commencement sur nous aussi. Alors je me souvins de cette parole du Seigneur : Jean a baptisé d'eau, mais vous, vous serez baptisés d'Esprit Saint. Or, puisque Dieu leur a fait le même don qu'à nous qui avons cru au Seigneur Jésus-Christ, qui étais-je, moi, pour pouvoir m'opposer à Dieu ? (11.15-17).

Remarquez comment Pierre a témoigné que l'Esprit est tombé sur les païens « comme (il l'avait fait) au commencement sur nous aussi » (v. 15). La plénitude du Saint-Esprit à Césarée se manifesta de la même manière et pour le même but que la plénitude des 120 au Jour de la Pentecôte. Ils pouvaient donc s'attendre aux mêmes résultats : revêtus de puissance en vue du témoignage. Pierre a également cité les paroles de Jésus : « Vous serez baptisés d'Esprit Saint » (v. 16). C'est une référence évidente à 1.4-8 où Jésus a lié le baptême de l'Esprit au témoignage mondial. Puis Pierre ajouta : « Dieu leur a fait le même don qu'à nous » (v. 17). Le même don a été donné pour le même but : le revêtement de puissance pour la mission.

Quel fut le résultat ?

Quels étaient les résultats de l'effusion de l'Esprit sur les croyants païens de Césarée ? Il y en avait au moins trois, tous avec de fortes implications missiologiques.

TEMOIGNAGE IMMEDIAT OINT PAR L'ESPRIT

Tout d'abord, conformément au *motif* de Luc, *le revêtement de puissance en vue du témoignage*, la réception de l'Esprit par les païens à Césarée a eu pour résultat une proclamation immédiate ointe par l'Esprit. Les versets 45-46 disent : « Tous les croyants circoncis qui étaient venus avec Pierre furent étonnés de ce que le don du Saint-Esprit soit aussi répandu sur les païens. Car ils les entendaient parler en langues et exalter Dieu ». L'expression, « exalter Dieu », est communément considérée comme décrivant une louange inspirée par l'Esprit adressée à Dieu. Une telle interprétation, cependant, découle d'une lecture superficielle, plutôt que d'une exégèse attentive du texte. Prise dans son contexte missiologique, l'expression est plus susceptible de décrire une proclamation ointe par l'Esprit, plutôt qu'une louange adressée à Dieu.

En considérant ce verset, nous devons nous rappeler que Dieu peut être élevé de deux manières : Il peut être exalté par la louange que nous *lui adressons.* Il peut aussi être exalté par notre déclaration de sa grandeur *aux autres.* Pierre a dit que nous devrions « annoncer les vertus » de Dieu (2 Pierre 2.9).[3] Quoi qu'il en soit, Dieu est exalté. La question, alors, est, comment ces croyants nouvellement baptisés par l'Esprit à Césarée ont-ils exalté Dieu dans ce cas ?

Le mot *megaloono*, qui se traduit par « exalté », est particulièrement intéressant à cet égard. Le mot et ses dérivés ne sont utilisés que huit fois dans le Nouveau Testament grec. Luc l'emploie cinq fois, Paul deux fois et Matthieu une fois. Examinons brièvement les quatre autres utilisations du mot par Luc :

1. <u>Luc 1.46-47</u>

« Et Marie dit : Mon âme exalte (*megaloonei*) le Seigneur, et mon esprit s'est réjoui en Dieu mon Sauveur... » Une lecture attentive du Magnificat de Marie (vv. 46-55) révèle comment elle a « exalté » le Seigneur. Ses paroles sont proclamatives, elles sont prononcées à la

---

[3] D'autres passages qui parlent d'adresser les louanges à Dieu incluent le Ps 9.14 ; 35.28 ; 51.15 ; 71.8 ; 96.2 ; 102.21 ; 106.2 ; 145.4 ; Ésaïe 42.12 ; 43.21. Luc aurait pu avoir de tels passages en esprit quand il a écrit Actes 2.11 et 10.46 ?

troisième personne et s'adressent à d'autres personnes, plutôt que la louange, qui est prononcée à la deuxième personne et adressée à Dieu. Dans le chant de Marie, elle parle de Dieu en utilisant son nom ou ses titres quatre fois et les pronoms de la troisième personne « Il », « Lui » ou « Son » treize fois. En effet, Marie exalte ainsi le Seigneur, pas en lui adressant des louanges, mais en proclamant sa grandeur aux autres.

2. Luc 1.58

« Les voisins [d'Élisabeth] et ses parents apprirent que le Seigneur avait manifesté (*emegaloonen*) envers elle sa miséricorde, et se réjouirent avec elle. » La version OST traduit ce verset : « Et ses voisins et ses parents, ayant appris que le Seigneur avait *fait éclater* sa miséricorde en sa faveur… » (italiques ajoutés). Encore une fois, comme dans le dernier passage, le message de la miséricorde de Dieu ne s'adresse pas à Dieu, mais à une personne. Dieu a *glorifié* son propre nom aux yeux du peuple en montrant sa grande miséricorde à Élisabeth.

3. Actes 5.13

« Et personne parmi les autres n'osait se joindre à eux ; mais le peuple les louait hautement (*emegaloonen*). » Cette estime que les gens avaient pour la communauté chrétienne s'exprimait, sans aucun doute, par des compliments à l'égard des chrétiens, plutôt que par des louanges à leur égard.

4. Actes 19.17

« Cela fut connu de tous, Juifs et Grecs, qui habitaient Éphèse ; la crainte s'empara d'eux tous, et le nom du Seigneur Jésus fut exalté (*emegalooneto*). » Il est peu probable que ces Juifs incrédules et ces païens vivant à Éphèse aient magnifié le nom du Seigneur Jésus en lui adressant leur louange. Ils ont plus probablement magnifié son nom en parlant l'un à l'autre de sa toute-puissance sur les démons.

Il est à noter que dans aucun des quatre cas cités ci-dessus, le mot *megaloono* n'est utilisé comme louange envers Dieu. Dans trois cas, il s'agit de louanges adressées par des personnes à d'autres personnes au sujet de Dieu. Dans le quatrième, c'est Dieu qui magnifie sa propre miséricorde envers un individu, ce qui se traduit aussi par le témoignage.

Par conséquent, puisque dans tous les autres cas où Luc utilise le mot, ou l'un de ses dérivés, il l'utilise dans le sens des louanges adressées *au sujet* de quelqu'un (que ce soit Dieu ou l'homme) plutôt *qu'à* une personne, on peut conclure que *megaloono* dans 10.46 peut également décrire la proclamation de la grandeur de Dieu aux autres. C'est le sens le plus plausible du mot, surtout lorsqu'on applique la clé herméneutique de Luc, qui se trouve dans Actes 1.8. F. F. Bruce s'accorde avec cette interprétation :

> La descente de l'Esprit sur ces païens se manifestait extérieurement de la même manière que lorsque les premiers disciples reçurent l'Esprit à la Pentecôte : ils parlaient en langues et proclamaient les merveilles de Dieu.[4]

Par ailleurs, lorsque nous comparons cet incident avec ce qui s'est passé au jour de la Pentecôte et avec ce qui allait se passer plus tard à Éphèse, un schéma clair se dégage. À la Pentecôte, les disciples étaient remplis de l'Esprit et parlaient en langues (2.4). Immédiatement après, Pierre se leva et « prophétisa », annonçant la bonne nouvelle à la foule qui regardait, par inspiration directe de l'Esprit.[5] Suivant le même modèle, lorsque Paul imposa les mains sur les douze disciples à Éphèse, « ils se mirent à parler en langues et à prophétiser » (19.6). Leurs prophéties comportaient certainement

---

4 F. F. Bruce, *The Book of the Acts* rev. ed. (Grand Rapids, MI: William B. Eerdmans, 1988), 217. Dans une note de bas de page, il ajoute : « Magnifier Dieu » (μεγαλυνόντων τόν θεόν) au v. 46 est synonyme de « proclamer les paroles puissantes de Dieu » (λαλούντων . . . τὰ μεγαλεῖα τοῦ θεοῦ) en 2.11.

5 Voir commentaires sur la prophétie pentecôtiste de Pierre au chapitre 4.

plus que des paroles prophétiques prononcées les uns sur les autres. Plus probablement, ils ont fait comme Pierre à la Pentecôte. Après avoir parlé en langues, ils prophétisèrent en proclamant l'Évangile aux gens d'Éphèse alors qu'ils étaient inspirés par l'Esprit. (Nous y reviendrons plus en détail au chapitre 10.)

Ce qui s'est passé à la Pentecôte et à Ephèse s'est également passé à Césarée. Les croyants païens étaient remplis de l'Esprit et, par conséquent, ils parlaient en langues et exaltaient Dieu en déclarant la gloire de son Fils à tous ceux qui voulaient écouter. Cette interprétation du texte est conforme au *motif* de Luc *: le revêtement de puissance en vue du témoignage*, introduit dans 1.8.

UN TEMOIGNAGE A L'EGLISE DE JÉRUSALEM

L'effusion de l'Esprit sur les païens de Césarée n'a pas seulement eu pour résultat un témoignage immédiat, inspiré par l'Esprit, au peuple de Césarée, elle a aussi servi de puissant témoignage à l'église de Jérusalem. Cela démontra aux croyants juifs que les païens étaient aussi inclus dans la provision du salut de Dieu. La porte de la foi a été ouverte aux païens comme aux Juifs. L'effusion de l'Esprit sur les païens a également transmis un autre message important à l'Église de Jérusalem : non seulement les païens devaient être inclus dans la famille de Dieu, mais ils devaient aussi être inclus comme participants à part entière dans la mission de Dieu. Cette double provision a été démontrée par leur conversion au Christ et par leur revêtement de puissance par l'Esprit en vue du témoignage missionnaire. Pierre a avancé cet argument dans son rapport aux dirigeants de l'église de Jérusalem (11.15-18) et plus tard au Concile de Jérusalem (15.6-9).

UN NOUVEAU CENTRE DE TEMOIGNAGE MISSIONNAIRE

Enfin, l'effusion à Césarée a eu pour résultat la fondation d'un nouveau centre de témoignage missionnaire. Tout comme les effusions de l'Esprit à Jérusalem et à Samarie (et plus tard à Éphèse) ont abouti à l'établissement d'une base pour les activités missionnaires, la même chose est arrivée à Césarée (18.22 ; 21.8).

L'EGLISE À ROME

Avant de conclure notre propos sur les résultats de l'effusion à Césarée, il y a un autre résultat missiologique possible, bien que Luc ne le cite pas. Il est possible que cette effusion de l'Esprit ait contribué à l'implantation de l'église à Rome. Paul a écrit une lettre à cette église, mais il ne l'a pas implantée. La question se pose alors : « Qui a implanté cette église ? » Il y a au moins deux réponses plausibles à cette question : Tout d'abord, l'église de Rome a peut-être été fondée par « ceux qui sont venus de Rome » présents le jour de la Pentecôte (2.10). Il est concevable que certains de ces visiteurs se soient convertis et aient été remplis de l'Esprit le jour de la Pentecôte, puis, une fois rentrés chez eux à Rome, aient commencé à prêcher l'Évangile et y fondèrent l'église.

Une autre possibilité est que Corneille, qui était un centurion romain avec la « cohorte romaine » (10.1), a été impliqué dans la création de l'église romaine. Une fois son mandat terminé en Judée, il est possible qu'il soit retourné à Rome, et étant rempli de l'Esprit tel qu'il était, il y aurait certainement prêché l'Évangile, et peut-être aidé à fonder l'église romaine. Que ce soit le cas ou non, en ouvrant largement la porte à la pleine participation des païens à la mission de Dieu, l'effusion à Césarée, comme les effusions en Samarie et à Damas auparavant, a contribué à préparer le terrain pour que l'église témoigne « jusqu'aux extrémités de la terre ».

ET ALORS ?

Nous posons maintenant notre dernière question au sujet de l'effusion à Césarée. Quelles leçons pratiques pouvons-nous tirer de l'effusion de l'Esprit sur les croyants païens de Césarée ? Comme précédemment, cela nous rappelle la nécessité d'être revêtus de la puissance par l'Esprit afin d'être des témoins efficaces pour le Christ.

Parce que Pierre était plein de l'Esprit, Dieu a pu lui parler sur la terrasse et le conduire dans la maison de Corneille. Pour la même raison, il fut capable de prêcher avec puissance et perspicacité. Sa prédication ointe a certainement contribué à l'atmosphère imprégnée de l'Esprit qui a préparé les habitants de Césarée à recevoir l'Esprit. Nous pouvons en outre tirer trois autres leçons de l'effusion à Césarée.

UNE LEÇON SUR LA PREPARATION

Premièrement, nous apprenons que, quand nous allons prêcher l'Évangile, nous pouvons compter sur l'Esprit pour nous conduire sur le chemin. Si, comme Pierre, nous préparons nos cœurs par la prière et demeurons ouverts à la voix de l'Esprit, nous pouvons nous attendre à ce que lui, en tant que Directeur de la Moisson, dirige notre sentier. C'est pendant que Pierre priait, que Dieu lui donna une vision qui changea son attitude envers les païens. C'est aussi à ce moment que le Saint-Esprit lui parla, lui demandant de recevoir les trois visiteurs, et de les accompagner jusqu'à Césarée. Si comme Pierre, nous sommes remplis de l'Esprit, et si nous investissons du temps dans la prière à Dieu, et si nous restons sensibles au mouvement de son Esprit, nous pouvons aussi nous attendre à ce que Dieu nous dirige de façon surnaturelle dans l'exercice de nos ministères.

UNE LEÇON SUR LA CONFIANCE

Une deuxième leçon que nous pouvons tirer de cette histoire est que nous pouvons faire confiance à Dieu pour agir de part et d'autre en vue d'une rencontre dirigée par l'Esprit, dans l'exercice du ministère. Quand Dieu nous dirige dans notre ministère, en vue d'une rencontre spéciale, nous pouvons lui obéir avec confiance sachant qu'Il travaille aussi à l'autre côté, préparant le chemin pour notre ministère. Tandis que Dieu dirigeait Pierre à prêcher l'Évangile à Corneille et à sa famille, il préparait aussi le cœur de Corneille, et le cœur de ses compagnons, à recevoir le message de Pierre. Il est très encourageant de savoir que Dieu est à l'œuvre pour organiser des rendez-vous divins pour ceux qui s'associeront à lui dans la prière. Quand, dans l'exercice du ministère, Dieu nous dirige dans une situation particulière, nous pouvons être assurés qu'il nous a devancé et qu'Il est déjà à l'œuvre, pour préparer le terrain pour accueillir la semence.

UNE LEÇON SUR L'INCLUSION

Une dernière leçon que nous pouvons tirer de l'effusion à Césarée est que toute personne dans le monde, a le potentiel pour devenir participant à part entière, de la *missio Dei*. Non seulement tous les peuples peuvent recevoir l'Évangile et être sauvés. Ils peuvent aussi participer à la mission de Dieu et devenir eux-mêmes de puissants messagers de l'Évangile jusqu'aux extrémités de la terre. Dieu a répandu son Esprit sur les païens de Césarée afin qu'eux aussi puissent être revêtus de puissance pour la mission. Il fera la même chose pour quiconque aujourd'hui lui demandera humblement l'Esprit (Luc 11.9-13).

De plus, la réception de l'Esprit par les habitants de la Césarée a servi de leçon importante aux Juifs, dont beaucoup parmi eux, estimaient qu'ils devaient être les porte-drapeaux exclusifs de Dieu. Ils ont appris que tous les peuples, même les païens, pouvaient participer à la mission de Dieu. Tous peuvent participer précisément parce que tous portent son image (Gn 1.26-27) et tous peuvent être revêtus par son Esprit (Actes 1.8 ; 2.17, 39). Si tel est le cas, cela devrait nous inspirer à proclamer hardiment le message de la Pentecôte à tous. Nous devrions œuvrer pour que tous ceux qui sont nés de l'Esprit soient aussi revêtus de la puissance de l'Esprit et enseignés sur leurs privilèges et leurs responsabilités de porter Son témoignage aux nations.

Conclusion

Jusqu'ici dans notre étude, nous avons examiné cinq des sept effusions clés du Saint-Esprit dans les Actes. Dans chacun de ces cas, nous avons vu que le but constant de Luc, en les incluant dans son récit du livre des Actes était de développer son intention missio-pneumatologique, motif de son livre. Les deux premières effusions ont revêtu l'église de puissance pour témoigner à Jérusalem, et l'ont préparée à poursuivre sa mission en Judée et en Samarie. La troisième (Samarie) a permis à l'Église d'aller plus loin en Judée, en Samarie, en Galilée et au-delà. Elle a également commencé le processus de préparation de l'église à témoigner jusqu'aux « extrémités de la terre ». L'effusion à Damas a donné lieu à un témoignage immédiat à Damas et dans les environs. Comme l'effusion en Samarie, elle servait aussi à préparer l'église à témoigner aux nations en donnant Paul, l'apôtre des païens, à l'église. La cinquième effusion, l'effusion à Césarée, ouvrit la porte de la communion chrétienne aux païens et démontra qu'eux aussi pouvaient être des participants à part entière à la *missio Dei.*

Dans le chapitre suivant, nous examinerons la sixième effusion clé de l'Esprit dans les Actes, l'effusion à Antioche. Cette effusion de l'Esprit introduira officiellement l'église dans sa mission dans « les contrées situées au-delà » (2 Co 10.16).

- CHAPITRE 9 -

L'« EFFUSION » À ANTIOCHE

LA CLÉ

ACTES 1.8

Mais vous recevrez une puissance, celle du Saint-Esprit survenant sur vous, et vous serez Mes témoins ...jusqu'aux extrémités de la terre.

L'« EFFUSION » À ANTIOCHE

ACTES 13.1-4

Il y avait, dans l'Église qui était à Antioche, des prophètes et des docteurs : Barnabas, Siméon appelé Niger, Lucius de Cyrène, Manaën qui avait été élevé avec Hérode le tétrarque, et Saul. Pendant qu'ils célébraient le culte du Seigneur et qu'ils jeûnaient, le Saint-Esprit dit : Mettez-moi à part Barnabas et Saul pour l'œuvre à laquelle je les ai appelés Alors, après avoir jeûné et prié, ils leur imposèrent les mains et les laissèrent partir. Eux donc, envoyés par le Saint-Esprit, descendirent à Séleucie, et de là ils s'embarquèrent pour Chypre...

L'« EFFUSION » À ANTIOCHE

Dans ce chapitre, nous examinerons la sixième effusion clé de l'Esprit dans les Actes, l'« effusion » à Antioche. C'est aussi la première des deux effusions qui se sont produites pendant la période de la « mission auprès des païens ».[1] Cet événement introduit l'Église dans des missions intentionnelles à part entière « jusqu'aux extrémités de la terre » (1.8). En raison de l'activité continue de l'Esprit dans l'église à Antioche, elle devait devenir le deuxième centre majeur des missions chrétiennes après Jérusalem, et le berceau du christianisme pour les païens. Les trois tournées missionnaires de Paul ont commencé à Antioche (13.1-4 ; 15.36 ; 18.23) et les deux premières se sont terminées là (15.30 ; 18.22).

Vous remarquerez que dans cet exemple, le mot « effusion » a été mis entre guillemets. C'est parce que ce qui s'est passé à Antioche pourrait plus proprement être appelé un « mouvement » ou une « action » du Saint-Esprit, plutôt qu'une effusion. Pour des raisons de continuité, nous avons choisi d'utiliser le mot « effusion » (entre guillemets). Il faut cependant noter rapidement que ce mouvement de l'Esprit dans Actes 13.1-4, necesseraiment, présuppose une ou plusieurs puissantes effusions du Saint-Esprit sur l'église à Antioche. Seule une église ayant été revêtue de la présence et de la puissance de l'Esprit aurait pu fonctionner de la manière dont nous voyons cette église fonctionner. Il est également significatif qu'à Antioche, quelque dix-sept ans après la première effusion du Saint-Esprit au jour de la Pentecôte, l'Esprit est toujours puissamment à l'œuvre dans l'église, la revêtant de puissance et la dirigeant sa mission.

L'église à Antioche était vraiment une église internationale, avec un dynamique mélange de croyants juifs et païens. Située dans une ville romaine cosmopolite (Antioche était la capitale de la province romaine de Syrie), et ouverte à l'inclusion des païens, il est

---

1 Voir figure 7.1, page 140.

probable que l'église soit rapidement devenue une église composée, majoritairement de Gentils (de non Juifs). C'est à Antioche que les disciples du Christ ont été appelés pour la première fois chrétiens (11.26).

L'église a été fondée par des réfugiés chrétiens qui ont été dispersés suite à la persécution qui a eu lieu à Jérusalem après la lapidation d'Étienne (11.19-21). La première vague d'immigrants juifs chrétiens qui arrivèrent dans la ville, ne s'intéressa qu'aux les Juifs. La deuxième vague, cependant, venant de Chypre et de Cyrène, prêcha le Christ aux Hellénistes (Grecs) aussi. Le titre Hellénistes se réfère souvent aux Juifs et prosélytes de langue grecque. Le contexte d'Actes 13, cependant, semble déduire que les Hellénistes y incluaient aussi les Syriens et les Romains. Ce point de vue est corroboré par le fait que dans 19.10, Luc, en parlant des peuples de l'Asie, parle des Juifs et des Grecs *(Helleenas)*, assimilant ces derniers aux païens.[2] Quoi qu'il en soit, cette nouvelle stratégie missionnaire a permis à de nombreux païens de connaître le Seigneur.

Lucius de Cyrène, l'un des prophètes/enseignants mentionnés au verset un, était probablement le groupe venu de Chypre et de Cyrène « qui vint à Antioche et commença aussi à s'adresser aux Grecs, prêchant le Seigneur Jésus » (11.20). En outre, dans Actes 6, l'un des sept hommes remplis de l'Esprit choisis comme « diacres » était un prosélyte d'Antioche du nom de Nicolas (v. 5). Il est fascinant de penser qu'il ait pu être l'un des réfugiés ayant fui Jérusalem qui ont aidé à fonder l'église d'Antioche.

James D. G. Dunn décrit l'église à Antioche comme « le tremplin de l'expansion [missionnaire] la plus importante de toutes... ». Il ajoute ensuite, ce qui est intéressant : « ...mais Luc ne mentionne même pas l'Esprit à propos d'Antioche (sauf dans sa

---

2 Paul utilise aussi le mot « Grec » pour parler génériquement des païens (Rm 1.16 ; 2.9-10 ; 10.12 ; Ga 3.28 ; Col 3.11).

description de Barnabas). »[3] On peut dire à la première déclaration un audacieux : « Amen ! » À la seconde, on ne peut que se demander s'il lit la même Bible que nous lisons.[4] Commentant le zèle missionnaire de l'église à Antioche, Stanley Horton note : « Jusqu'ici, l'Évangile était propagé dans de nouveaux lieux par ceux qui étaient dispersés en tout lieu. Mais aucun parmi eux, ne s'était donné comme tache spécifique, d'aller en de nouveaux lieux, pour fonder et organiser de nouvelles assemblées. »[5] C'est à ce moment, cependant, que l'Église a commencé à envoyer intentionnellement des missionnaires dans les nations païennes. C. Smith commente : « Dans un sens, on peut dire que cela marque le lancement des missions chrétiennes mondiales. »[6] Et tout a commencé, comme nous le verrons, par un mouvement dynamique de l'Esprit Saint dans l'Église d'Antioche. Posons maintenant notre première question au sujet de l'« effusion » à Antioche.

Que s'est-il passé ?

L'église d'Antioche était une congrégation remplie de la présence et de la puissance du Saint-Esprit. C'est ce qui ressort de la description de l'église par Luc. Il souligne qu'il y avait « des prophètes et des enseignants » dans l'église (13.1). Les deux, selon Luc, parlent par inspiration de l'Esprit (Luc 5.17 ; Actes 2.17-18 ; 4.2 ; 5.21, 25, 28 ; 11.28 ; 13.9-12 ; 21.10). Les réunions de l'église étaient remplies d'adoration, de prière, de jeûne et de prophéties.

---

3 James D. G. Dunn, *Baptism in the Holy Spirit: A Re-examination of the New Testament Teaching on the Gift of the Spirit in Relation to Pentecostalism Today* (Philadelphia, PA: Westminister Press, 1970), 62.

4 Je suis sûr que Dunn doit se référer à Actes 11.19-30 dans la citation ci-dessus ; cependant, il semble toujours remarquable qu'il ait pu complètement ignorer 11.27-28 et 13.1-4 .

5 Stanley M. Horton, *The Book of Acts: The Wind of the Spirit* (Springfield, MO: Gospel Publishing House, 1996), 155.

6 Allen, Clifton J., ed., *The Broadman Bible Commentary,* Vol. 10, *Acts—1 Corinthians*, by T. C. Smith (Nashville, TN: The Broadman Press, 1970), 80.

C'est au cours d'un de ces rassemblements que la présence du Seigneur fut particulièrement évidente. Tandis que le peuple « servait le Seigneur et jeûnait », le Saint-Esprit parla. Que cette parole soit venue par une langue et son interprétation, ou par une prophétie ou tout autre moyen, cela ne nous ait pas dit. Ce que nous savons, c'est qu'elle a été reçue par l'église comme une parole claire du Seigneur. Le message du Seigneur à l'église était : « Mettez-moi à part Barnabas et Saul pour l'œuvre à laquelle je les ai appelés. » Ici encore, comme ailleurs dans les Actes, nous voyons l'Esprit agir comme le Directeur de la moisson. De toute évidence, l'Esprit avait déjà confirmé à Barnabas, à Saul et à l'église que ces deux hommes seraient missionnaires auprès des païens sur l'île de Chypre et dans les provinces romaines de Pisidie et de Galatie. Le Seigneur, par cette parole prophétique, disait que le temps était venu de commencer cette mission.

Bien que la prophétie soit venue avec beaucoup de force et de clarté, l'église a continué à jeûner et à prier à ce sujet. Vérifiaient-ils la prophétie ? Cherchaient-ils la confirmation du Seigneur ? Nous n'en savons rien. Cependant, nous devons nous rappeler que « les prophéties ne s'authentifient pas d'elles-mêmes mais doivent être éprouvées »[7] (1 Co 14.29). Une prophétie d'une telle importance ne peut pas être traitée avec négligence ou désinvolture. Elle exige une évaluation sérieuse et, si elle est jugée authentique, une réponse sincère.

Une fois que les chefs spirituels de l'église d'Antioche furent convaincus que cette parole venait bien du Seigneur, ils mandatèrent les deux missionnaires, leur imposèrent les mains et les envoyèrent pour leur mission. Barnabas et Saul partirent, cependant, non seulement avec la bénédiction de l'église, mais aussi avec la bénédiction de Dieu, car ils furent aussi « envoyés par l'Esprit Saint » (v. 4). French L. Arrington souligne que « l'œuvre de Barnabas et

---

7 Clark H. Pinnock, *Flame of Love: A Theology of the Holy Spirit* (Downers Grove, IL: Inter-Varsity Press, 1996), 134.

Saul vient de Dieu—et non pas de plans conçus par les humains—et est entreprise en obéissance à la voix de l'Esprit ».[8] Robert C. Tannehill a relevé le fait que, ce récit du mandat confie à ces hommes et relaté ici, fait partie d'un modèle plus large que celui de Luc. Il écrit :

> Les débuts de la mission de Jésus et celle des apôtres sont précédés d'une référence à la prière (Luc 3.21 ; Actes 1.14), qui donne l'opportunité à l'Esprit d'agir (Luc 3.14.22 ; Actes 2.1-4), et l'Esprit conduit directement à la mission (Luc 4.14, 18 ; Actes 2.5-41)... Le voyage missionnaire de Paul et de Barnabas, comme la mission de Jésus ainsi que des apôtres, est né de la recherche de Dieu et de la prière intense et est dirigé par l'Esprit.[9]

John R. W. Stott demande : « Ne serait-il pas vrai de dire que l'Esprit les a envoyés, en ordonnant à l'Église de le faire, et que l'Église les a envoyés, ayant reçu l'ordre de l'Esprit de le faire ? »[10]

Qu'est-ce qui qualifiait les deux missionnaires envoyés depuis Antioche, du moins de l'avis de Luc ? Dans Luc-Actes, Luc met l'accent sur deux qualifications primaires pour le ministère : un appel divin et la plénitude de l'Esprit. Les deux sont indiqués dans ce passage :

> Il y avait, dans l'Église qui était à Antioche, des prophètes et des docteurs : Barnabas... et Saul.... Pendant qu'ils servaient le Seigneur et jeûnaient, le Saint-Esprit dit : « Mettez-moi à

---

8 French L. Arrington, "Acts of the Apostles," in *The Full Life Bible Commentary to the New Testament,* eds. French L. Arrington and Roger Stronstad (Grand Rapids, MI: Zondervan Publishing House, 1999), 598.

9 Robert C. Tannehill, *The Narrative Unity of Luke-Acts: A Literary Interpretation,* vol. 2, *The Acts of the Apostles* (Philadelphia, PA: Fortress Press, 1994), 161.

10 John R. W. Stott, *The Message of Acts: The Spirit, the Church and the World* (Leichester, Eng: Inter-Varsity Press, 1990), 217-218.

> part Barnabas et Saul pour l'œuvre à laquelle je *les ai appelés.* » (Actes 13.1-2, italiques ajoutés)

L'expérience des deux hommes avec l'Esprit est indiquée dans la désignation « prophètes et docteurs », qui, selon Luc, exigeaient la plénitude de l'Esprit, comme mentionné plus haut. Leur appel divin est indiqué par le Saint-Esprit qui parle de « l'œuvre à laquelle je les ai appelés ».

On peut également trouver d'autres preuves de l'onction et de l'appel de Barnabas et Saul. Les qualifications de Paul ont déjà été discutées au chapitre 7. Il suffit de dire ici qu'il a été appelé et rempli de l'Esprit peu après sa conversion sur la route de Damas, et tout au long de son ministère, cet appel et cette touche de l'Esprit demeurèrent en lui (9.15-17 ; 13.9 ; 16.18 ; 17.16 ; 19.6, 15). Roger Stronstad commente que :

> L'expérience de Paul avec l'Esprit a commencé quand il a été rempli de l'Esprit pour le revêtir de la puissance en vue de témoigner de Jésus aux nations (9.15-17). Le portrait de Luc sur la dimension charismatique de la vie de Paul s'achève vingt-cinq ans plus tard ou même plus, quand il rapporte que, pendant son voyage à Jérusalem, le Saint-Esprit lui l'avertit solennellement… au sujet de liens et d'afflictions imminents (20.23).[11]

Barnabas était aussi un homme rempli de l'Esprit. Quand nous pensons à Barnabas, nous pensons souvent à son esprit aimable et généreux. Après tout, c'est cet esprit qui lui a valu le nom de Barnabas, qui signifie « fils d'encouragement » (4.36). Ce qui est moins connu, c'est que Luc décrit Barnabas, non pas seulement comme un « homme bon », mais comme un homme « qui est rempli du Saint Esprit et de foi » (11.24). Ce sont ces qualités et ces dons,

---

11 Roger Stronstad, *The Prophethood of All Believers* (Irving TX: ICI University Press, 1997), 90-91.

ainsi que sa vocation divine, qui lui ont permis d'être un évangéliste efficace (11.24), un enseignant (11.26 ; 13.1 ; 15.35), un prédicateur (15.35), un prophète (13.1), un homme qui fait des miracles (15.12) et un apôtre (14.14).

Quel fut le résultat ?

Quel a été le résultat de ce mouvement du Saint -Esprit dans l'église d'Antioche ? Fidèle à son intention missio-pneumatologique en écrivant les Actes, Luc relie rapidement cette action de l'Esprit au témoignage. Le résultat immédiat fut le départ de Paul et Barnabas dans leur première tournée missionnaire (13.2, 4). Peu après leur arrivée à Chypre, ils commencèrent à témoigner par l'Esprit. Ils commencèrent aussitôt à « proclamer la parole de Dieu » (v. 7). Le ministère des missionnaires, tout au long de leur voyage, a été marqué par la puissance et les manifestations du Saint-Esprit. Paul et Barnabas prêchaient l'Évangile avec puissance et efficacité (13.5, 16-41, 44-47 ; 14.1, 3, 9-17, 21-22, 25). Ils discernèrent l'œuvre de Satan, la main du Seigneur et la foi d'un homme infirme (13.9-10 ; 14.9). Ils ont aussi accompli des guérisons, des signes et des prodiges (14.3, 9-10), implanté des églises et nommé des anciens pour conduire les églises (14.23). Deux déclarations de type résumé caractérisent leur première tournée missionnaire :

- « Et la parole du Seigneur se répandait dans tout le pays tout entier » (13.49).
- « Les disciples, quant à eux, étaient remplis de joie et d'Esprit Saint » (13.52).

La deuxième déclaration indique que les deux missionnaires ne se préoccupaient pas seulement de conduire les gens au Christ, mais aussi à une vie remplie de l'Esprit.

Comme nous l'avons mentionné plus haut, la même puissance et présence de l'Esprit qui a caractérisé la première tournée missionnaire de Paul a caractérisé tout son ministère. Stronstad note comment chacun des trois voyages missionnaires de Paul a commencé par une action de l'Esprit[12] (ce que l'on pourrait appeler un « événement *pneumatique* ») :

- Sa première tournée commença par un mouvement prophétique de l'Esprit dans la ville d'Antioche (13.1-4).
- Sa deuxième tournée commença par une série de révélations, y compris une vision, qui guida Paul et son équipe missionnaire vers l'Europe occidentale (16.6-10).
- Sa troisième tournée commença par une effusion de l'Esprit sur douze disciples dans la ville d'Éphèse (Actes 19.1-7).

Stronstad commente que : « La fonction programmatique de ces références au Saint-Esprit au début de chaque tournée missionnaire est la manière de Luc de démontrer que Paul, du début à la fin, fait l'œuvre d'un apôtre et prophète charismatique. »[13]

Selon Stronstad, ces trois événements de *pneuma* servent en outre de « récits programmés » pour les voyages missionnaires qui les suivent. Tout comme chaque tournée commence par une démonstration de la présence ou de la puissance de l'Esprit, on s'attend à ce que les événements subséquents de cette tournée se déroulent également avec la puissance de l'Esprit. Stronstad fait remarquer comment ce modèle narratif fait partie d'un modèle plus large développé par Luc dans tout Luc-Actes. Par exemple, le ministère de Jésus a commencé par un récit programmatique dans lequel Luc raconte l'expérience de l'Esprit de Jésus (Luc 3.22 ; 4.1, 14, 18). De la même manière, le ministère des disciples a commencé par un récit programmatique décrivant leur expérience avec le Saint-Esprit (Actes 1.5, 8 ; 2.4, 33). Comme dans le cas de Paul, ces événements programmatiques *pneuma* au début des ministères de

---

12 Ibid., 92-93.
13 Ibid., 93.

Jésus et de ses disciples démontrent que tous leurs ministères seraient caractérisés par la présence et la puissance du Saint-Esprit.

Comme dans les cinq effusions qui l'ont précédée, l'« effusion » à Antioche fut suivie d'un témoignage rempli de l'Esprit. C'est encore un autre exemple de la façon dont, tout au long des Actes des Apôtres, Luc met constamment l'accent sur son *motif de revêtement de puissance en vue du témoignage* qui est introduit dans 1.8. Ce fait corrobore l'affirmation selon laquelle Luc a écrit les Actes avec, pour intention primaire d'appeler l'Église de son temps—et l'Église de tous les temps—à revenir à ses racines pentecôtistes et missionnaires. Sous forme narrative, Luc dit : « C'est ainsi que l'Église doit paraître et agir jusqu'au retour de Jésus. »

Et alors ?

L'église d'Antioche était, en effet, une église spéciale. Parmi les nombreuses églises implantées en Judée, Samarie, Galilée, Phénicie, Chypre, Cyrène, Syrie, et ailleurs, c'est celle qui a brillé le plus. Elle devint la congrégation que Dieu utilisa pour introduire l'église dans des missions intentionnelles jusqu'aux « extrémités de la terre ». Qu'est-ce qui a rendu cette église si spéciale, et quelles sont les deux leçons importantes que nous pouvons en tirer pour nos églises aujourd'hui ?

L'importance du contexte

Nous apprenons de l'église d'Antioche l'importance du contexte dans la création d'une église vraiment missionnaire. Luc commence sa description de l'église d'Antioche en disant : « Maintenant, il y avait à Antioche, dans l'église qui était là, des prophètes et des docteurs... » Il semble dire que dans l'église, il y avait une libre circulation de l'Esprit et de la vérité. Bien que les prophètes et les enseignants traitent tous deux conjointement, le prophète est plus étroitement associé à la transmission de l'Esprit, tandis que l'enseignant est plus étroitement associé à la transmission de la vérité.

Les deux ministères sont nécessaires dans toute église—locale ou nationale—désirant être utilisés de manière significative dans l'accomplissement de la *missio Dei.* Remarquez aussi comment l'église d'Antioche s'est donnée au « ministère du Seigneur », à la prière et au jeûne. C'est dans cette atmosphère chargée de l'esprit que les docteurs enseignaient et que les prophètes prophétisaient.

Le pasteur ou le leader d'une église qui veut entrainer son église dans une participation effective aux missions doit aborder la question du contexte au sein de l'église. Les questions suivantes doivent être posées : Y a-t-il une présence manifeste de l'Esprit dans les services de l'église ? La parole du Seigneur, en particulier les sujets qui traitent de la mission de l'église, est-elle enseignée avec clarté et autorité ? Les prophètes ont-ils la liberté de parler et d'exercer leurs dons ? Clark Pinnock écrit : « C'est une erreur pour les églises de supprimer ce don [de prophétie]. La communauté qui réduit ses prophètes au silence risque de devenir un lieu sans Esprit. »[14]

Si nous travaillons à créer dans nos congrégations un contexte missionnaire—c'est-à-dire, une atmosphère remplie d'enseignement sur la mission de Dieu—et si nous encourageons la libre circulation de l'Esprit dans nos églises, il nous dirigera inévitablement vers la moisson mondiale. Après tout, Il est l'Esprit des missions et le directeur de la moisson. Pinnock parle plus loin de l'importance de la prophétie dans l'église. Après avoir cité 1 Corinthiens 14, il commente à propos de l'église d'Antioche :

> L'image que nous présente Paul est celle d'un peuple qui attend Dieu et écoute l'Esprit. Le potentiel peut être entrevu dans le fait que les missions mondiales ont commencé par le biais de la prophétie. L'église d'Antioche jeûnait, priait et écoutait ses prophètes lorsque l'appel est venu pour

---

14 Pinnock, 134.

> mandater Paul et Barnabas comme missionnaires (Actes 13.1-4).[15]

Un contexte approprié est essentiel pour créer un peuple missionnaire, un peuple dont l'esprit et le cœur sont concentrés sur la moisson aussi bien au pays qu'à l'étranger.

LA SENSIBILITE A L'ESPRIT

Nous apprenons aussi de l'église d'Antioche la nécessité d'être sensible à la voix de l'Esprit. Les missions sont, avant tout, une œuvre du Saint-Esprit. En dernière analyse, c'est lui qui établit la stratégie, l'appel et l'envoi des missionnaires sur le terrain. Stott a écrit :

> Il n'y a aucune preuve que Barnabas et Saul se soient « portés volontaires » pour le service missionnaire ; ils ont été « envoyés » par l'Esprit à travers l'église. Encore aujourd'hui, il est de la responsabilité de chaque église locale (surtout de ses dirigeants) d'être sensible au Saint-Esprit, afin de découvrir à qui il a fait des dons et adressé un appel.[16]

Pour avoir une église vraiment missionnaire, nous devons rester toujours ouverts à la voix de l'Esprit, qu'il parle par un prophète ou par une incitation intérieure. Et, quand l'Esprit parle, nous devons être prompts à obéir.

D'AUTRES ACTES OINTS PAR L'ESPRIT PENDANT LES VOYAGES MISSIONNAIRES DE PAUL

Avant de terminer ce chapitre, examinons brièvement un autre ministère missionnaire important, oint par l'Esprit, qui s'est

---

15 Ibid.
16 Stott, 218.

produit pendant le deuxième et troisième voyages missionnaires de Paul.

LE CONCILE DE JERUSALEM (15.1-29)

Peu après leur premier voyage, Paul et Barnabas furent appelés à participer à un concile dans l'église de Jérusalem. C'est à ce concile que l'église décida officiellement de ne pas exiger des païens qu'ils deviennent des prosélytes juifs et qu'ils se fassent circoncire, avant qu'ils ne soient acceptés dans l'église comme membres à part entière. Comme il s'agissait d'un événement très important dans l'histoire missionnaire de l'Église, Luc l'inclut dans son récit. La décision de l'église aller déterminer si l'église serait une simple sous-section de l'église mère juive ou la force mondiale que le Christ avait voulue. Nous pouvons être éternellement reconnaissants de la décision prise par le concile à ce sujet.

Le rôle central joué par le Saint-Esprit est largement présent dans ce récit. Pierre a fait appel à l'effusion de l'Esprit à Césarée comme preuve que les païens doivent être inclus dans l'Église sans circoncision (15.7-11). Paul et Barnabas racontent comment l'Esprit de Dieu a œuvré au travers d'eux pour accomplir des signes et des prodiges parmi les païens (15.12). Ce travail a été présenté comme une autre preuve que Dieu avait accepté les païens sans conditions préalables autres que la foi en Christ. La décision finale du Concile est venue comme une « parole de sagesse » donnée par Jacques (15.13-29). Ceci est indiqué par son affirmation que la décision du Concile avait pour origine « le Saint-Esprit et nous » (v. 28). Leur décision était trop importante pour être traitée uniquement par la sagesse humaine. Dieu, dans sa grâce, intervint en leur donnant la sagesse par son Esprit.[17]

D'AUTRES EVENEMENTS *PNEUMA*

D'autres événements *pneuma* significatifs durant le deuxième voyage missionnaire de Paul incluent une occasion où « l'Esprit de Jésus » a dirigé Paul et ses compagnons missionnaires vers l'Europe occidentale par une série de révélations divines, dont la Vision Macédonienne (16.6-10). Le ministère oint par l'Esprit durant ce voyage comprenait aussi la prédication et l'enseignement inspirés, les exorcismes (16.16 ff), les signes et les prodiges (1 Co 2.1-5 ; 2 Co 12.12 ; 2 Co 10.4 ; 1 Th 1.5-6), et visions (18.9-10). Au cours de son troisième voyage, Paul pria pour les hommes pour qu'ils reçoivent le Saint-Esprit (19.9), fit des « miracles extraordinaires » (19.11-12), et fut publiquement reconnu par les esprits des démons (19.13-19). Ces exemples et beaucoup d'autres exemples de son ministère oint par l'Esprit, indiquent que du début à la fin, en commençant par sa conversion, son revêtement de puissance et son mandat à Damas (9.15-18), jusqu'à son dernier ministère à Rome (28.25), Paul exerça son ministère par la puissance et l'onction de l'Esprit.

---

17 Comme le souligne John V. York, la « parole » de Jacques n'était pas une impression reçue sans référence à sa connaissance préalable des Écritures. Au contraire, l'Esprit, par le charisme, a donné à Jacques la capacité surnaturelle d'interpréter correctement la signification d'Amos 9.11-12. Il souligne : « Il est particulièrement significatif que le Concile de Jérusalem n'ait pas réglé un différend doctrinal sur la base d'un témoignage, ni même sur le témoignage uni de Pierre et Paul. Au contraire, Jacques a fait appel à Amos 9.11-12 pour le régler, pas comme un texte de preuve mais comme un texte représentatif d'un grand nombre de textes pertinents de l'Ancien Testament » (*Missions in the Age of the Spirit,* 58).

Conclusion

Dans l'effusion à Antioche, comme dans les cinq effusions de l'Esprit qui l'ont précédée, Luc développe et fait progresser son intention missio-pneumatique, objectif de son livre des Actes. Une fois de plus, l'effusion de l'Esprit sur l'église a eu pour résultat un ministère charismatique, revêtu par la puissance de l'Esprit. Dans le chapitre suivant, nous examinerons la septième et dernière effusion de l'Esprit dans les Actes. Nous l'appelons l'effusion à Éphèse. Comme auparavant, nous verrons comment une effusion de l'Esprit a donné lieu à un puissant témoignage missionnaire. Par la suite, nous verrons comment le revêtement pneumatique a joué un rôle central dans la stratégie missionnaire de Paul, et comment elle devrait jouer un rôle central dans nos stratégies missionnaires aujourd'hui.

- TROISIÈME PARTIE -

LA PERSPECTIVE DE PAUL SUR LE REVÊTEMENT DE PUISSANCE POUR LA MISSION

- CHAPITRE 10 -

L'EFFUSION À ÉPHÈSE

|ATTEINDRE L'ASIE MINEURE : UNE ETUDE DE CAS STRATEGIQUE|

LA CLÉ

ACTES 1.8

Mais vous recevrez une puissance, celle du Saint-Esprit survenant sur vous, et vous serez Mes témoins... et jusqu'aux extrémités de la terre.

L'EFFUSION À ÉPHÈSE

ACTES 19.1-7

Pendant qu'Apollos était à Corinthe, Paul, après avoir traversé les hauteurs du territoire, se rendit à Éphèse. Il rencontra quelques disciples. Il leur dit : Avez-vous reçu le Saint-Esprit lorsque vous avez cru ? Ils lui répondirent : Nous n'avons même pas entendu dire qu'il y ait un Esprit Saint Il dit : Quel baptême avez-vous donc reçu ? Ils répondirent : Le baptême de Jean. Ils répondirent : Le baptême de Jean. Alors Paul dit : Jean a baptisé du baptême de repentance ; il disait au peuple de croire en celui qui venait après lui, c'est-à-dire en Jésus. Sur ces paroles, ils furent baptisés au nom du Seigneur Jésus. Paul leur imposa les mains, et le Saint-Esprit vint sur eux ; ils se mirent à parler en langues et à prophétiser. Tous ces hommes étaient au nombre de douze environ.

Le 1er octobre 1999, environ 4 000 chrétiens de plus de cinquante pays se sont réunis à Ephèse (Selcuk), en Turquie, pour un événement missionnaire international intitulé « Célébration d'Éphèse ». Cet événement a été conçu et dirigé par C. Peter Wagner, auteur de *La troisième vague du Saint-Esprit* et président de Global Harvest Ministries. Selon Wagner, le but de la célébration et des tournées de prière qui l'ont précédée était de « faire un pas de plus pour repousser les mêmes forces des ténèbres qui, comme au temps de Paul, empêchaient des millions de personnes d'entendre l'Évangile et d'être sauvées ».[1]

Les intercesseurs et les adorateurs réunis pour l'événement qui s'est tenu dans l'amphithéâtre d'Éphèse étaient déterminés à briser le pouvoir d'une forteresse démoniaque majeure. Dans Actes 19, Luc décrit Éphèse comme le centre du culte de la déesse romaine Diane (également connue par les Grecs sous le nom d'Artémis). Selon Wagner, Diane des Éphésiens est la même entité démoniaque que la « reine du ciel » mentionnée dans Jérémie chapitres 7 et 44.[2] Elle est, d'après sa compréhension, « une puissance démoniaque de très haut rang... responsable d'envoyer plus de gens en enfer que toute autre idole ». Wagner a déclaré : « Une récente cartographie spirituelle a révélé que l'une des principales forteresses de la Reine du

---

1 Dixon, Thomas. "'Celebration Ephesus' in Historic Turkish Ruins Celebrates Major Spiritual Breakthrough," site web de *Charisma NOW*, disponible à <http://www.charismanow.com/a.php? Article ID= 2185> (September 8, 2004).

2 Vous pouvez en savoir plus sur les points de vue de Wagner dans son livre *Confronting the Queen of Heaven* (Colorado Springs, CO : Wagner Publications, 1999).

Ciel, sinon la principale, se trouve dans l'ancienne Éphèse, en Turquie. »[3]

La célébration était un culte, une louange et un service de prière d'une durée de quatre heures. Il s'agissait, selon un rapport, d'une équipe de plus de cent « adorateurs visuels avec des danses et des bannières » et « d'un groupe de leaders chrétiens internationaux » qui faisaient des prières.[4] Dans une annonce par courrier électronique avant l'événement, un associé de Wagner a écrit : « Chuck Pierce, Ted Haggard et le Dr Wagner conduiront les '24 vieillards et les 4 êtres vivants' dans les prières et lectures bibliques » et « Larry Brown conduira 120 joueurs de shofar en faisant retentir les trompettes ».[5] Une participante raconte comment, sur le chemin de l'événement, son bus rempli de pèlerins « a visité les sept villes de l'Apocalypse, priant et plaçant des morceaux de papier avec les Écritures dans les fissures des statues d'idoles sur le chemin ». Un autre a dit : « La Turquie est sur le point d'exploser sous l'action du Saint-Esprit. »

La Célébration d'Éphèse a été un effort de quelques uns pour mettre en œuvre une stratégie missionnaire basée sur une compréhension particulière de l'Écriture. Cette stratégie de missions comprend, entre autres, la cartographie spirituelle, le combat spirituel stratégique dans la prière et la prière sur le site. C'est l'une des nombreuses stratégies promues aujourd'hui dans les cercles missionnaires. En fait, dans tous les domaines, la stratégie fait l'objet de nombreuses discussions dans les missions. Et à juste titre, car la tâche des missions, qu'elles soient menées au niveau mondial ou local, exige une stratégie efficace, accompagnée de prière, si nous

---

3 Stan Guthrie, citant une annonce envoyée par courrier électronique avant la Célébration d'Éphèse dans *Missions in the Third Millennium : 21 Key Trends for the 21st Century* (Waynesboro, GA : Paternoster Press, 2000), 77.

4 *Joel News* Website, 5 October 1999, available <http:// www.joelnews.org/news-en/jn294.htm#eph1> (September 8, 2004).

5 Ibid.

voulons que nos ressources limitées soient utilisées au maximum de leur efficacité.

Le présent chapitre examinera la stratégie missionnaire de l'apôtre Paul. C'était une stratégie visant à atteindre une grande ville (Éphèse) et une région entière (Asie Mineure, maintenant Turquie occidentale) avec le message de l'Évangile. Il convient de noter qu'il s'agit de la même ville et de la même région ciblées par Wagner et ses associés dans leur campagne de la Célébration d'Ephèse. Comme nous le découvrirons, cependant, la stratégie de Paul était très différente de celle de Global Harvest Ministries, et beaucoup plus efficace.

Dans le récit d'Éphèse (Actes 19.1-20), Luc présente l'exemple le plus clair et le plus complet de la stratégie utilisée par Paul dans son travail missionnaire. Bien que le contexte littéraire de ce passage soit évidemment celui de Luc, la méthodologie est clairement de Paul. En tant qu'historien d'inspiration divine, Luc rapporte avec précision les activités missionnaires de Paul à Éphèse. En tant que théologien et missiologiste, il décrit, sous forme narrative, la stratégie missionnaire de Paul et, je crois, la sienne. Comme nous le découvrirons plus loin, cette stratégie comporte trois éléments clés, dont le premier est le revêtement de puissance pneumatique du missionnaire et de l'église qu'il cherche à implanter. Voyons maintenant comment cette stratégie a été appliquée à l'implantation de l'église à Ephèse et dans toute la province romaine d'Asie Mineure.

L'EFFUSION À ÉPHÈSE

Le ministère de Paul à Éphèse occupe une place particulière dans le plan de Luc pour la rédaction des Actes. Il représente le dernier récit du livre sur le ministère évangélique de Paul, et le seul compte rendu détaillé des efforts d'implantation d'églises durant sa troisième tournée missionnaire. Robert Menzies qualifie le travail de Paul à Éphèse comme « le principal accomplissement de [sa] carrière missionnaire ».[6] Robert Tannehill y fait référence comme « l'apogée de l'œuvre missionnaire de Paul ».[7] Commentant le ministère de Paul à Éphèse, il dit : « Éphèse n'est pas seulement un arrêt de plus dans une série. C'est le dernier lieu majeur de la nouvelle œuvre missionnaire de Paul ; en effet, c'est le seul centre de mission noté dans la dernière étape de l'œuvre de Paul... »[8] Selon Tannehill, ce fait est confirmé dans le discours de Paul aux anciens d'Éphèse (20.18-35), qui, dit-il, « suggère que cette description du travail de Paul à Éphèse se veut aussi être un modèle durable pour l'Église après son départ ».[9]

Dans ce « modèle durable pour l'église », Luc, sous forme narrative, résume et applique les concepts qu'il a introduits lors des six effusions précédentes. L'effusion à Éphèse et les événements qui l'accompagnent résument succinctement la stratégie missionnaire de Paul, une stratégie qu'il a employée avec succès dans tout l'empire romain. Dans ce chapitre, nous tenterons d'identifier et d'analyser cette stratégie. C'est une stratégie que nous appelons la « Stratégie de l'Esprit ».

Que s'est-il passé ?

Comme pour ses deux premiers voyages missionnaires, le troisième voyage de Paul commença à Antioche, en Syrie (18.22-23). Il a commencé par une visite pastorale dans les églises du sud de la Galatie et de la Phrygie (v. 23). Paul partit ensuite vers l'ouest à travers les régions montagneuses de Phrygie jusqu'à son arrivée à Éphèse, la capitale de la province romaine d'Asie. Arrivé à Ephèse, il trouva une congrégation locale de croyants, déjà existante—bien qu'il semble que ce soit un petit groupe inactif. Nous ne savons pas

---

6 Robert P. Menzies, *Empowered for Witness: The Spirit in Luke-Acts* (Sheffield, Eng: Sheffield Academic Press, 2001), 220.

7 Robert C. Tannehill, *The Narrative Unity of Luke-Acts: A Literary Interpretation*, vol. 2, *The Acts of the Apostles* (Philadelphia, PA: Fortress Press, 1994), 236.

8 Ibid., 231.

9 Ibid., 236.

comment cette église a été fondée. Ce que nous savons, cependant, c'est que Paul avait déjà visité Éphèse où il avait enseigné brièvement dans la synagogue locale. Quand il partit, il leur promit qu'il reviendrait vers eux « si Dieu le voulait » (18.19-21). Priscille et Aquilas (18.18-19), et plus tard Apollos (18.24-27), ont également servi les « frères » à Éphèse avant l'arrivée de Paul.

Paul arriva à Éphèse avec un plan bien précis en tête. Son but était d'implanter l'église, non seulement à Éphèse, mais dans toute l'Asie Mineure. Nous le savons d'après le verset 10, qui dit qu'au bout de deux ans seulement « tous ceux qui vivaient en Asie, avaient entendu la parole du Seigneur, Juifs et Grecs ». Cette étonnante réalisation a été le point culminant d'une application délibérée et soutenue de la stratégie missionnaire de Paul.

Peu de temps après son arrivée dans la ville, Paul rencontra douze hommes auxquels Luc se réfère comme « disciples ». Ils étaient probablement membres de l'église d'Éphèse en butte à l'opposition, et peut-être les mêmes individus, appelés « les frères » dont il est question dans 18.27. Nous pouvons supposer qu'ils étaient des disciples du Christ puisque, sans exception, quand Luc utilise le mot disciple sans adjectif qualificatif, il veut toujours dire un disciple du Christ.[10]

Paul a immédiatement posé à ces hommes une question qui suscite la réflexion : « Avez-vous reçu le Saint-Esprit lorsque vous avez cru ? » Cette formulation particulière de la question de Paul se trouve dans la plupart des versions anglaises modernes de la Bible. Il s'agit d'une restitution fidèle du texte grec. Il ne s'agit toutefois que d'une des deux traductions possibles. Une autre interprétation acceptable est celle employée par la version Louis Segond : « Avez-

---

10 Réf., Luc 9.16, 18 ; 9.54 ; 10.23 ; 16.1 ; 17.22 ; 18.15 ; 19.29, 37 ; 20.45 ; 22.39, 45 ; Actes 6.1, 2, 7 ; 9.10, 19.26, 38 ; 11.26, 29 ; 13.52 ; 14.20, 22, 28 ; 15.10 ; 16.1 ; 18.23, 27 ; 19.1, 9, 30 ; 20.1, 30 ; 21.4, 16. Pour une discussion complète sur la question de savoir si les douze Éphésiens étaient disciples du Christ ou de Jean-Baptiste, voir Anthony D. Palma, *The Holy Spirit : A Pentecostal Perspective* (Springfield, MO : Gospel Publishing House, 2001), 125-130.

vous reçu le Saint-Esprit depuis que vous avez cru ? » Bien que sa diction soit datée, la traduction LSG est une traduction exacte et acceptable du texte grec. Certains théologiens grecs soutiennent que c'est la plus plausible des deux.[11] La manière dont le texte est traduit peut être influencée par les présupposés théologiques des traducteurs. Quoi qu'il en soit, quelle que soit la formulation de la question, cela présuppose que le Saint-Esprit, dans le sens de revêtement de puissance pour la mission, selon Luc, n'est évidemment pas reçu à la conversion.

Le caractère immédiat et soudain de la question principale de Paul démontre l'importance qu'il accordait à ce sujet. Il était venu à Éphèse avec un plan directeur pour atteindre la province romaine avec l'Évangile. Sa première tâche était de s'assurer que les croyants d'Éphèse étaient revêtus de la puissance de l'Esprit, tout comme les croyants de Jérusalem le jour de la Pentecôte. Les paroles de Jésus à ses disciples avant le jour de la Pentecôte (« Restez dans la ville jusqu'à ce que vous soyez revêtus de la puissance d'en haut. ») auraient pu être dans l'esprit de Paul quand il interrogea les douze. Paul ne s'interrogeait pas sur leur foi salvatrice en Christ, mais sur leur réception de l'Esprit comme une expérience de revêtement de puissance après leur conversion. Shelton est d'accord : « Paul a d'abord soulevé la question du Saint-Esprit, parce que son souci premier était le revêtement de puissance. »[12] La réponse de ces hommes révéla à Paul qu'ils manquaient à la fois, de compréhension concernant le don de la Pentecôte mais aussi de l'expérience du revêtement de puissance par l'Esprit de Dieu. Paul décida immédiatement de remédier à cette situation inacceptable. Il

---

11 Palma, 125-130; Stanley M. Horton, *The Book of Acts: The Wind of the Spirit* (Springfield, MO: Gospel Publishing House, 1996), 221; French L. Arrington, *The Acts of the Apostles: An Introduction and Commentary* (Peabody, MA: Hendrickson Publishers, 1988), 191-192.

12 James B. Shelton, *Mighty in Word and Deed: The Role of the Holy Spirit in Luke-Acts* (Peabody, MA: Hendrickson Publishers, 1991), 134.

rebaptisa les douze au nom du Seigneur Jésus.[13]Puis, il leur imposa les mains et « le Saint-Esprit vint sur eux, et ils commencèrent à parler en langues et à prophétiser » (v. 6). Selon Arrington :

> Tout comme l'effusion de l'Esprit à Jérusalem et à Samarie, la Pentecôte à Éphèse a marqué non pas une expérience de conversion mais un revêtement de puissance de l'Esprit pour répandre l'Évangile. Tout le contexte des Actes l'enseigne, et plutôt qu'initiatique ou sotériologique, le contexte immédiat de la Pentecôte à Éphèse est clairement charismatique : « Paul leur imposa les mains, le Saint-Esprit vint sur eux, et ils parlèrent en langues et prophétisèrent... »[14]

L'utilisation par Luc de l'expression « le Saint-Esprit *est venu sur* eux » pour décrire la réception de l'Esprit par les Éphésiens nous aide à comprendre comment il veut que ses lecteurs perçoivent leur expérience. Il emploie les mêmes paroles que Jésus dans 1.8 : « Vous recevrez la puissance quand le Saint-Esprit sera *venu sur* vous. » L'implication est claire : le but de la venue du Saint-Esprit sur les disciples d'Éphèse était le revêtement de puissance en vue du témoignage comme Jésus l'avait promis.

De plus, le fait que Paul ait imposé ses mains à ces hommes pour qu'ils soient remplis de l'Esprit n'est pas sans signification. Comme nous l'avons vu aux chapitres 6 et 7, l'imposition des mains dans le livre des Actes des Apôtres est souvent effectuée comme un acte de mandat pour le service. Ici, comme à Samarie et à Damas, le but semble être double : le premier était de faciliter la réception de

---

13 Il est difficile de déterminer pourquoi Paul a rebaptisé ces hommes alors que Priscille et Aquilas n'ont pas rebaptisé Apollos, qui semble avoir été dans la même situation spirituelle. Arrington tente de résoudre ce dilemme en citant 18.25 où Apollos est dit « fervent en e(E)sprit ». Selon Arrington, cette phrase indique qu'Apollos avait été « extraordinairement doté de l'Esprit ». Il raisonne : puisqu'il avait été rempli de l'Esprit, et que les Ephésiens ne l'avaient pas été, Priscille et Aquilas n'avaient pas besoin d'un nouveau baptême comme Paul. Dans Arrington, *The Acts of the Apostles*, 188-189, y compris les notes de bas de page.

14 Ibid., 193.

l'Esprit par le chercheur ; le second était de mettre en œuvre leur mandat pour le service missionnaire. « L'association du don avec l'imposition des mains suggère que, selon Luc, le don prophétique a permis aux Éphésiens de participer efficacement à la mission de l'Église », dit Menzies.[15] Commentant l'effusion à Éphèse, il dit que « par leur rencontre avec Paul, ils sont devenus ses collaborateurs dans la mission de l'église ».[16]

Une fois les douze revêtus de l'Esprit, Paul a immédiatement mis en œuvre la deuxième composante de sa stratégie missionnaire—le témoignage : « Et il entra dans la synagogue [probablement avec les douze disciples nouvellement baptisés du Saint-Esprit][17] et il parla ouvertement ; pendant trois mois il s'entretenait avec eux et les persuadait en ce qui concerne le royaume de Dieu » (19.8). Dans la synagogue, Paul « prêchait sur le royaume de Dieu ». Vous vous souviendrez que nous avons discuté au chapitre 2 du royaume de Dieu comme l'un des cinq thèmes clés missio-pneumatologiques que l'on trouve dans les Actes. Le message central du royaume de Dieu est le message de son Roi, Jésus (cf. 17.7). En disant que Paul parlait du royaume de Dieu, Luc dit, en réalité, qu'il proclamait l'Évangile du Christ. Plus tôt dans les Actes, Luc parlait de Philippe « prêchant la bonne nouvelle du royaume de Dieu *et du nom de Jésus-Christ* » (8.12, emphase ajoutée). Il parlera plus tard de Paul « témoignant du royaume de Dieu *et essayant de les persuader au sujet de Jésus* » (28.23, emphase ajoutée) et de sa « prédication du royaume *et enseignement concernant le Seigneur Jésus-Christ* » (28.31, emphase ajoutée). Arrington note avec perspicacité que le courage de Paul

---

15 Robert P. Menzies, *Empowered for Mission: The Spirit in Luke-Acts* (Sheffield, Eng: Sheffield Academic Press, 2001), 224.

16 Ibid., 221.

17 Les douze disciples qui étaient avec lui sont indiqués par l'affirmation dans le verset suivant qu'en quittant la synagogue, il « prit » les disciples avec lui.

dans la proclamation du royaume est « une indication caractéristique qu'il est inspiré par l'Esprit (9.27) ».[18]

En quittant la synagogue, Paul initie le troisième élément clé de sa stratégie missionnaire : la mobilisation. Il y parvient en créant une institution de formation et en envoyant des ouvriers sur le terrain. Les versets 9 et 10 disent que Paul « se sépara d'eux, prit les disciples à part et eut des entretiens chaque jour dans l'école de Tyrannus. Cela dura deux ans, de sorte que tous ceux qui habitaient l'Asie, Juifs et Grecs, entendirent la parole du Seigneur ». Nous discuterons plus en détail de ce pilier de la stratégie de Paul plus loin dans ce chapitre.

Quel fut le résultat ?

La réception de l'Esprit par les disciples d'Éphèse a eu des résultats à la fois immédiats et à long terme, comme suit :

RESULTATS IMMEDIATS

Le résultat immédiat de la descente de l'Esprit sur les douze disciples fut un témoignage oint par l'Esprit, car « ils commencèrent à parler en langues et à prophétiser » (v. 6). Ce résultat correspond presque exactement à ce qui s'est passé à la Pentecôte et à Césarée. Dans les trois cas, ceux qui étaient remplis de l'Esprit parlaient en langues, et ils rendaient dans les trois cas un témoignage prophétique de l'Évangile. Le jour de la Pentecôte, les 120 furent remplis de l'Esprit et parlèrent en langues. Pierre se tint alors debout et, sous la même inspiration de I'Esprit, annonça avec puissance l'Évangile du Christ. La même chose se produisit ici à Éphèse, lorsque les douze disciples parlèrent en langues et prophétisèrent. Leur prophétie ne doit pas être interprétée comme une activité introvertie ou

---

18 French L. Arrington, "Acts of the Apostles" in *The Full Life Bible Commentary to the New Testament,* eds. French L. Arrington and Roger Stronstad (Grand Rapids, MI: Zondervan Publishing House, 1999), 638.

narcissique où ils se sont simplement bénis entre eux et bénis eux-mêmes. Il est inconcevable, dans le contexte de l'intention missio-pneumatologique de Luc dans son livre des Actes, qu'ils se soient tournés l'un vers l'autre et aient prononcé des « prophéties personnelles ». Cet incident doit plutôt être compris à la lumière de la clé d'interprétation de Luc pour l'ensemble du livre, Actes 1.8 : « Vous recevrez une puissance, le Saint Esprit survenant sur vous, et vous serez mes témoins... » Citant G. W. H. Lampe, Bruce note :

> ...la venue de Paul à Éphèse marque « un autre moment décisif dans l'histoire missionnaire ». Éphèse devait être un nouveau centre pour la mission auprès des païens—le second en importance après Antioche... C'est donc par cette procédure exceptionnelle qu'ils ont été intégrés dans le programme missionnaire de l'Église.[19]

Le témoignage de Paul à Éphèse comprenait non seulement une proclamation, mais aussi une démonstration de la puissance du royaume par des signes, des prodiges et des affrontements de puissances (vv. 11-19). Dans la compréhension de Luc, de telles démonstrations de la puissance de Dieu sont le résultat du fait d'être revêtu de la puissance de l'Esprit, et servent comme partie intégrante du témoignage de l'Évangile. Ils démontrent la puissance et la proximité du royaume (Luc 9.2, 11 ; 10.9 ; 11.20) et l'amour et la compassion du Christ (Luc 7.13).

RESULTATS A LONG TERME

Il y eut aussi quelques résultats à plus long terme de l'effusion de l'Esprit sur l'église d'Éphèse. Combiné avec les deux autres piliers de la stratégie missionnaire de Paul—le témoignage et la mobilisation—l'effusion de l'Esprit à Éphèse a finalement conduit à

---

19 G. W. H. Lampe, *The Seal of the Spirit* (London, Eng: Longmans, Green, 1951), 76; cité dans F. F. Bruce, *The Book of the Acts,* rev. ed. (Grand Rapids, MI: William B. Eerdmans Publishing Co., 1988), 365.

ce que « tous ceux qui vivaient en Asie [entendirent] la parole du Seigneur, Juifs et Grecs » (v. 10). C'était un exploit étonnant, surtout si l'on considère le fait que ces croyants du premier siècle n'avaient aucune des technologies modernes de communication que nous avons aujourd'hui. Même la presse à imprimer ne devait pas être inventée avant mille quatre cents ans ! Luc souligne de nouveau son *motif de revêtement de puissance en vue du témoignage* en concluant la série épisodique par une déclaration sommaire : « C'est ainsi que, par la force du Seigneur, la parole se répandit efficacement » (v. 20).

Les conséquences de l'effusion à Éphèse sont allées bien au-delà de la simple proclamation. Les sept églises mentionnées dans Apocalypse 2 et 3 étaient probablement des églises indigènes implantées à cette époque. Bruce écrit : « La province a été intensément évangélisée et est restée l'un des principaux centres du christianisme pendant de nombreux siècles. »[20] Dans l'épître de Paul aux Colossiens, nous découvrons qu'un des collègues de Paul à Éphèse, un homme du nom d'Épaphras, a participé à l'implantation d'églises à Colosse, Laodicée et Heirapolis (1.7-8 ; 2.1-4 ; 4.12-13).[21] Nous pouvons nous demander s'il n'était l'un des douze premiers disciples d'Éphèse.

La stratégie missionnaire de Paul

Regardons maintenant de plus près la « Stratégie de l'Esprit » missionnaire que Paul a employée pour atteindre l'Asie avec l'Évangile du Christ. Ce faisant, nous tenterons aussi de créer un modèle stratégique pour la pratique missionnaire d'aujourd'hui. Dans l'épisode d'Éphèse, nous avons observé trois « piliers » clés dans la stratégie de Paul pour atteindre Éphèse et l'Asie Mineure. Examinons maintenant chacun d'eux plus en détail.

---

20 Ibid., 366.
21 Ibid.

PREMIER PILIER : REVETEMENT DE PUISSANCE

Le premier pilier de la « Stratégie de l'Esprit » de Paul est le revêtement de puissance. Ce revêtement de puissance doit commencer par le missionnaire interculturel lui-même. Paul arriva ainsi à Éphèse rempli de l'esprit. Ce fait est mis en évidence par la nature de son ministère là-bas : il prêchait avec audace (cf. 4.21), priait pour que les disciples reçoivent le Saint-Esprit (19.6), et faisait des « miracles extraordinaires » (v. 11). Paul, cependant, ne se contentait pas, d'être seul à être rempli de l'Esprit ; son souci en arrivant à Éphèse, était de s'assurer que l'église dans cette ville, soit aussi remplie de l'Esprit. Il fut donc poussé à demander aux douze disciples : « Avez-vous reçu l'Esprit Saint quand vous avez cru ? » (v. 2). Cette même préoccupation a manifestement persisté tout au long du séjour de Paul à Éphèse. Il a dû continuer à œuvrer afin que ceux qui, sans cesse, entraient dans la communauté de foi, soient aussi revêtus de la puissance de l'Esprit. Il est fort probable aussi, que Paul ait inculqué à ses disciples cette même passion de voir leurs convertis remplis de l'Esprit.

Nous observons donc deux aspects essentiels du premier pilier de la stratégie missionnaire de Paul : (1) le revêtement de puissance du missionnaire interculturel, et (2) le revêtement de puissance, tout aussi important des ouvriers, dans l'église en cours d'implantation (voir fig. 10.1). Ce double revêtement de puissance a ainsi posé les fondements spirituels de l'église d'Éphèse pour qu'elle devienne un centre d'activité missionnaire pour atteindre le reste de la province.

« LES DONS CLASSES PAR CATEGORIE DE L'ESPRIT »
DU NOUVEAU TESTAMENT - ACTES 19.1-20
(FIGURE 10.1)

Revêtement de puissance…	⮳ **du missionnaire** ⮱ **de l'église**
Témoignage…	⮳ **Proclamation** ⮱ **Démonstration**
Mobilisation…	⮳ **Formation** ⮱ **L'envoi**

Même aujourd'hui, la première composante de toute stratégie missionnaire efficace doit être le revêtement de puissance spirituelle du missionnaire et de l'église à implanter. L'église doit devenir un centre d'activités missionnaires animées par l'Esprit. Elle doit avoir en elle la vitalité spirituelle dynamique et une vision missionnaire claire pour avoir un impact évangélique sur ses environs. Roland Allen a judicieusement observé qu'« il n'y a pas de vertu particulière à attaquer un centre ou à établir une église dans un lieu important à moins que l'église établie dans ce lieu important soit une église possédant suffisamment de vie pour être une source de lumière pour tout le pays ».[22]

DEUXIEME PILIER : TÉMOIGNAGE

Le deuxième pilier de la stratégie missionnaire de Paul était le témoignage. Paul a rendu témoignage de l'Évangile par une prédication puissante du royaume de Dieu. Cette prédication commença dans la synagogue d'Éphèse. Luc nous dit que Paul « entra dans la synagogue, où il parla ouvertement ; pendant trois mois, s'entretenant avec eux et les persuadant en ce qui concerne le royaume de Dieu » (v. 8). Son ministère rappelle le ministère de Jésus et celui des apôtres à Jérusalem, qui enseignaient et prêchaient chaque jour dans le temple (Luc 19.47 ; Actes 5.42). L'enseignement de Paul concernant le royaume de Dieu nous rappelle aussi le ministère post-résurrection de Jésus qui, pendant quarante jours, a parlé « des choses concernant le royaume de Dieu » (Actes 1.3). Comme nous l'avons vu au chapitre 2, deux des principaux thèmes de Jésus à propos du royaume, à cette époque, étaient la mission mondiale de l'Église (Mt 28.18-20 ; Marc 16.15-16 ; Luc 24.46-48 ; Jean 20.21 ; Actes 1.8) et la nécessité du revêtement de puissance de l'Esprit pour accomplir cette mission (Mt 28.20 ; Marc 16.17-18 ; Luc 24.49 ; Jean 20.22 ; Actes 1.8). Paul a aussi certainement dû mettre l'accent sur ces thèmes du royaume dans son ministère d'enseignement à Éphèse.

À Éphèse, Paul enseignait aussi « publiquement et de maison en maison, en proclamant aux Juifs et aux Grecs la repentance envers Dieu et la foi en notre Seigneur Jésus » (20.20-21). Comme nous l'avons déjà mentionné, le témoignage verbal de Paul était accompagné de puissantes démonstrations de la puissance du royaume manifestée par des signes suivants (vv. 11-20). Tout comme le premier, ce deuxième pilier de la stratégie de Paul, inspiré par

---

22 Roland Allen, *Missionary Methods: St. Paul's or Ours* (Grand Rapids, MI: William B. Eerdmans Publishing, Co., 1962), 12.

l'Esprit, comporte deux composantes : (1) la proclamation de l'Évangile et (2) une démonstration de sa puissance par des signes accompagnateurs (fig. 10.1). Il ne fait aucun doute que le témoignage des collègues de Paul, nouvellement remplis de l'Esprit, comprenait les deux mêmes aspects.

TROISIÈME PILIER : MOBILISATION

Le troisième pilier de la « Stratégie de l'Esprit » missionnaire de Paul était la mobilisation. Une fois que l'église avait été revêtue de la puissance de l'Esprit, et tout en continuant à prêcher l'Évangile, Paul commençait à mobiliser l'église pour les missions locales. Cette mobilisation est indiquée au verset 10 : « Cela dura deux ans, de sorte que tous ceux qui habitaient l'Asie, Juifs et Grecs, entendirent la parole du Seigneur. » Paul, sans quitter Éphèse, a atteint toute la province d'Asie avec l'Évangile en seulement deux ans. Cela n'aurait pu être accompli sans mobilisation effective des croyants d'Éphèse. Paul a fait cela de deux façons : d'abord, il a formé des ouvriers et des implanteurs d'églises dans l'école de Tyrannus qu'il avait loué. Il semble y avoir une relation claire de cause à effet entre la formation de leadership de Paul et le fait, qu'en l'espace de seulement deux ans, tous ceux qui vivaient en Asie avaient entendu la parole du Seigneur. Les programmes de formation devaient compoter une forte orientation pratique sur l'implantation d'église et l'évangélisation, et l'atmosphère de l'école devait être saturée de la présence de l'Esprit.

La procédure de formation de Paul semble également avoir inclus le mentorat par la mise en pratique. Comme nous l'avons mentionné plus haut, il y est fait allusion dans les versets 8 et 9 où Paul a inclus les disciples nouvellement baptisés par l'Esprit dans son ministère d'évangélisation. Cette relation de mentorat est en outre mise en évidence par la façon dont il est resté en étroite collaboration avec les disciples d'Éphèse (v. 9 ; 20.1). Il a vraisemblablement formé ses étudiants dans ses méthodes missionnaires. Paul écrivit plus tard à Timothée dans la même ville (Éphèse) pour l'instruire : « Et ce que tu as entendu de moi en présence de beaucoup de témoins, confie-le à des hommes fidèles, qui soient capables de l'enseigner aussi à d'autres » (2 Tm 2.2).

Une fois que les croyants eurent été formés—ou peut-être pendant qu'ils étaient encore en formation—Paul les envoya dans tous les coins de la province pour prêcher l'Évangile et implanter des églises remplies de l'Esprit. Ils ont sans doute employé la même stratégie missionnaire que leur mentor. L'application de cette stratégie a entraîné une multiplication spontanée des églises dans toute la région. Il est également évident que la stratégie de Paul consistait à atteindre des personnes de toutes origines ethniques et culturelles, car Luc dit que l'Évangile a été présenté à « la fois aux Juifs et aux Grecs ».

Une « Stratégie de l'Esprit » du Nouveau Testament

La stratégie de Paul pour Éphèse et l'Asie Mineure faisait partie d'une « Stratégie de l'Esprit » plus large du Nouveau Testament. Cette stratégie ne venait pas de Paul. Il ne faisait que « travailler en conformité avec ce plan ». Ce même triple modèle de témoignage peut être clairement observé dans la stratégie missionnaire du Père pour Jésus, et aussi dans la stratégie missionnaire de Jésus pour l'Église qu'il a fondée. Examinons brièvement chacune de ces stratégies.

LA STRATEGIE MISSIONNAIRE DU PERE POUR JESUS

Le Père céleste a envoyé son fils sur terre avec une stratégie missionnaire bien définie. Jésus viendrait au nom du Père (Luc 13.35 ; 19.38 ; Jean 5.43). Avant de commencer son ministère, cependant, il aurait besoin d'être revêtu de la puissance de l'Esprit (Luc 3.22). Jésus a reçu ce revêtement de puissance pour le ministère lors de son baptême : « ...pendant qu'Il priait, le ciel s'ouvrit, et le Saint-Esprit descendit sur lui sous une forme corporelle, comme une colombe » (Luc 3.21-22). Dans le verset suivant, Luc poursuit :

« Jésus lui-même commença son ministère... » (LSG). Jésus ne commença son ministère qu'après avoir été oint par l'Esprit. Son ministère était ainsi défini par la puissance et la présence du Saint-Esprit (Luc 4.1, 14, 16-19 ; Actes 10.38). Par ailleurs, il prêcha l'Évangile avec « autorité et puissance » (Luc 4.18-19, 36) et accomplit des miracles par la puissance de l'Esprit (Luc 5.17 ; 6.19). Dans le processus, Il a appelé (Luc 6.13-16), revêtu de puissance (Luc 3.15-16 ; Actes 2.33), formé et mobilisé les disciples à faire de même (Jean 20.22 ; Actes 1.8).

LA STRATEGIE MISSIONNAIRE DE JESUS POUR L'EGLISE

En envoyant son Église dans le monde, Jésus a appliqué la même « Stratégie de l'Esprit » missionnaire que le Père avait utilisée pour l'envoyer sur terre, y compris la proclamation, la mobilisation et la puissance. Il *proclama* l'Évangile dans la puissance de l'Esprit avec des signes qui l'accompagnaient (Luc 4.18-19 ; 9.6). Il *mobilisa* ses disciples en les formant et en les envoyant prêcher la bonne nouvelle, et il les *revêtit de puissance* en déversant son Esprit sur eux, les équipant ainsi pour cette tâche (Actes 2.33).

La nuit de sa résurrection, Jésus annonça à ses disciples : « Comme le Père m'a envoyé, je vous envoie aussi » (Jean 20.21). Tout comme il avait été mandaté par le Père et revêtu de la puissance de l'Esprit avant de commencer son œuvre missionnaire, ainsi ses disciples devaient être mandatés et revêtus de puissance avant de commencer la leur. Juste avant de monter au ciel, Jésus promit à ses disciples : « Mais vous recevrez une puissance, celle du Saint-Esprit survenant sur vous, et vous serez mes témoins... » (Actes 1.8). Ils ne devaient pas entreprendre la tâche de l'évangélisation mondiale avant d'avoir reçu « la puissance d'en haut » (Luc 24.49 ; cf. Actes 1.4-5).

Ainsi, quand Paul est venu à Éphèse, il a tout simplement appliqué la stratégie employée d'abord par Dieu le Père pour envoyer son Fils dans le monde, et ensuite utilisée par Jésus pour envoyer son église vers les nations. Il a employé le même plan de revêtement de puissance, de témoignage et de mobilisation.

Dans les trois exemples de travail missionnaire du Nouveau Testament cités plus haut, le revêtement de puissance spirituelle devait avoir lieu avant que le travail ne soit entrepris. Jésus a dû, d'abord, être revêtu de puissance avant de commencer son ministère missionnaire. Il ordonna ensuite à ses disciples d'être revêtus de puissance avant qu'ils ne commencent le leur. Et maintenant Paul, suivant le modèle établi par Jésus, se préoccupe immédiatement du revêtement de puissance des disciples d'Éphèse avant d'entreprendre la mobilisation de l'église pour atteindre Éphèse et l'Asie Mineure avec l'Évangile.

ET ALORS ?

Quelles leçons pouvons-nous tirer de l'effusion à Éphèse ? Comme pour les six autres effusions clés des Actes des Apôtres, l'effusion à Éphèse en a plusieurs pour l'église d'aujourd'hui. Examinons certains de ces enseignements.

MISSIONNAIRES REVÊTUS DE LA PUISSANCE DE L'ESPRIT

Nous apprenons du ministère de Paul à Éphèse que les missionnaires et les autres leaders d'église ne doivent jamais prétendre faire l'œuvre de Dieu par leur propre force ou ingéniosité humaine. Au contraire, comme l'apôtre Paul l'a fait à Éphèse, ils doivent exercer le ministère, avec la puissance et l'onction du Saint-Esprit. Selon le modèle de Luc, cette habilitation divine vient avec la plénitude de l'Esprit de Dieu. Elle demeure, grâce à une marche quotidienne dans l'Esprit.

EGLISES REVETUES DE LA PUISSANCE DE L'ESPRIT

Nous apprenons en outre que toute nouvelle église implantée, si elle veut devenir un centre d'évangélisation missionnaire efficace, doit avoir en elle la vitalité et la dynamique spirituelle nécessaire pour atteindre cet objectif. Par conséquent, comme pour l'apôtre Paul à Éphèse, le premier objectif d'un missionnaire est de veiller à ce que l'église soit revêtue de la puissance du Saint-Esprit. Ce but pourra être atteint en s'assurant que ceux qui sont conduits au Christ soient aussi conduits au baptême de l'Esprit et qu'on leur enseigne comment vivre une vie remplie de l'Esprit. De plus, il faudra former soigneusement les nouveaux convertis à la théologie biblique des missions et à une pratique missionnaire efficace.

UNE STRATEGIE INSPIREE PAR L'ESPRIT

Une autre leçon fondamentale que nous pouvons tirer de l'effusion à Éphèse est l'importance d'employer une stratégie basée sur la Bible et guidée par l'Esprit pour faire le travail missionnaire. À Éphèse, Paul était guidé par une telle stratégie. Il s'agissait d'une stratégie fondée sur des précédents divins, plutôt que sur l'ingéniosité humaine, et sur des objectifs inspirés par l'Esprit plutôt que conçus humainement. Paul visait à disperser les congrégations missionnaires revêtues de la puissance de l'Esprit dans toute l'Asie Mineure. Chacune de ces congrégations aurait en elle la vision et la vigueur spirituelle dont elle avait besoin pour implanter d'autres églises visionnaires revêtues de la puissance de l'Esprit. De cette façon, les églises seraient multipliées dans toute l'Asie Mineure et l'Évangile serait proclamé avec puissance à tous ceux qui y vivaient—tant Juifs que Gentils.

Aujourd'hui, nous devons aller de l'avant avec la même sagesse et la même détermination communiquées par Dieu. Certes, nous devons nous efforcer de « sauver les gens ». Cependant, nous devons comprendre que l'évangélisation, aussi nécessaire soit-elle, n'est pas suffisante en soi. Nous devons implanter des églises missionnaires revêtues de la puissance de l'Esprit—des églises où les nouveaux croyants sont remplis de l'Esprit, formés aux voies du Christ, formés pour faire avancer efficacement le royaume de Dieu, puis mobilisés et envoyés pour faire de même dans des lieux proches et éloignés.

L'INTENTIONNALITÉ DANS LES MISSIONS

En outre, dans tout ce que nous faisons, nous devons agir avec une *intentionnalité* délibérée. Trop d'activités de missions se font sans but précis. On suppose trop de choses. Nous ne pouvons pas supposer que les gens viendront simplement parce que nous ouvrons les portes d'une nouvelle église. Nous ne pouvons pas supposer que les gens naissent de nouveau simplement parce que nous les conduisons dans la « prière des pécheurs ». Nous ne pouvons pas supposer que les croyants sont vraiment revêtus de l'Esprit simplement parce qu'ils démontrent une manifestation physique extérieure. Nous ne pouvons pas tenir pour acquis que l'église que nous implantons sera revêtue de la puissance de l'Esprit simplement parce qu'elle appartient à une communion pentecôtiste ou charismatique d'églises. Nous ne pouvons pas supposer que la nouvelle église implantée aura une vision et un zèle missionnaires, simplement parce qu'elle est implantée par un missionnaire ou un fondateur d'églises ayant de telles qualités. Au contraire, nous devons avoir une idée claire de ce que nous voulons accomplir, et nous devons savoir comment nous allons procéder pour atteindre notre objectif.

Un objectif clair doit marquer chaque décision et chaque mouvement que nous faisons. Nous devons personnellement chercher la face de Dieu avec l'intention d'être remplis (ou remplis à nouveau) de l'Esprit. Nous devons prêcher l'Évangile avec l'intention de voir le perdu se repentir et être vraiment né de nouveau. Nous devons prier avec les croyants avec l'intention qu'ils soient revêtus de l'Esprit de Dieu. Nous devons implanter des églises avec l'intention qu'elles évoluent en églises missionnaires revêtues de la puissance de l'Esprit. Et tout au long du processus, nous devons intentionnellement transmettre notre vision et notre stratégie aux leaders que Dieu suscite dans les églises. Nous devons alors mobiliser l'Église avec l'intention ciblée d'atteindre notre ville, notre pays, notre région et les nations avec l'Évangile. C'est ainsi que Paul a atteint l'ensemble de l'Asie avec l'Évangile en l'espace de deux ans seulement, et c'est ce que nous devons faire aujourd'hui.

LA STRATÉGIE BIBLIQUE

Les stratégies missionnaires que nous employons doivent toujours être basées sur une exégèse biblique solide et un modèle clair du Nouveau Testament. Par exemple, comparez la stratégie de Paul pour atteindre Ephèse et l'Asie Mineure avec la stratégie de Global Harvest Ministries (GHM) dans leur campagne « Celebration Ephesus » mentionnée au début de ce chapitre. Les principales stratégies utilisées par GHM étaient la cartographie spirituelle, le combat stratégique dans la prière, les réunions de prière sur place et la « célébration », y compris le culte, l'agitation de bannières, la danse de louange et la sonnerie du shofar. Mais comment cette stratégie peut-elle se comparer à celle de Paul ?

L'accent mis par GHM sur la prière est certainement à saluer et à recommander. Tout travail missionnaire doit être maintenu et soutenu par la prière. Et nous sommes d'accord qu'il y a certainement des semences de vérité théologique sur lesquelles certaines de leurs méthodologies sont fondées. Il semble, cependant, que Wagner et d'autres ont construit une cathédrale théologique à partir d'une brouette de briques exégétiques, avec une grande partie de leur théologie construite sur des sources extrabibliques, plutôt que bibliques. Ce faisant, ils ont pris quelques passages bibliques ici et là, parfois obscurs, et les ont intégrés dans un système théologique, et finalement dans une stratégie de mission, qui n'a pas de modèle clair dans le Nouveau Testament.[23]

La stratégie de la célébration d'Ephèse pour atteindre Ephèse et la Turquie est une stratégie qui aurait probablement étonné

---

23 Pour un exemple de la méthode de Wagner, voir le chapitre 21, "Invading Diana's Territory," tiré de son livre *The Acts of the Holy Spirit,* pp. 466-483. Voir aussi le chapitre 18, "To Europe with Power,", pp. 385-413.

l'apôtre Paul. C'est une stratégie que ni lui, ni Jésus, ni aucun des autres apôtres et évangélistes du Nouveau Testament, n'ont jamais employée dans l'Écriture. La question va bien au-delà de la justesse ou de l'erreur des méthodologies individuelles employées par GHM. Le véritable problème, c'est le fait qu'ils excluent de leur stratégie et ce, de façon tragique, les méthodologies cruciales (essentielles). Où est la prédication claire et soutenue de la croix dans leur stratégie ? Où sont les missionnaires interculturels qui sont prêts à apprendre la langue, à s'identifier à la culture de leur pays d'accueil et, si besoin est, à donner leur vie pour les gens de cette terre et pour l'Évangile ? À mon avis, il est naïf de penser qu'une série de tournées de prière d'une ou deux semaines qui se terminent par un service de louange et d'adoration de quatre heures—y compris une petite prière de guerre stratégique—va changer l'orientation d'une nation. Où est, dans la stratégie GHM, l'accent mis par Paul sur le revêtement de la présence de l'Esprit. Où sont la formation et la mobilisation des ouvriers et l'implantation systématique d'églises missionnaires revêtues de l'Esprit ? Ces éléments essentiels d'une stratégie de mission efficace n'existent tout simplement pas.

Nous concluons donc que, par rapport à la stratégie missionnaire de Paul, la stratégie de GHM—et d'ailleurs toute stratégie qui exclut les éléments centraux de la « Stratégie de l'Esprit » du Nouveau Testament—est en deçà de ce qui est nécessaire pour faire le travail. De telles stratégies présentent le danger de donner à leurs participants l'illusion qu'ils font le travail des missions alors qu'en réalité, ils sont détournés des véritables tâches missionnaires que sont : prêcher le Christ par la puissance de l'Esprit et établir des églises missionnaires indigènes revêtues de l'Esprit. Les stratégies fiables ne font pas que donner une impression de succès. Elles conduisent à un succès réel et durable. Le succès doit être jugé bien plus que des sentiments subjectifs comme, « Il n'y a aucun doute dans mon esprit que notre but a été atteint. » L'Évangile doit aller de l'avant dans la puissance pentecôtiste. Des églises remplies de l'Esprit doivent être implantées, et ces mêmes églises doivent être mobilisées et envoyées pour atteindre d'autres contrées.

LA PROMESSE S'APPLIQUE ENCORE

Tirons une dernière leçon de l'effusion à Éphèse. Les événements décrits dans Actes 19 se produisirent environ 25 ans après la Pentecôte, et à des centaines de kilomètres de Jérusalem, où l'Esprit fut répandu pour la première fois. Le jour de la Pentecôte, Pierre proclama que la promesse de l'Esprit était pour « tous ceux qui sont loin, tous ceux que le Seigneur notre Dieu appellera à lui » (2.39). Ephèse était l'un de ces endroits « lointains ». Il était loin au moins de trois façons : chronologiquement, géographiquement et culturellement. Éphèse se dresse ainsi comme un symbole des lieux « lointains » où nous vivons et exerçons notre ministère aujourd'hui. A cause de ce qui s'est passé à Éphèse, nous pouvons être sûrs que les promesses d'Actes 1.8 et 2.38-39, nous concernent toujours. La même expérience et la même puissance pour témoigner sont à notre disposition aujourd'hui.

CONCLUSION

En conclusion, nous allons rapidement passer en revue certaines des choses dont nous avons discuté jusqu'à présent dans ce livre. Dans la première partie de notre étude, nous avons discuté des questions herméneutiques liées à l'interprétation des Actes. Nous avons ensuite déclaré que Actes 1.8 sert de clé d'interprétation pour le livre. Dans ce verset, Luc a établi un modèle paradigmatique pour les missions revêtues de la puissance de l'Esprit. Nous croyons qu'il s'agit d'un modèle qui s'applique à l'Église en tout temps et en tout lieu. Ce modèle se retrouve dans la première moitié du verset : « Mais vous recevrez une puissance, celle du Saint-Esprit survenant sur vous, et vous serez mes témoins... ». Dans le même verset, Luc construit aussi un schéma programmatique pour l'expansion missionnaire de l'Église du premier siècle, tel qu'il est écrit dans le livre des Actes. Cette présentation se trouve dans la deuxième moitié du verset : « ...à Jérusalem, dans toute la Judée et la Samarie, et jusqu'aux extrémités de la terre. »

Dans la deuxième partie, nous avons examiné six des sept effusions clés de l'Esprit dans le livre des Actes. Ce faisant, nous avons démontré comment chacune contribue à l'intention missio-pneumatologique de Luc, but de la rédaction de son livre. La première effusion a eu lieu le jour de la Pentecôte et a eu pour résultat un témoignage puissant immédiat dans la ville de Jérusalem (2.14, 43) et une grande moisson d'âmes (2.41, 47). La deuxième effusion à Jérusalem a eu lieu quelques semaines après la première, et comme la première, elle a aussi donné lieu à un témoignage puissant lorsque les disciples « ont commencé à annoncer la parole de Dieu avec assurance » (cf. v. 33 ; 4.31).

La troisième effusion de l'Esprit a eu lieu en Samarie, environ trois ans après le jour de la Pentecôte (8.17). Cette effusion a démontré le souci des apôtres que chaque nouvelle implantation d'église devienne un centre de témoignage missionnaire, revêtu de la puissance de l'Esprit. L'effusion de l'Esprit en Samarie a favorisé la propagation de l'Évangile dans toute la Judée, la Samarie, la Galilée (9.31) et ensuite dans les nations (1.8). Puisqu'il s'agissait de la première effusion de l'Esprit sur des Juifs qui n'étaient pas de sang pur, cela représentait une étape importante dans la préparation de l'Eglise à porter l'Évangile jusqu'aux extrémités de la terre.

La quatrième effusion de l'Esprit a eu lieu à Damas (9.17-18). Cette effusion a été l'occasion du revêtement de puissance et du mandat de Saul de Tarse (Paul) comme missionnaire auprès des païens. Comme les autres, l'effusion à Damas a donné lieu à un témoignage puissant (9.20, 22, 27-28 ; chaps. 13-28), démontrant encore une fois le *revêtement de puissance en vue du témoignage* motif de Luc. Avec le revêtement de puissance de Paul, une autre étape importante a été franchie dans la préparation de l'Église à témoigner jusqu'aux extrémités de la terre.

Une cinquième effusion clé de l'Esprit eut lieu à Césarée, où l'Esprit fut répandu sur la maison du païen Corneille (10.44-46). Comme pour les quatre effusions précédentes, l'effusion à Césarée donna lieu à un témoignage. Quand l'Esprit est descendu sur les habitants de Césarée, ils se mirent à parler en langues et à glorifier Dieu en proclamant sa grandeur aux autres. Cette effusion a démontré aux chrétiens juifs de Jérusalem que les païens devaient être pleinement inclus dans la famille de Dieu. Elle a aussi démontré qu'ils pouvaient devenir des participants à part entière dans la mission de Dieu en étant revêtus de la puissance de l'Esprit comme les disciples à la Pentecôte.

Une sixième « effusion » de l'Esprit a eu lieu dans la ville syrienne d'Antioche (13.1-2). Fidèle à l'intention missio-pneumatique de Luc, quand il écrit les Actes, ce mouvement de l'Esprit a aussi donné lieu à un témoignage : Paul et Barnabas furent envoyés pour leur premier voyage missionnaire (vv. 3-4). Cet événement marqua le début de toute action missionnaire intentionnelle auprès des nations païennes du monde.

Finalement, dans cette leçon, nous avons examiné la septième et dernière effusion clé de l'Esprit dans les Actes, l'effusion à Éphèse (19.1-7). Nous avons démontré que, comme pour les six effusions précédentes, l'effusion à Éphèse a aussi résulté en un témoignage missionnaire. Nous avons aussi vu comment le travail missionnaire de Paul à Éphèse peut servir de modèle durable pour la stratégie missionnaire. Dans le chapitre suivant, nous changerons un peu d'orientation et examinerons, au travers des écrits personnels de Paul, comment il voyait le rôle du Saint-Esprit dans l'accomplissement de la mission.

- CHAPITRE 11 -

LE REVÊTEMENT DE PUISSANCE EN VUE DU TÉMOIGNAGE DANS LES ÉPÎTRES DE PAUL

Dans les Actes, Luc présente Paul comme un missionnaire charismatique rempli de l'Esprit. Dans l'exercice de son ministère, il reçoit le Saint-Esprit (9.17-18), prêche avec puissance (9.20-22 ; 17.22-31 ; 19.26), reçoit la révélation divine et la direction surnaturelle (13.9-11 ; 16.6-10), a des visions (16.9-11 ; 18.19 ; 26.19 ; 27.23-24), guérit les malades (14.8-10 ; 28.8-9), opère des signes et prodiges (14.3 ; 15.12), chasse les démons (16.16-19 ; 19.12), prie avec d'autres pour recevoir le Saint-Esprit (19.6) et fait des miracles extraordinaires (19.11). Du début à la fin, il exerce son ministère dans la puissance et sous la direction de l'Esprit de Dieu.

Dans ce chapitre, nous nous détournerons brièvement de ce que Luc dit au sujet du ministère de Paul pour examiner ce que Paul lui-même dit au sujet de son propre ministère. Nous découvrirons que dans ses épîtres, il décrit son ministère apostolique à peu près de la même manière que Luc dans les Actes. Il le décrit comme une œuvre qui est revêtue de la puissance de l'Esprit et dont le caractère et le contenu sont charismatiques. Notre analyse de la description que Paul fait de son propre ministère revêtu de la puissance de l'Esprit se basera sur trois passages, choisis dans ses épîtres. Nous les aborderons dans l'ordre dans lequel Paul les a écrits. Ces trois passages sont 1 Thessaloniciens 1.5-8, 1 Corinthiens 2.1-5 et 15.18-21.

Thessalonique : Témoigner avec puissance et dans le Saint-Esprit

1 THESSALONICIENS 1.5-8

Car notre Évangile n'est pas venu jusqu'à vous en paroles seulement, mais aussi avec puissance, avec l'Esprit Saint et une pleine certitude. Vous savez, en effet, ce que, à cause de vous, nous avons été parmi vous Vous êtes devenus nos imitateurs et ceux du Seigneur, en recevant la parole au milieu de beaucoup de tribulations, avec la joie de l'Esprit Saint. Ainsi vous êtes devenus un modèle pour tous les croyants en Macédoine et en Achaïe Car la parole du Seigneur a retenti de chez vous, non seulement en Macédoine et en Achaïe, mais votre foi en Dieu s'est fait connaître en tout lieu, à tel point que nous n'avons pas besoin d'en parler.

Ce passage dans 1 Thessaloniciens est la première mention de Paul dans ses épîtres d'un ministère revêtu de la puissance de l'Esprit. Il écrit aux croyants de Thessalonique en leur rappelant comment il a exercé son ministère parmi eux « avec puissance, avec l'Esprit Saint et une pleine certitude ». Il leur rappelle ensuite comment ils ont accueilli avec joie la parole qu'il leur a prêchée. Ils l'ont reçu « avec la joie de l'Esprit Saint ». Grâce à leur réception de la Parole et de l'Esprit, ils devinrent des témoins pour tous les croyants en Macédoine et en Achaïe. Non seulement cela, mais la « parole du Seigneur a eu un écho » depuis chez eux jusqu'en Macédoine, en Achaïe, et dans bien d'autres endroits.

L'histoire des débuts de l'église de Thessalonique se trouve dans Actes 17.1-9. Dans ce récit, Luc ne fait aucune mention claire des signes miraculeux que Paul a accomplis pendant son séjour.[1] L'omission de Luc signifie-t-elle que Paul n'a pas exercé son ministère dans la puissance de l'Esprit à Thessalonique (l'argument classique du silence) ? Pas du tout, car dans notre texte Paul décrit son ministère dans la ville comme se faisant dans la puissance de l'Esprit. Dans ce passage, il qualifie son ministère à Thessalonique de quatre manières : « en parole », « en puissance », « dans l'Esprit Saint » et « une pleine certitude ». Examinons de plus près chacune de ces quatre descriptions du ministère missionnaire de Paul chez les Thessaloniciens.

MINISTERE EN PAROLE

Premièrement, Paul rappelle aux Thessaloniciens que son ministère leur est venu « en parole », c'est-à-dire qu'il leur a prêché l'Évangile. Paul fait souvent référence à l'Évangile qu'il a prêché comme étant « la parole » (c.-à-d. Rm 10.8 ; 1 Co 15.2 ; Col 1.5, 25-26). Partout où il exerçait son ministère, son engagement prioritaire était de proclamer la mort et la résurrection de Jésus—le message qui change la vie (c.-à-d. Actes 13.28-37 ; cf. Rm 15.1-6), et d'appeler ses auditeurs à la repentance et à la foi dans le Christ vivant (Actes 13.38 ; 20.21). Son ministère à Thessalonique ne fait pas exception. Dans la synagogue, il raisonna avec les Juifs pendant trois sabbats « expliquait et exposait que le Christ devait souffrir et ressusciter d'entre les morts... » (Actes 17.3). Le résultat en est qu'un grand nombre de Thessaloniciens se sont « convertis à Dieu, en vous détournant des idoles pour servir le Dieu vivant et vrai » (1 Th 1.9).

---

1 La seule exception possible se trouve dans les versets 2 et 3, où Luc dit que Paul « eut avec eux des entretiens, d'après les Écritures, expliquait et exposait [NBS : 'ouvrait le sens pour établir'] que le Christ devait souffrir et ressusciter d'entre les morts... » L'expression « exposait » pourrait se référer à certaines manifestations de l'Esprit qui se sont produites pendant le ministère de Paul à Thessalonique.

MINISTERE EN PUISSANCE

Paul décrit aussi son ministère missionnaire à Thessalonique comme étant accompli « en puissance ». Selon Paul, l'Évangile ne doit pas seulement être proclamé avec puissance, il doit être démontré de manière convaincante, suivi de signes miraculeux. C'est ce qu'il a fait de manière constante dans des lieux tels que Salamis (Actes 13.4-12), Iconium (14.3), Lystre (14.8-10), Philippes (16.18), Éphèse (19.6, 11), et aussi à Thessalonique, comme l'indique ce verset.

MINISTERE DANS L'ESPRIT SAINT

Ensuite, Paul identifie la source de sa puissance spirituelle lorsqu'il dit que son ministère à Thessalonique a été accompli « dans l'Esprit Saint ». Qu'il proclame l'Évangile ou qu'il démontre sa puissance par des signes et des prodiges, il a tout fait dans la puissance de l'Esprit. Il avait compris que sa compétence venait de Dieu, et que seul le ministère accompli par la puissance de l'Esprit était vraiment efficace car, selon ses propres mots, « la lettre tue, mais l'Esprit fait vivre » (2 Co 3.5-6).

MINISTERE AVEC UNE PLEINE CERTITUDE

Enfin, Paul a qualifié son ministère comme se faisant « avec une pleine certitude ». Il était totalement convaincu et dévoué à son message, à sa mission et à sa méthode. Au sujet de son message, il a écrit : « Car je n'ai pas honte de l'Évangile : c'est une puissance de Dieu pour le salut de quiconque croit... » (Rm 1.16). Au sujet de sa mission, il a écrit : « ... pour autant que je suis l'apôtre des non-Juifs, moi, je glorifie mon ministère » (Rm 11.13, NBS). Au sujet de sa méthode, il a témoigné que son ministère était accompli « en puissance et dans l'Esprit Saint » (1 Th 1.5).

RECEPTEURS JOYEUX—MESSAGERS ZELES

En recevant la parole et l'Esprit, les Thessaloniciens sont devenus à la fois des récepteurs joyeux et des messagers zélés du Christ. Bien qu'ils aient reçu l'Évangile « au milieu de beaucoup de tribulations », ils l'avaient en même temps reçu « avec la joie de l'Esprit Saint » (v. 6). La deuxième phrase implique que les croyants de Thessalonique furent remplis de l'Esprit sous le ministère de Paul. Ce fait est également mis en évidence par ce que les Thessaloniciens ont fait de l'Évangile, une fois qu'ils l'ont reçu. Ils en sont devenus des messagers zélés : « Car la parole du Seigneur a retenti de chez vous, non seulement en Macédoine et en Achaïe, mais votre foi en Dieu s'est fait connaître en tout lieu… » (v. 8).

Ainsi, comme résultat de leur réception de la parole et de l'Esprit, les Thessaloniciens sont devenus des témoins efficaces de l'Évangile. Comme à Jérusalem, Samarie et Antioche, leur revêtement par l'Esprit a fait de l'église de Thessalonique un centre d'évangélisation et de mission dans la région. Paul leur rappelle que la parole du Seigneur s'est fait entendre de chez eux jusque dans les régions de Macédoine et d'Achaïe. C'est presque comme s'il faisait écho au motif de Luc : *le revêtement de puissance en vue du témoignage*, qui se trouve dans Actes 1.8.

Corinthe : Une démonstration de l'Esprit et de puissance

1 CORINTHIENS 2.1-5

Pour moi, frères, lorsque je suis allé chez vous, ce n'est pas avec une supériorité de langage ou de sagesse que je suis allé vous annoncer le témoignage de Dieu Car je n'ai pas jugé bon de savoir autre chose parmi vous, sinon Jésus-Christ, et Jésus-Christ crucifié. Moi-même j'étais auprès de vous dans un état de faiblesse, de crainte et de grand tremblement ; ma parole et ma prédication ne reposaient pas sur les discours persuasifs de la sagesse, mais sur une démonstration d'Esprit et de puissance, afin que votre foi ne soit pas (fondée) sur la sagesse des hommes mais sur la puissance de Dieu.

Dans ce passage, Paul rappelle aux Corinthiens son ministère missionnaire parmi eux. Comme pour son ministère à Thessalonique, son ministère à Corinthe était centré sur l'annonce de l'Évangile, et il a été marqué par une « démonstration d'Esprit et de puissance » (1 Co 2.4).

MINISTERE REVETU DE LA PUISSANCE DE L'ESPRIT

Le ministère de Paul à Corinthe est décrit dans Actes 18.1-21. Cela s'est produit vers la fin de son deuxième voyage missionnaire. De nouveau, comme à Thessalonique, Luc ne mentionne aucune manifestation extérieure de la puissance de l'Esprit. Et comme auparavant, nous ne devons pas laisser le silence de Luc nous faire conclure que Paul n'a fait aucun signe miraculeux à Corinthe, car ici dans notre texte choisi, il décrit son ministère à Corinthe comme une démonstration de la puissance de l'Esprit. Plus tard, dans 2 Corinthiens, il rappelle aux croyants que « Les signes distinctifs de l'apôtre ont été vus à l'œuvre au milieu de vous par une patience à toute épreuve, par des signes, des prodiges et des miracles » (12.12).

Avant d'arriver à Corinthe, Paul a fait un choix délibéré de la manière dont il allait présenter l'Évangile. Ce choix est indiqué par ses paroles, « Car j'ai jugé bon » (1 Co 2.2, NBS). Il affirme qu'il a décidé que son ministère à Corinthe comprendrait deux éléments clés : une proclamation claire de l'Évangile et une démonstration manifeste de sa puissance. Il ne prêcherait rien d'autre que « Jésus-Christ, et Jésus-Christ crucifié » (v. 2), et il ne s'appuierait pas « sur les discours persuasifs de la sagesse, mais sur une démonstration d'Esprit et de puissance » (v. 4). Sa motivation avouée pour adopter cette stratégie était « afin que votre foi [Corinthiens] ne soit pas (fondée) sur la sagesse des hommes mais sur la puissance de Dieu » (v. 5). On se demande ce qui a pu pousser Paul à prendre une telle résolution. Certains ont suggéré que c'était peut-être à cause de sa mauvaise performance à Athènes, où il cherchait à utiliser la sagesse humaine et une élocution supérieure (Actes 17.32-34).[2]

INTENTION CLAIRE, CONDUITE PAR L'ESPRIT

Les paroles de Paul dans ce passage (« Car j'ai jugé bon », NBS) nous rappellent une fois l'importance dans les missions, d'une intention précise conduite par l'Esprit, comme examiné dans le Chapitre 10. Comme Paul, celui qui veut implanter avec sagesse de nouvelles églises, fera bien de procéder à l'œuvre avec cette même détermination. Il implantera sciemment et de manière délibérée des églises orientées vers la mission et revêtues de la puissance de l'Esprit. Pour que l'œuvre prospère et que le nombre d'églises se multiplie dans une région, chaque nouvelle église doit posséder la dynamique spirituelle et philosophique nécessaire pour soutenir et faire progresser l'œuvre. Une telle dynamique ne se produira que si les Églises émergentes sont dotées de la présence et de la puissance de l'Esprit et si elles ont une bonne compréhension de leur *raison d'être* missionnaire.

Paul arriva donc à Corinthe avec une stratégie bien formulée : il prêcherait Christ crucifié, il s'attendrait à ce que la parole soit confirmée par des signes, et il ferait tout par la puissance de l'Esprit.

Sa stratégie fut manifestement couronnée de succès, car Luc nous dit que « beaucoup de Corinthiens qui écoutaient devenaient croyants et recevaient le baptême » (Actes 18.8, NBS). Une grande église puissante et charismatique fut établie à Corinthe (1 Co 1.6). Il ne fait aucun doute que le ministère de Paul à Corinthe a servi de

---

2 William Barclay, *The Letters to the Corinthians,* rev. ed., (Louisville, KY: Westminister John Knox Press, 1975), 23-24; A. Scott Moreau, Gary R. Corwin, and Gary B. McGee, *Introducing World Missions: A Biblical, Historical, and Practical Survey* (Grand Rapids: Baker Academic, 2004), 58-59.

modèle pour d'autres ministères revêtus de la puissance de l'Esprit dans l'église et dans la région. Comme d'autres croyants furent remplis de l'Esprit et qualifiés pour le ministère, le ministère de Paul se multiplia. Bien que l'église de Corinthe se soit « égarée » à un moment donné dans sa compréhension et son utilisation des dons spirituels, et qu'elle ait eu besoin de correction, il est indéniable que la stratégie de Paul a abouti à une église forte et florissante.

Comme Paul, nous devons aussi prendre des décisions avisées concernant nos ministères. Une décision importante est de garder le message de Christ et Christ crucifié au centre de toute prédication et de notre enseignement. Une autre est de tout faire par la puissance de l'Esprit et de s'attendre à ce que Christ confirme sa parole par des signes qui l'accompagnent. Enfin, nous devons résolument nous fixer comme objectif d'implanter des églises missionnaires revêtues de la puissance de l'Esprit, capables de se reproduire dans la région environnante et par la suite partout dans le monde.

Rome : Proclamer pleinement l'Évangile du Christ

ROMAINS 15.18-21

Car je n'oserais rien mentionner que Christ n'ait fait par moi, pour amener les païens à l'obéissance, en parole et en œuvre, par la puissance de l'Esprit. Ainsi, depuis Jérusalem et en rayonnant jusqu'en Illyrie, j'ai abondamment répandu l'Évangile du Christ et je me suis fait un point d'honneur d'annoncer l'Évangile là où Christ n'avait pas été nommé, afin de ne pas bâtir sur le fondement d'autrui, mais selon qu'il est écrit : Ceux à qui il n'avait pas été annoncé verront, et ceux qui n'en avaient pas entendu parler comprendront.

Paul a écrit son épître aux Romains en prévision d'une visite prochaine dans leur ville (Rm 1.10). Sa visite à Rome devait être une escale prolongée lors d'un voyage missionnaire encore plus à l'ouest vers l'Espagne (15.28). Paul pensait probablement que Rome serait un excellent tremplin pour les opérations missionnaires en Ibérie, tout comme Antioche l'avait été pour atteindre l'Asie et l'Europe orientale. Il a donc écrit aux croyants à Rome pour solliciter leur soutien à cette campagne missionnaire anticipée (15.23-24). Il espérait les préparer à sa prochaine visite en les informant de ses projets missionnaires et en les sensibilisant sur le but et la manière dont il exerce son ministère missionnaire.

Dans le passage de 15.18-21, Paul explique aux chrétiens de Rome comment il a accompli sa tâche missionnaire. Ces versets constituent sa stratégie missionnaire la plus complète qu'il ait jamais donnée. Cette stratégie, comme nous l'avons déjà découvert, reposait fortement sur la présence et la puissance du Saint-Esprit. Regardons de plus près comment Paul décrit sa stratégie missionnaire dans ces versets.

AXE SUR LES NON-ATTEINTS

Paul comprenait clairement son appel et sa mission. Dans ce passage, il rappelle aux Romains que Dieu l'avait appelé à être « ministre du Christ-Jésus pour les païens » (v. 16). Cette déclaration rappelle les paroles de Jésus à Ananias quand Il l'envoya prier pour Paul afin qu'il reçoive le Saint-Esprit : « Va, car cet homme est pour moi un instrument de choix, afin de porter mon nom devant les nations… » (Actes 9.15).

Paul savait aussi que Dieu l'avait appelé à prêcher l'Évangile « là où Christ n'avait pas été connu » (v. 20). Ainsi il se considérait lui-même comme une personne qui posait la fondation. Ses yeux étaient résolument fixés sur les « contrées situées au-delà » (2 Co 10.16). Pour justifier ce fait, il a cité Ésaïe : « Ceux à qui il n'avait pas été annoncé verront, Et ceux qui n'en avaient pas entendu parler comprendront » (v. 21 ; cf. Es 52.15). C'est à cause de cette haute vocation que Paul visait maintenant l'Espagne. C'est dans cet esprit qu'il écrivit aux Romains pour leur expliquer comment, dans le passé, il s'était acquitté de son appel missionnaire et, par conséquent, comment il avait l'intention de le faire dans l'avenir.

PROCLAMANT ET DEMONTRANT

Au centre de la stratégie de Paul pour atteindre les païens se trouvait son engagement à proclamer l'Évangile du Christ. Il dit aux Romains, « …depuis Jérusalem et en rayonnant jusqu'en Illyrie, j'ai abondamment répandu l'Évangile du Christ » (v. 19). Pour Paul, l'histoire de la mort, de l'enterrement et de la résurrection du Christ était le centre du message évangélique (1 Co 15.1-6), et c'est ce message du Christ victorieux qu'il proclama hardiment dans l'Empire romain. Le livre des Romains est en soi une longue explication de ce message. Le message de la mort et de la résurrection du Christ a également formé le cœur du *kérygme* apostolique tel qu'il est contenu dans ses sermons dans les Actes (9.20, 22 ; 13.26-33 ; 14.15 ; 17.2-3, 17-18). Aujourd'hui, le message de « Jésus-Christ et Jésus-Christ crucifié » doit rester la pièce maîtresse de nos ministères missionnaires.

Quand Paul a dit qu'il avait « abondamment répandu l'Évangile du Christ », il ne parlait cependant pas exclusivement de son contenu. Il ne prétendait pas non plus qu'il avait proclamé l'Évangile dans chaque localité, ou à chaque personne. Il disait qu'il avait inclus tous les éléments et actions nécessaires pour que l'Évangile soit présenté dans sa toute-puissance. Quand Paul dit qu'il a *abondamment* répandu l'Évangile, il se réfère spécifiquement à la manière dont il l'a fait « en parole et en œuvre » (Rm 15.18). Et puisque dans ce passage Paul définit clairement l'« œuvre » comme « la puissance des signes et des prodiges », il insinue que l'Évangile n'a pas été pleinement prêché tant que la vérité n'aura pas été clairement annoncée et que sa puissance n'aura pas été démontrée de manière convaincante.

La phrase que Paul utilise ici (« en parole et en œuvre ») est aussi l'une des préférées de Luc.[3] Luc utilise la même phrase pour décrire les ministères oints de Moïse (« il était puissant en paroles et en œuvres », Actes 7.22), de Jésus (« un prophète puissant en œuvres et en paroles », Luc 24.19), et de Jésus encore (« tout ce que Jésus a commencé de faire et d'enseigner », Actes 1.1). Cette utilisation multiple de l'expression par Paul et Luc semble renforcer l'idée que chacun connaissait et comprenait les enseignements de l'autre, et que les pneumatologies des deux, bien qu'uniques, étaient complémentaires.

Ce passage nous rappelle la description de Luc du ministère de Paul à Éphèse (Actes 19.1-20), comme nous en avons fait mention dans le précédent chapitre. Là, en plus du fait qu'il « s'entretenait avec eux et les persuadait en ce qui concerne le royaume de Dieu » (v. 8) et prêchait Jésus (v. 13), il était aussi utilisé par Dieu pour accomplir « des miracles extraordinaires », y compris pour guérir les malades et chasser les démons (vv. 11-12). La description par Paul de sa stratégie missionnaire ici dans Romains concorde parfaitement avec la description par Luc de la manière dont il a mis en œuvre cette même stratégie à Ephèse.

LA SOURCE DE LA PUISSANCE DE PAUL

Quelle était la source de la puissance de Paul ? Qu'est-ce qui lui a permis de prêcher et d'enseigner si efficacement, et d'exercer un ministère si puissant « en parole et en œuvre, par la puissance des signes et des prodiges » ? Il répond lui-même à la question : il a tout fait « par la puissance de l'Esprit » (v. 19). Tout au long de son ministère, le Saint-Esprit, qu'il a reçu quand Ananias lui a imposé les mains de nombreuses années auparavant (Actes 9.17-18), est resté la source de la puissance spirituelle de Paul. Sa compréhension de ce

---

3 Paul utilise cette expression également dans Col 3.17 et 2 Th 2.17.

fait a dû influencer la manière dont Paul exerçait son ministère auprès des autres.

Son objectif était de faire en sorte que ceux qui recevaient le Christ fassent aussi l'expérience du revêtement de la présence de l'Esprit, tout comme il l'avait fait. Il pria ainsi avec les douze disciples d'Éphèse pour qu'ils reçoivent l'Esprit (Actes 19.6) et exhorta ensuite les croyants à « être remplis de l'Esprit » (Éph 5.18). C'est avec cette même passion dans le cœur qu'il a informé les chrétiens à Rome que, lorsqu'il irait à eux, il viendrait « avec une pleine bénédiction de Christ » (Rm 15.29), c'est-à-dire par la puissance de l'Esprit du Christ.

En résumé, Paul expliqua aux Romains que son ministère missionnaire était centré sur Christ, revêtu de la puissance de l'Esprit, charismatique et axé sur ceux qui n'avaient jamais entendu le message de l'Évangile. Son but était de « répandre abondamment l'Évangile du Christ », ce qui, pour Paul, signifiait plus que la simple prédication *en soi*. Cela impliquait à la fois la parole et l'action—et l'action comprenait une démonstration de la puissance de l'Évangile à travers des signes et des miracles accomplis par l'Esprit de Dieu.

Conclusion

Que conclurons-nous donc au sujet de la théologie de Paul et de Luc ? Certains ont suggéré que leurs pneumatologies sont en quelque sorte en conflit l'une avec l'autre, et que parfois, l'un peut même enseigner des choses sur la personne ou l'œuvre du Saint Esprit avec lesquelles l'autre serait fortement en désaccord. D'autres ont soutenu que les enseignements des deux hommes sur le Saint-Esprit sont identiques, et que ni l'un ni l'autre n'a une compréhension ou une emphase propre à lui. La vérité, cependant, semble se situer quelque part entre ces deux pôles. Une comparaison réfléchie des enseignements des deux hommes révèle, comme Palma et d'autres l'ont noté, que les pneumatologies de Luc et de Paul doivent être considérées comme complémentaires plutôt que concurrentielles.[4] Menzies, tout en admettant que le concept d'une expérience de revêtement de l'Esprit distincte de la conversion n'est pas clairement articulé par Paul, soutient que l'idée est « cohérente avec (et complémentaire à) la perspective théologique [de Luc] ».[5] Il affirme en outre que « Paul fait fréquemment allusion à la puissance de l'Esprit qui rend possible son propre ministère (Rm 15.19 ; 1 Co 2.4 ; 1 Th 1.5). Et il se réfère aussi aux onctions spéciales qui dynamisent le ministère des autres (1 Tm 4.14; 2 Tm 1.6-7 ; cf. 1 Th 5.19). »[6] Dans la mesure où Paul et Luc ont parcouru de nombreux kilomètres ensemble en tant que collègues missionnaires, il est probable qu'ils ont souvent discuté longuement de ces questions, et qu'ils se sont mutuellement compris quant à l'emphase que chacun mettait dans l'enseignement et la prédication sur le rôle de l'Esprit dans la vie chrétienne et dans les efforts missionnaires.[7]

Certes, la théologie du Saint-Esprit de Paul est plus large que l'accent un peu plus étroit de Luc sur le revêtement prophétique en vue du témoignage missionnaire. Paul applique de façon plus

---

4 Anthony D. Palma, *The Holy Spirit: A Pentecostal Perspective* (Springfield, MO: Gospel Publishing House, 1989), 93. Palma écrit que « la complémentarité, et non la concurrence ou la contradiction, caractérise généralement des différences apparemment irréconciliables. Quel est le point de vue d'un auteur en particulier ? Par exemple, Jacques contredit-il vraiment Paul sur la relation entre la foi et les œuvres ? Ou bien ses déclarations sont-elles guidées par la raison pour laquelle il a écrit sur le sujet, et par conséquent doivent être interprétées à la lumière de cela ? Paul et Luc se contredisent-ils vraiment au sujet du ministère de l'Esprit ? »

5 William W. Menzies et Robert P. Menzies, *Spirit and Power: Foundations of Pentecostal Experience* (Grand Rapids, MI: Zondervan Publishing House, 2000), 194.

6 Ibid.

7 Luc était avec Paul pendant une partie de son deuxième voyage missionnaire, quand Paul et son groupe étaient à Troas et à Philippes (Actes 16.10-40). Il était aussi avec Paul lors de son troisième voyage missionnaire, lorsqu'ils partirent ensemble de Troas à Jérusalem (20.5-21.17). Il a également accompagné Paul lors de sa dernière visite à Jérusalem et a voyagé avec lui lors de son voyage en mer pour Rome (27.1-28.16). Par ailleurs, Luc a passé du temps avec Paul pendant qu'il était emprisonné à Rome (Col 4.14, cf. 4.3, 10, 18 ; Phm 24, cf. 1, 9).

complète l'œuvre de l'Esprit au spectre plus large de toute la vie chrétienne, y compris l'œuvre sotériologique de l'Esprit dans la régénération et la sanctification. Mais cette vérité signifie-t-elle que Paul n'aborde pas la question du revêtement en vue de la mission ? Ce serait une conclusion erronée, comme ce chapitre l'a démontré. Luc et Paul croyaient et enseignaient tous deux que la plénitude de l'Esprit était un élément nécessaire pour l'œuvre évangélique et missionnaire, et que personne ne devrait se lancer dans un ministère spirituel de grande envergure sans être préalablement revêtu de la puissance du Saint-Esprit. Si nous voulons que nos efforts missionnaires donnent le maximum de résultats aujourd'hui, nous devons aussi croire et enseigner ces vérités essentielles.

– QUATRIÈME PARTIE –

APPLICATION

CHAPITRE 12 -

LE RÔLE DES DONS SPIRITUELS DANS LES MISSIONS

1 CORINTHIENS 12.7-10

Or, à chacun la manifestation de l'Esprit est donnée pour l'utilité (commune). En effet, à l'un est donné par l'Esprit une parole de sagesse ; à un autre, une parole de connaissance, selon le même Esprit ; à un autre, la foi, par le même Esprit ; à un autre, des dons de guérisons, par le même Esprit ; à un autre, (le don) d'opérer des miracles ; à un autre, la prophétie ; à un autre, le discernement des esprits ; à un autre, diverses sortes de langues ; à un autre, l'interprétation des langues.

Nous avons examiné le rôle du revêtement de puissance spirituelle dans les missions. Cependant, notre étude ne serait pas complète sans une discussion sur les dons spirituels. Le regretté spécialiste pentecôtiste britannique Donald Gee a écrit un jour :
« L'évangélisation mondiale devrait impliquer une démonstration de

dons spirituels en action. »[1] Ces sages paroles doivent être entendues et écoutées par l'Église aujourd'hui alors qu'elle cherche à mettre un terme à la Grande Commission.

Dans de nombreux cercles missionnaires contemporains, cependant, on a tendance à se fier trop fortement à l'intellect humain, à la technologie moderne ou à la théorie du leadership la plus récente pour accomplir la mission de Dieu. Il est certain que tous ces éléments ont leur place dans les missions et que chacun doit être employé selon tout son plein potentiel. La clé de l'évangélisation mondiale, cependant, ne se trouve dans aucune de ces méthodes conçues par l'homme. Elle se trouve plutôt dans la puissance et la présence du Saint-Esprit. La principale préoccupation du missionnaire doit rester sa propre vitalité spirituelle et la vitalité spirituelle des églises qu'il implante. Les dons spirituels sont une conséquence de cette vitalité spirituelle intérieure. La puissance reçue au moment du baptême de l'Esprit est, dans une large mesure, libérée et manifestée par l'opération des dons spirituels.

Dans ce chapitre, nous examinerons le rôle des dons spirituels dans l'œuvre missionnaire. Nous tenterons de relier l'enseignement de Paul concernant les dons spirituels dans 1 Corinthiens 12.7-10 avec la manifestation de ces mêmes dons dans le livre des Actes. Notre discussion portera sur quatre questions relatives aux dons spirituels dans l'œuvre des missions : Nous allons d'abord définir et classer les dons. Nous examinerons ensuite le livre des Actes et observerons ces mêmes dons en action. Ensuite, nous discuterons et évaluerons les implications missiologiques de l'utilisation (ou non-utilisation) des dons spirituels dans l'œuvre des missions. Et enfin, nous examinerons la relation entre le baptême dans le Saint-Esprit et les dons.

---

1 Donald Gee, “Spiritual Gifts in World Evangelization” dans *Azusa Street and Beyond: Pentecostal Missions and Church Growth in the Twentieth Century,* ed. L Grant McClung (South Plainfield, NJ: Bridge Publishing, 1986), 63.

Définition et classification des dons

Dans 1 Corinthiens 12.7-10 Paul énumère neuf dons, ou, plus exactement, des manifestations[2] du Saint-Esprit (v. 7). Cette liste ne doit évidemment pas être considérée comme une liste exhaustive de dons spirituels, puisqu'il y a au moins quatre autres listes de dons dans le Nouveau Testament.[3] Paul semble cependant présenter cette liste comme étant d'une importance unique, et nous devrions donc la considérer comme telle.

LES DEFIS D'INTERPRETATION

Nous sommes confrontés à d'importantes difficultés dans notre enquête : la première est qu'en présentant ses listes de dons, Paul désigne mais ne définit, ni ne démontre les dons dans la pratique (voir fig. 12.1 ci-dessous). Il nomme simplement les dons, en supposant évidemment que ses lecteurs de l'époque, comprendraient ce dont il parle. En tant qu'interprètes du XXIe siècle, nous nous interrogeons donc sur la nature exacte de chaque don. Heureusement, cependant, des indices peuvent être trouvés dans leurs noms et dans les contextes dans lesquels ils apparaissent. On peut aussi trouver des indices en observant leurs nombreuses manifestations dans les Évangiles et les Actes.

UNE COMPARAISON : LES DONS DANS LES EPITRES DE PAUL ET LES ACTES (FIGURE 12.1)

	LES ÉPÎTRES DE PAUL	ACTES
Désigne :	Oui	Aucun
Définit :	Aucun	Aucun

---

2 En fait, Paul utilise le mot « manifestation » (*phaneroos*) dans sa forme singulière (tout comme il utilise le mot « fruit » dans sa forme singulière dans Galates 5.22), ce qui implique que tous les dons sont la manière dont l'Esprit se manifeste, ou fait connaître sa présence, dans l'église.

3 D'autres listes de dons se retrouvent dans 1 Corinthiens 12.28-30, Éphésiens 4.11, Romains 12.6-8 et 1 Pierre 4.10-11.

Démontre :	Aucun	Oui
Le contexte :	L'église rassemblée pour le culte	L'église dispersée dans l'évangélisation

Une deuxième difficulté que nous rencontrons dans notre étude des dons spirituels est que, tandis que Paul désigne, mais ne parvient pas à définir ou démontrer, Luc démontre, mais ne parvient pas à désigner ou à définir (fig. 12.1). Il montre simplement les dons en action, comme ils se manifestaient dans la progression missionnaire de l'Église primitive. Il ne semble pas qu'il soit nécessaire de désigner quel(s) don(s) spécifique(s) est (sont) employé(s) à une occasion donnée.

Le contexte est un autre défi d'interprétation auquel nous sommes confrontés. Le contexte de l'enseignement de Paul sur les dons spirituels est l'église rassemblée pour le culte (fig. 12.1). Dans sa discussion sur les dons, Paul dit : « Quel est donc le résultat, frères ? *Lorsque vous vous réunissez*, chacun a un psaume, un enseignement, une révélation, une langue, une interprétation. Que tout soit fait pour l'édification » (14.26, emphase ajoutée).[4] Le contexte de la manifestation des dons spirituels dans les Actes, cependant, est l'église dispersée dans l'évangélisation—l'église exerçant son ministère sur la place publique. Ces deux contextes différents nécessitent naturellement des approches quelque peu différentes du ministère et de la manifestation des dons spirituels.

Il y a encore une autre difficulté que nous rencontrons dans notre étude des dons spirituels dans les Actes. En lisant les Actes des Apôtres à la recherche des dons en opération, nous sommes rapidement frappés par le fait qu'il y a un chevauchement considérable de dons. Il est donc souvent difficile de déterminer avec précision quel don est manifesté dans un cas donné. Par exemple, il est souvent difficile de déterminer si un don de guérison ou un don

---

4 Voir aussi 1 Corinthiens 5.4 ; 11.17-18, 20, 33-34 ; 14.23.

de foi se manifeste, ou si, dans un autre cas, une parole de connaissance ou un discernement des esprits se manifeste. Il est cependant beaucoup plus facile de déterminer la catégorie (révélation, prophétie ou puissance) dans laquelle se situe un don, comme nous le verrons plus loin dans ce chapitre.

Compte tenu de tous les défis auxquels nous sommes confrontés, la définition et la catégorisation des dons doivent être considérées, au mieux, comme provisoires. Il s'agit simplement d'une tentative de mieux comprendre les dons spirituels tels qu'ils sont présentés dans le Nouveau Testament. Nous devons, par conséquent, veiller à aborder notre sujet avec humilité.

L'IMPORTANCE DE LA QUESTION

Et pourtant, avec tous ces défis qui nous attendent, il est toujours essentiel que nous nous attelions à cette question. Trop souvent, l'Église a ignoré ou minimisé les dons spirituels, affaiblissant ainsi son propre système et freinant son expansion évangélique et sa progression missionnaire. Ignorer théologiquement les dons, c'est les rejeter sur le plan pratique.

Les implications pratiques de la compréhension et de l'utilisation des dons spirituels sont considérables à bien des égards : tout d'abord, les implications sont importantes dans la vie interne de l'église. Est-ce qu'une église qui ignore les dons spirituels sera capable de se construire correctement dans la foi ? Sans les dons spirituels en opération, les besoins pratiques et spirituels des gens seront-ils satisfaits adéquatement ? Une église qui se contente d'agir selon la sagesse et l'ingéniosité humaine, plutôt que selon le pouvoir divin, peut-elle jamais être tout ce que le Christ veut qu'elle soit ?

La négligence des dons spirituels a également des implications d'une grande portée en ce qui concerne l'accomplissement par l'Église de son mandat évangélique mondial. Sans la manifestation des dons spirituels, l'Eglise sera-t-elle capable de défier et de surmonter efficacement les forces spirituelles qui cherchent à entraver son progrès ? Sans leur opération, les missionnaires seront-ils capables de prêcher adéquatement l'Évangile et de démontrer de façon convaincante sa véritable nature et sa puissance ? Si les missionnaires n'utilisent pas les dons spirituels, et si les dons ne sont pas transmis aux églises qu'ils implantent ici et à l'étranger, ces églises seront-elles jamais capables de répandre dans leur propre culture et au-delà, un témoignage puissant oint par L'Esprit. Étant donné que la manifestation des dons spirituels est essentielle à la vie et à la mission de l'église, nous nous efforcerons de venir à bout de ce problème.

CATEGORIES ET DEFINITIONS

Les érudits ont tenté de classer la liste des dons spirituels de Paul dans 1 Corinthiens 12.8-10 de diverses manières. Certains ont vu des indices possibles dans le texte, en s'appuyant sur l'utilisation par Paul des mots grecs *allos* (un autre du même genre) et *heteros* (un autre d'un genre différent).[5] En utilisant cette méthode, David Lim regroupe les neuf dons spirituels en trois catégories « fonctionnelles » : (1) les dons d'enseignement et de prédication, y compris le message de sagesse et le message de connaissance ; (2) les dons de ministère pour l'Eglise et pour le monde, y compris la foi, les dons de guérisons, les dons de miracles, la prophétie, le discernement des esprits ; et (3) les dons de louanges et l'interprétation des langues, incluant différents types de langues. Gordon Fee, en utilisant les trois catégories suggérées dans 1 Corinthiens 12.4-6, regroupe les dons sous les trois rubriques « service, miracles et paroles inspirées ».[6]

Bien que ces regroupements et d'autres soient utiles, nous avons choisi d'utiliser les trois catégories dans lesquelles les enseignants et érudits pentecôtistes et charismatiques ont traditionnellement regroupé ces neuf dons—regroupements dans

---

5 David Lim, *Spiritual Gifts: A Fresh Look* (Springfield, MO: Gospel Publishing House, 1999), 65.

6 Gordon D. Fee, *Paul, the Spirit, and the People of God* (Peabody, MA: Hendrickson Publishers, Inc., 1996), 165.

lesquels les dons semblent naturellement tomber.[7] Bien que différents interprètes utilisent une terminologie légèrement différente, les trois catégories sont essentiellement les mêmes : les dons de révélation, les dons de prophétiques, et les dons de puissance. L'utilité de ce schéma sera démontrée plus loin dans ce chapitre lorsque nous examinerons le fonctionnement des dons spirituels dans les Actes. Les dons relevant de chacune de ces trois catégories et les dons correspondants sont indiqués à la figure 12.2 ci-dessous :

LES DONS CLASSES PAR CATEGORIE

(FIGURE 12.2)

	LES DONS DE RÉVÉLATION	LES DONS PROPHÉTIQUES	LES DONS DE PUISSANCE
DONS INCLUS	• La parole (ou message) de sagesse • La parole (ou message) de connaissance • Le discernement des esprits	• La prophétie • Les différentes sortes de langues • L'interprétation des langues	• Le don des guérisons • La foi • Les œuvres de puissance (grec : *energemata dunameon*)

Notre définition pratique des dons spirituels est la suivante : *les dons spirituels sont des onctions surnaturelles données par le Saint-Esprit aux croyants remplis de l'Esprit pour accomplir la volonté du Père.* Il serait utile d'examiner cette définition de plus près.

En tant qu'*onctions surnaturelles*, les dons spirituels ont leur origine, non dans les capacités de l'homme, mais dans la nature de Dieu. Ils sont donnés aux croyants comme des « onctions », ou des

---

7 Des exemples typiques incluent J. W. Jepson, *What You Should Know About the Holy Spirit* (Springfield, MO: Radiant Books, 1986), 127-150; Lester Sumrall, *The Gifts and Ministries of the Holy Spirit* (New Kensington, PA: Whitaker House, 1993), 53-56; Dennis Bennett and Rita Bennett, *The Holy Spirit and You* (Plainfield, NJ: Logos International, 1971), 83; John Rea, *The Holy Spirit in the Bible: All the Major Passages About the Spirit : A Commentary* (Lake Mary, FL: Creation House, 1990), 246-247.

habilitations divines. Ils sont ainsi administrés sous la supervision du Saint-Esprit, et sont exercés alors que l'Esprit se meut au-dessus et au travers d'individus abandonnés à son action.

Notez aussi que, selon notre définition, les dons sont *donnés.* En d'autres termes, ils sont dispensés, non sur la base du mérite ou de la récompense, mais comme de simples démonstrations de la grâce libre de Dieu. Le fait qu'ils soient donnés, cependant, ne signifie pas qu'ils sont donnés en tant que biens personnels. Ils sont plutôt libérés au cas par cas pour répondre à des besoins spécifiques en relation avec l'œuvre de Dieu. Hugh Jeter a noté avec perspicacité que « nous ne sommes pas de vastes réservoirs de la grande puissance de Dieu, mais des canaux par lesquels son Esprit peut circuler et faire son œuvre ».[8]

Les dons spirituels sont encore libérés *par les croyants remplis de l'Esprit*, c'est-à-dire par ceux qui ont été remplis du Saint-Esprit et qui marchent et vivent actuellement « selon l'Esprit » (Actes 2.4 ; Éph 5.18 ; Ga 5.25). Notez en outre que ces dons sont donnés *par le Saint-Esprit.* C'est lui qui est le dispensateur divin des dons (1 Co 12.4-6). Ils opèrent donc, non selon la volonté de l'homme, mais selon la volonté de l'Esprit (1 Co 12.11). Enfin, les dons sont donnés *pour accomplir la volonté du Père.* Ils sont libérés, non pour accomplir les buts et les désirs d'une personne, mais plutôt pour accomplir la volonté de Dieu et pour faire avancer son royaume sur la terre.

Essayons maintenant de définir chacun des neuf dons de 1 Corinthiens 12.7-10. Tout comme notre définition générale des dons spirituels, nous les appelons « définitions de travail » car elles ne peuvent en aucun cas être considérées comme le dernier mot en la matière. Elles nous aideront cependant dans notre enquête sur les dons en action dans les Actes.

---

8 Hugh Jeter, *By His Stripes: A Biblical Study on Divine Healing* (Springfield, MO: Gospel Publishing House, 1977), 68.

Les dons de révélation. La première catégorie est celle des dons de révélation. Ces dons peuvent être définis simplement comme de l'intuition accordée par l'Esprit. Ils sont donnés à l'ouvrier chrétien par l'Esprit afin qu'il ou elle puisse connaître quelque chose de la pensée de Dieu à l'égard d'une situation particulière. Leur but, comme celui de tous les dons, est d'édifier le corps du Christ et de faire avancer son royaume sur la terre. Ils peuvent être définis comme nous l'avons fait dans le tableau ci-dessous (fig. 12.3) :

DÉFINITION DES DONS DE RÉVÉLATION
(INTUITION ACCORDÉE PAR L'ESPRIT)
(FIGURE 12.3)

DON	DÉFINITION PRATIQUE
La parole de connaissance	Une révélation accordée par l'Esprit d'une partie de la connaissance de Dieu
La parole de sagesse	Une révélation accordée par l'Esprit d'une partie de la sagesse de Dieu
Le discernement des esprits	Une révélation accordée par l'Esprit de quel esprit se manifeste ou motive une action

Les dons prophétiques. La deuxième catégorie est celle des dons prophétiques. Ces dons peuvent être définis comme des discours inspirés par l'Esprit. Ils sont donnés pour que l'ouvrier chrétien soit capable de prononcer les paroles de Dieu dans une situation donnée. Ils peuvent être définis comme suit (fig. 12.4) :

DÉFINITION DES DONS PROPHETIQUES
(DISCOURS INSPIRÉ PAR L'ESPRIT)
(FIGURE 12.4)

DON	DÉFINITION PRATIQUE
La prophétie	Une proclamation d'un message venant de Dieu, inspiré par l'Esprit
Les différents types de langues.......	Une proclamation d'un message inspiré par l'Esprit, ou une prière venant de Dieu dans une langue inconnue de l'interlocuteur
L'interprétation des langues	Une proclamation du sens (interprétation) d'un message inspiré par l'Esprit, ou d'une prière donnée en langues

Les dons de puissance. La troisième catégorie est celle des dons de puissance. Ces dons peuvent être définis comme des œuvres activées par l'Esprit. Ils sont souvent de nature miraculeuse et sont donnés à l'ouvrier chrétien pour qu'il ou elle puisse accomplir les œuvres de Dieu. Ils sont définis dans le tableau suivant (fig. 12.5) :

DÉFINITION DES DONS DE PUISSANCE
(LES ŒUVRES STIMULÉES PAR L'ESPRIT)
(FIGURE 12.5)

DON	DÉFINITION PRATIQUE
Le don des guérisons...................	Une guérison des maladies et des infirmités par la puissance de l'Esprit
La foi	Un élan de foi dynamisé par l'Esprit pour accomplir une tâche ordonnée par Dieu
Les œuvres de puissance	Une libération de puissance dynamisée par l'Esprit pour accomplir une tâche ordonnée par Dieu

Après avoir catégorisé et défini les dons, nous nous penchons maintenant sur la façon dont ces dons se manifestent dans le travail missionnaire de l'Église tel que présenté dans le livre des Actes des Apôtres.

Les dons illustrés dans les Actes

ACTES 6.10

Mais ils n'étaient pas capables de résister à la sagesse et à l'Esprit par lequel il [Étienne] parlait.

ACTES 8.5-8

Philippe, descendu dans une ville de la Samarie, y prêcha le Christ. Les foules, d'un commun accord, s'attachaient à ce que disait Philippe, en apprenant et voyant les miracles qu'il faisait.
Car des esprits impurs sortaient de beaucoup de démoniaques, en criant d'une voix forte, et beaucoup de paralytiques et de boiteux furent guéris. Et il y eut une grande joie dans cette ville.

ACTES 14.8-11

À Lystre, se tenait assis un homme impotent des pieds, infirme de naissance, et qui n'avait jamais marché Il écoutait parler Paul qui fixa les regards sur lui et qui, voyant qu'il avait la foi pour être sauvé, dit d'une voix forte : Lève-toi, droit sur tes pieds. Il se leva d'un bond et se mit à marcher.

La liste ci-dessus est composée de trois exemples pris au hasard, parmi les nombreux exemples des dons spirituels en opération dans les Actes. Il y en a beaucoup d'autres—au moins soixante-six d'après mon compte personnel. Le nombre même de ces inclusions dans les Actes illustre l'importance des dons spirituels dans la pensée de Luc, ainsi que leur importance dans l'œuvre missionnaire de l'Église. Une analyse réfléchie du livre des Actes des Apôtres révèle beaucoup de choses intéressantes sur la façon dont ces dons se sont manifestés dans la pratique réelle en faisant progresser le projet missionnaire de l'Église primitive.

LES DONS DE REVELATION DANS LES ACTES

Il y a au moins vingt-trois exemples de dons de révélation en opération dans les Actes.[9] Ces exemples d'intuition accordée par l'Esprit sont les suivants : l'Esprit révélant à Pierre et Paul la prédisposition des individus à recevoir la guérison—et peut-être la prédisposition de Dieu à guérir (deux cas), l'Esprit révélant à Pierre le motif du cœur de quelqu'un (deux cas), l'Esprit donnant à Étienne un aperçu du ciel (un cas), Philippe, Ananias, Pierre et Paul recevant la direction de l'Esprit (cinq cas), l'Esprit révélant à Pierre la présence de visiteurs (un cas), l'Esprit révélant la volonté de Dieu à Pierre et Paul (quatre cas), l'Esprit révélant l'intention de Dieu à Paul et Jacques (deux cas), l'Esprit réconfortant Paul par une vision (un cas), l'Esprit révélant à Paul les événements à venir (quatre cas) et l'Esprit avertissant Paul d'un danger imminent (un cas).

De cette liste, nous pouvons voir que les dons de révélation ont joué un rôle clé dans la progression missionnaire de l'église du premier siècle. Grâce à ces dons, les premiers missionnaires ont été dirigés vers les lieux choisis par Dieu. Une fois sur place, ils ont été guidés vers des opportunités clés d'exercice de leur ministère et vers des confrontations de puissance. Souvent, une parole de connaissance ou un discernement des esprits ouvrait la voie à une série d'événements aboutissant à la libération d'un don de puissance, et finalement, à la proclamation victorieuse de l'Évangile. Parfois, L'Esprit a montré aux missionnaires pour qui et quand prier. À d'autres moments, il les réconfortait et les encourageait par des visions célestes, ou révélait sa volonté à des moments cruciaux de l'histoire de l'Église. Tandis que les missionnaires restaient sensibles

---

9 Voir appendice 2 pour une liste complète, avec références, des dons de révélation manifestés dans le livre des Actes.

aux incitations de l'Esprit et obéissaient à ses directives, le royaume de Dieu continuait à avancer.

LES DONS PROPHÉTIQUES DANS LES ACTES

Tout comme pour les dons de révélation, il y a beaucoup d'exemples de dons prophétiques en opération dans le livre des Actes des Apôtres, seize selon mon compte.[10] Ces exemples de discours inspirés par l'Esprit sont les suivants : les croyants parlant en langues comme l'Esprit leur permettait de le faire (trois fois), l'Esprit inspirant les missionnaires à proclamer la bonne nouvelle par une onction prophétique (huit fois), l'Esprit inspirant les prophètes à prédire des événements futurs (trois fois), une prophétie inspirée par l'Esprit qui annonce une tournée missionnaire (une fois), l'Esprit qui appelle et oint des prophétesses (une mention).

Les dons prophétiques étaient donc une composante indispensable de l'œuvre missionnaire de l'Église du Nouveau Testament. Tandis que les évangélistes et les missionnaires inspirés par l'Esprit annonçaient l'Évangile, le cœur de leurs auditeurs étaient bouleversé et convaincu de péché. Lorsque les prophètes s'adressaient à l'Église, celle-ci était en mesure de réagir efficacement aux événements actuels et futurs. La direction divine et la motivation divine ont souvent été le résultat d'une parole prophétique. Parfois de telles paroles hâtaient ou guidaient les missionnaires sur leur chemin. Le progrès missionnaire de l'Église a donc été considérablement facilité par la manifestation des dons prophétiques.

LES DONS DE PUISSANCE DANS LES ACTES

Tout comme pour les deux autres catégories, il existe de nombreux exemples de dons de puissance en opération dans les

---

10 Voir appendice 2 pour une liste complète, avec références, des dons prophétiques manifestés dans le livre des Actes.

Actes.[11] J'en compte au moins vingt-sept, dont les suivants : l'Esprit a revêtu de puissance les apôtres et d'autres missionnaires afin qu'ils accomplissent des signes et des prodiges (six évocations), beaucoup ont été guéris à la suite de la libération de dons de guérison et d'autres dons de puissance, y compris ceux qui étaient malades, les maladifs, les paralysés, les infirmes, les aveugles, les blessés graves, les personnes atteintes de fièvre et de dysenterie (10 fois). Les démons ont été chassés par L'Esprit de Dieu, ce qui a entraîné la liberté spirituelle et la guérison physique (trois fois), les morts ont été ressuscités par la puissance de l'Esprit (deux fois), et l'Esprit permit aux apôtres d'accomplir et de recevoir des miracles extraordinaires, y compris l'ombre de Pierre guérissant les malades, les vêtements portés par Paul guérissant les malades et chassant les démons, et Paul étant délivré de la morsure d'un serpent venimeux (trois fois mentionné).

Dans les Actes, les dons de puissance se manifestaient souvent conjointement avec des dons de révélation et les dons prophétiques. Ainsi, les divers dons se renforçaient et se complétaient mutuellement. Par exemple, dans l'histoire de la guérison de l'homme boiteux à la Belle Porte du temple, et de la grande moisson d'âmes qui suivit, les dons se sont manifestés dans les trois catégories (3.1-4.4). Par une parole de connaissance (révélation), Pierre sut que c'était le temps de Dieu d'étendre la guérison à l'homme boiteux. Par un don de guérison (puissance), l'homme fut miraculeusement guéri. Et par une manifestation du don de prophétie (prophétique), Pierre se leva et s'adressa avec puissance à la foule. L'action cordonnée de ces dons spirituels, eut pour résultat que beaucoup furent ajoutés au royaume (4.4).

La même utilisation multiple des dons, se produisit dans le ministère de Paul dans la ville de Lystre, au sud de la Galatie (14.6-18). Par une parole de connaissance (révélation), Paul discerna qu'un

---

11 Voir appendice 2 pour une liste complète, avec références, des dons de puissance manifestés dans le livre des Actes.

homme boiteux dans la foule avait la foi pour être guéri. Par le don de la foi (puissance), il ordonna à l'homme de « se lever droit sur ses pieds ». L'homme se leva d'un bond et se mit à marcher. Puis Paul, comme c'était sa coutume, prêcha un message puissant, inspiré par l'Esprit (prophétique).

Changement de foi

Dans ces récits et d'autres récits de miracles dans les Actes, un phénomène humain intéressant se produit, un phénomène que j'appelle un « changement de foi » (voir fig. 12.6 ci-dessous). Quelque chose d'étonnant se produit dans le cœur des spectateurs lorsqu'ils voient la démonstration de la puissance de Dieu. Ceux qui étaient auparavant désintéressés—ou même, parfois, hostiles au message de l'Évangile, s'y intéressent soudainement d'une manière inattendue. En voyant un miracle se produire, ils changent instantanément d'attitude. Ils ne sont plus des passants désintéressés, mais sont transformés en participants engagés dans l'événement, prêts à donner au prédicateur une écoute sympathique. J'ai vu ce phénomène se produire en Afrique lorsque, dans des réunions en plein air, le peuple a été témoin d'un miracle. Les signes et les prodiges sont donc un puissant outil d'évangélisation à la disposition du missionnaire revêtu de la puissance de l'Esprit. Cela est particulièrement vrai dans les contextes islamiques et animistes, et parmi d'autres groupes de personnes résistantes et orientées vers le pouvoir.

LE « CHANGEMENT DE FOI » SE MANIFESTE
LORSQU'UN MIRACLE SE PRODUIT
(FIGURE 12.6)

Le Miracle !

L'attitude du peuple *avant* le miracle

Survenant à la suite de la libération d'un don de puissance

L'attitude du peuple *après* le miracle

Le désintérêt > > > > > > > > > > > > **La disposition à croire**

CHANGEMENT DE FOI

IMPLICATIONS MISSIOLOGIQUES

Mis à part le plus véhément des sécessionnistes, qui peut nier que l'œuvre missionnaire de l'Église doit inclure la manifestation fréquente de dons spirituels ? Une tendance commune aujourd'hui, cependant, même dans les cercles pentecôtistes, est de minimiser ou de négliger le rôle central des dons spirituels dans l'œuvre des missions. Selon M. Gee, une telle tendance entraînera l'absence du mouvement « des desseins les plus complets de Dieu ».[12] Il a appelé la direction missionnaire de l'église pentecôtiste à donner la priorité absolue à cette question :

> Le mouvement pentecôtiste actuel a enveloppé la terre. Il est encore en croissance. Sa santé est due en grande partie à son évangélisation mondiale. L'impulsion divine pour cela a été le baptême dans le Saint-Esprit accompagné de dons spirituels. Quel est l'avenir pour un tel mouvement ? Cela dépendra, de sa direction spirituelle, exercée sous la soumission à Dieu ; et, si elle veut rester fidèle à sa vision

12 Gee, 63.

> céleste, cette équipe dirigeante devra manifester des dons spirituels.[13]

Ceux qui se concentrent exclusivement sur l'enseignement de Paul concernant les dons spirituels (à l'exclusion de celui de Luc) ont tendance à considérer les dons spirituels, uniquement en relation avec une congrégation. Une lecture éclairée des Actes des Apôtres aide à apporter l'équilibre nécessaire à notre réflexion. Dans ce contexte, les dons se manifestent dans l'évangélisation et les missions. Gee a mis en garde contre la tendance à séparer mentalement l'opération des dons spirituels de l'évangélisation mondiale : « Nous devons fermement nous attacher à une juste compréhension les dons de l'Esprit comme étant un équipement divin pour l'œuvre d'évangélisation mondiale. Les considérer d'une autre manière, c'est en faire une spécialité pour des groupes de personnes qui deviennent à peine plus que des clubs religieux. »[14]

Ceux qui font le travail des missions ne doivent pas seulement se préoccuper de l'opération des dons spirituels dans leur propre vie (rappelez-vous les paroles de Paul, « aspirez aux dons spirituels »), ils doivent aussi se préoccuper d'enseigner aux églises qu'ils implantent ou servent, le rôle et l'opération des dons spirituels. Gee a observé que « quand les dons de l'Esprit manquent, il y a des églises créées qui sont dirigées par des dons naturels, tout comme des entreprises commerciales efficaces dans le monde.... En fin de compte, de telles églises produisent la famine spirituelle ».[15] Il émet ensuite cette observation convaincante concernant l'utilisation des dons spirituels dans les missions : « Le maintien de la prospérité spirituelle du réveil pentecôtiste dépend de la consécration continue aux missions mondiales. Si nos dons spirituels ne peuvent pas fleurir dans la vaste arène du témoignage universel, il y a quelque chose qui

---

13 Ibid., 64-65.
14 Ibid., 64.
15 Ibid., 65.

ne va pas. Leur utilisation dans l'évangélisation est un test sain pour leur validité et notre utilisation de ceux-ci. »[16]

Le baptême dans le Saint-Esprit et les dons spirituels

En discutant de la manifestation des dons spirituels dans les Actes, la question se pose naturellement : quelle est la relation entre le baptême de l'Esprit et la manifestation des dons spirituels ? Les pentecôtistes classiques ont traditionnellement adopté une « théologie du point d'accès » concernant les dons spirituels, affirmant que le baptême du Saint-Esprit est la porte, ou le point d'accès, à la réception et à la manifestation de ces dons spirituels. Une ligne de la « Déclaration de vérités fondamentales » des Assemblées de Dieu, U.S.A., semble apporter son soutien à cette vue. Sous le titre « Le baptême dans le Saint-Esprit », la déclaration stipule : « Avec cela [le baptême de l'Esprit] vient le revêtement de puissance pour la vie et le service, la dispensation des dons et leurs utilisations dans l'œuvre du ministère (Luc 24.49 ; Actes 1.4, 8 ; 1 Co 12.1-31). » Plus loin dans le même document, la même idée est exprimée à nouveau. Sous le titre « L'Église et sa mission », on peut lire : « Les Assemblées de Dieu existent expressément pour donner une importance continue à cette raison d'être dans le modèle apostolique du Nouveau Testament en enseignant et en encourageant les croyants à être baptisés du Saint Esprit. Cette expérience... leur permet d'évangéliser par la puissance de l'Esprit avec les signes surnaturels qui l'accompagnent (Marc 16.15-20 ; Actes 4.29-31 ; Héb 2.3, 4). »

Toutefois, une déclaration ultérieure dans la même section modifie quelque peu celle-ci. On peut lire : « Le baptême du Saint-Esprit permet [aux croyants] de répondre à *la pleine action du Saint-Esprit* dans l'expression du fruit, des dons et des ministères comme dans le Nouveau Testament pour l'édification du corps du Christ

---

16 Ibid., 66.

(Gal 5.22-26 ; 1 Co 14.12 ; Éph 4.11-12 ; 1 Co 12.28 ; Col 1.29) (italiques ajoutés). » Notez comment l'expression « la pleine action de l'Esprit Saint » modifie et adoucit la déclaration précédente. Cela implique que ceux qui sont nés de l'Esprit, mais qui n'ont pas encore été baptisés du Saint-Esprit, peuvent aussi être utilisés par Dieu dans « l'expression du fruit, des dons et des ministères », bien que dans une moindre mesure.

Néanmoins, dans sa forme la plus dogmatique, la théologie du point d'accès ne soutient qu'aucun croyant ne peut en aucune façon manifester un don spirituel avant d'avoir été baptisé du Saint-Esprit selon Actes 2.4. Ce point de vue, lorsqu'il est exprimé en termes aussi étroits, ne peut être soutenu par les Écritures, par l'histoire ou par la pratique contemporaine.

Des dons de miracles et de prophéties ont été manifestés dans toute la Bible avant le jour de la Pentecôte. Une liste de personnages de l'Ancien Testament, ayant accompli des miracles, comprend des hommes comme Moïse, Josué, Elie et Elisée. Les disciples de Jésus ont exercé les dons spirituels de manière limitée et transitoire avant d'être baptisés du Saint-Esprit le jour de la Pentecôte. Cela comprenait la guérison des malades (Luc 9.1-11), l'exorcisation des démons (Luc 10.17), et la révélation divine (Mt 16.13-17). Paul enseignait en outre que chaque croyant peut s'attendre à avoir un rôle dans l'opération des dons spirituels dans le corps (1 Co 12.7, 11 ; 14.26).

De plus, tout au long de l'histoire de l'Église chrétienne, les croyants ont exercé des dons spirituels sans avoir d'abord été baptisés dans le Saint-Esprit, comme en témoigne le parler en langues. À la fin du XIXe siècle, avant le début du réveil pentecôtiste en 1901, certains individus étaient grandement utilisés par Dieu grâce au don des guérisons. Il s'agit notamment de notables comme A. B. Simpson, Maria B. Woodworth-Etter et John Alexander Dowie. Même Charles F. Parham, le fondateur contesté du mouvement pentecôtiste, pratiquait la guérison divine avant d'être baptisé par le Saint-Esprit en janvier 1901.

Un autre défi auquel est confrontée la théologie classique du point d'accès est le mouvement de la troisième vague qui se produit aujourd'hui parmi les chrétiens évangéliques et qui met l'accent sur les dons spirituels. Ces évangéliques, tout en niant que le baptême du Saint-Esprit est une expérience séparée de la conversion et accompagnée du parler en langues, préconisent l'opération des dons spirituels dans leurs réunions. On ne peut nier que beaucoup de guérisons et d'autres manifestations de dons spirituels se produisent parmi eux.

Quelle devrait donc être la réponse pentecôtiste à ces défis ? Les pentecôtistes doivent commencer par faire face à leur théologie traditionnelle du point d'accès au sujet des dons spirituels et admettre librement que, dans sa forme la plus dogmatique, elle ne peut tout simplement pas être soutenue. Dire qu'aucun chrétien ne peut être utilisé en aucune façon dans les dons spirituels avant le baptême de l'Esprit est tout simplement exagéré. Après tout, chaque chrétien est habité par l'Esprit, et beaucoup de non-pentecôtistes ont été, et sont actuellement, utilisés par Dieu de manière significative.

Cela signifie-t-il que les pentecôtistes devraient abandonner complètement leur théologie du point d'accès ? Absolument pas. Mais cela signifie que leur compréhension et leur articulation de cette théologie doivent être plus réfléchies et nuancées. Lim aborde cette question lorsqu'il écrit que « le baptême dans l'Esprit n'est pas avant tout une expérience de qualification mais une expérience d'équipement ».[17] En d'autres termes, le baptême de l'Esprit ne fait pas de quelqu'un un chrétien, ni même un ouvrier chrétien, il l'équipe plutôt pour une plus grande efficacité dans son ministère. Lim continue : « [Le baptême du Saint-Esprit] permet aux chrétiens de faire leur travail plus efficacement. La personne qui est pleinement soumise au Saint-Esprit aura un impact plus grand dans son ministère que ce qu'elle aurait pu réaliser sans cette plénitude. »[18] Le

---

17 Lim, 64.
18 Ibid.

fait qu'une personne puisse être utilisée par Dieu avant le baptême de l'Esprit n'enlève rien au fait qu'elle doit continuer à rechercher ardemment la promesse de la puissance pentecôtiste.

Personne ne peut contester qu'une fois que les disciples ont reçu l'Esprit le jour de la Pentecôte, un véritable essor l'activité charismatique s'est produite. C'est à ce moment-là qu'une libération dynamique de la puissance spirituelle s'est produite, ainsi que la prolifération la plus spectaculaire des dons spirituels que le monde n'ait jamais vus. Cette prolifération était le résultat direct du baptême des disciples dans le Saint-Esprit. Jésus avait promis la puissance de témoigner, et cette puissance se manifestait, entre autres choses, par une libération puissante des dons spirituels. Et nul ne peut nier qu'au cours du siècle dernier, les églises qui prônaient le baptême de l'Esprit en tant qu'œuvre de grâce subséquente démontrée par le parler en langues ont été, au sein de l'Eglise, les plus grands défenseurs et praticiens des dons spirituels. Selon J. B. Lawrence :

> Il n'y a pas de dons en dehors de l'esprit. La promesse de la puissance est liée à la venue de l'Esprit. Une église baptisée par l'Esprit est une église pleine de dons. La quantité de bien fait par n'importe quelle église n'excède jamais le degré dans lequel l'Esprit est reconnu et obéi. L'église est tragiquement inefficace, déficiente et d'une utilité limitée dans l'accomplissement de la volonté du Christ dans le monde, à moins qu'elle ne soit habilitée et dirigée par le Saint-Esprit.[19]

Le baptême du Saint-Esprit est en effet le point d'accès à « un revêtement de puissance pour la vie et le service » et *une plus grande* « dispensation des dons et leurs utilisations dans l'œuvre du ministère ». Lorsqu'il est bien compris et reçu selon les Écritures, le baptême de l'Esprit se traduit par une puissante libération d'énergie spirituelle dans la vie d'un croyant. Cela ouvre les portes du ciel,

---

19 J. B. Lawrence, *The Holy Spirit in Missions* (Atlanta, GA: The Home Missions Board of the Southern Baptist Convention, 1947).

résultant en un flux puissant de l'Esprit qui entre et sort de son être le plus profond (Jean 7.37-39). Une fois qu'un croyant a été baptisé dans l'esprit, il peut s'attendre à ce que les dons spirituels soient libérés dans sa vie et dans son ministère dans une plus grande mesure que jamais auparavant. Selon Gordon L. Anderson, éducateur pentecôtiste, « le baptême du Saint-Esprit est une puissance *supplémentaire* significative pour la vie et le ministère donnés par Dieu après le salut.... Cette expérience conduit à une foi *renforcée* en Dieu, une *augmentation* de la puissance et des dons pour le ministère, une *augmentation* de l'émotion et de la passion, et une conscience *rehaussée* de la dimension expérimentale de la présence de Dieu dans la vie du croyant pentecôtiste. »[20]

Bien que la question ne puisse pas être formulée scripturairement en termes de « tout ou rien », chaque chrétien doit faire face à cette question : « Dans quelle mesure est-ce que je veux voir les dons de l'Esprit agir dans ma propre vie et dans mon ministère ? » Cette question l'amènera inévitablement à la question du baptême de l'Esprit. Après tout, Jésus a ordonné à ses disciples d'attendre jusqu'à ce qu'ils aient reçu la puissance d'en haut (Luc 24.49). Tout croyant qui veut être utilisé puissamment par Dieu dans la manifestation des dons spirituels dans sa vie doit donc prendre au sérieux le commandement final de Jésus d'être baptisé du Saint-Esprit (Actes 1.4-5).

---

20 Gordon L. Anderson, "Baptism in the Holy Spirit, Initial Evidence, A New Model" dans *Enrichment Journal* Website, disponible à <http:/enrichmentjournal.ag.org/200501/200501_071_BaptismHS .cfm> (26 décember 2004), emphase ajoutée.

- CHAPITRE 13 -

TROIS APPLICATIONS

Comme nous l'avons observé, l'Église engendrée par Jésus et revêtue de la puissance de l'Esprit à la Pentecôte est rapidement devenue une force puissante sur la terre. La Pentecôte, et les nombreuses autres effusions de l'Esprit qui l'ont suivie, ont donné naissance à un puissant mouvement missionnaire au Ier siècle, un mouvement qui n'a jamais été égalé en deux mille ans d'histoire de l'Église. Que pouvons-nous apprendre aujourd'hui de la pratique missionnaire de l'Église du Nouveau Testament ? Nous apprenons que toute stratégie missionnaire conforme au Nouveau Testament, doit donner la priorité absolue au rôle du revêtement de puissance de l'Esprit de Dieu. Ni Luc ni Paul n'auraient pu concevoir une stratégie missionnaire dépourvue de la présence, du revêtement de puissance et du leadership actif de l'Esprit, et nous non plus.

L'Église du XXIe siècle, comme son homologue du Ier siècle, doit donc se tourner vers l'Esprit pour qu'il la revête de puissance et dirige sa mission. Cette œuvre de revêtement de puissance doit commencer dans la vie du missionnaire interculturel. Aucun missionnaire, aussi doué ou bien éduqué soit-il, ne doit tenter cette œuvre par sa propre force. Les missionnaires présentés par Luc dans les Actes sont des hommes et des femmes oints par l'Esprit, des personnes qui ont été revêtues de puissance pour prêcher l'Évangile, recevoir des révélations de Dieu, prophétiser sous la direction de l'Esprit, guérir les malades, opérer des miracles, chasser les démons, et prier avec les autres pour qu'ils reçoivent l'Esprit. C'est le genre de missionnaires dont nous avons besoin aujourd'hui.

Non seulement le missionnaire doit se préoccuper de son propre revêtement spirituel, mais il doit aussi se préoccuper du revêtement de puissance de l'église. C'était une préoccupation majeure pour Jésus (Luc 24.49 ; Actes 1.4-8), Pierre et Jean (Actes 8.16-17), et Paul (Actes 19.1-7 ; Éph 5.18). Un objectif clé de tout missionnaire doit donc être d'inculquer la Pentecôte à l'église dans laquelle il est appelé à travailler.

Pour accomplir cette tâche, le missionnaire doit accorder une grande valeur à l'expérience pentecôtiste. Tout missionnaire qui n'est pas convaincu du besoin de revêtement spirituel de l'église ne fera pas grand-chose pour mettre l'accent sur l'expérience du baptême de l'Esprit. Cependant, le missionnaire qui accorde de l'importance à l'expérience pentecôtiste prêchera et enseignera fréquemment sur le sujet. Il aspirera à une église missionnaire véritablement revêtue de la puissance de l'Esprit, sachant que seule une telle église aura en elle la vitalité spirituelle nécessaire pour pénétrer les cultures résistantes et se développer et se reproduire efficacement sur une vaste région géographique.

William Menzies a affirmé que « si une vérité biblique doit être promulguée, alors elle doit être démontrable dans la vie ».[1] Je suis d'accord. Dans l'œuvre des missions, la théologie juste pour la théologie ne suffira jamais. Pour être vraiment viable, toute théologie

---

1 William W. Menzies, "The Methodology of Pentecostal Theology: An Essay on Hermeneutics," dans *Essays on Apostolic Themes: Studies in Honor of Howard M. Ervin,* ed. Paul Elbert, (Peabody, MA: Hendrickson Publishers, 1986), 13, cité dans Roger Stronstad, *Spirit, Scripture and Theology: A Pentecostal Perspective* (Baguio City, Philippines: Asia Pacific Theological Seminary Press, 1995), 29.

de la mission doit avoir des pieds ; elle doit nous amener quelque part ; elle doit conduire à une pratique missionnaire efficace.

Avec ces choses à l'esprit, nous aborderons trois questions pratiques relatives au rôle du Saint-Esprit dans l'œuvre des missions et dans la vie du missionnaire : recevoir le baptême de l'Esprit, communiquer le baptême de l'Esprit et communiquer les dons spirituels.

Recevoir le baptême de l'Esprit

Dans cette étude, nous avons souvent parlé de l'importance pour chacun, d'être baptisé du Saint-Esprit afin de maximiser son efficacité dans l'œuvre des missions. Nous devons maintenant nous poser la question cruciale : comment peut-on personnellement faire cette expérience de revêtement de puissance ? En répondant à cette question, nous examinerons d'abord le contexte biblique dans lequel l'expérience est reçue, et ensuite nous analyserons l'acte de recevoir l'Esprit.

Le contexte de la reception de l'Esprit

Quand on aborde le baptême de l'Esprit, il est important de comprendre le contexte biblique dans lequel l'expérience est reçue. Les écritures indiquent que ce contexte comprend au moins cinq éléments essentiels, comme suit :

1. Prière fervente. Le baptême de l'Esprit est reçu dans le contexte d'une prière fervente. Le Saint-Esprit est descendu sur Jésus « pendant qu'il priait » (Luc 3.21). Jusqu'au jour de la Pentecôte, les disciples « persévéraient dans la prière » (Actes 1.14). Avant qu'Ananias ne pose les mains sur Saul pour qu'il reçoive l'Esprit, le futur apôtre a passé trois jours à prier Dieu (9.9, 11). Luc note comment Corneille « priait Dieu constamment » (10.2), et comment Pierre priait aussi, ce qui fut une préparation pour l'effusion de l'Esprit à Césarée (v. 9). Enfin, c'est dans le contexte de l'enseignement sur la prière que Jésus a demandé à ses disciples de

prier leur Père céleste pour l'envoi du Saint-Esprit (Luc 11.1-2, 9-13). Quiconque désire être rempli du Saint-Esprit doit donc s'engager à prier Dieu avec ferveur et en demeurant dans l'attente.

2. La Mission de Dieu. C'est dans le contexte de la mission que le baptême du Saint-Esprit est correctement reçu. Jésus a relié le baptême de l'Esprit à la mission de Dieu dans Actes 1.8 : « Mais vous recevrez une puissance, celle du Saint-Esprit survenant sur vous, et vous serez mes témoins… jusqu'aux extrémités de la terre. » Une fois reliée à la mission de Dieu, l'expérience devient une puissance importante dans la vie chrétienne, contraignant et équipant les croyants à atteindre les perdus tant au pays que dans le monde. Cependant, lorsqu'elle est séparée de la mission—comme c'est souvent le cas dans les églises pentecôtistes et charismatiques—l'accent est souvent mis sur la satisfaction du moi et la bénédiction personnelle, et la mission de Dieu est délaissée. Dans ce contexte, de nombreux excès se sont produits au nom de la Pentecôte, et la progression de l'Église a souvent été entravée. Ceux qui recherchent le baptême de l'Esprit devraient savoir que le but de leur quête est la puissance spirituelle pour participer à la mission de Dieu et atteindre les nations avec l'Évangile.

3. Quête spirituelle. Le baptême de l'Esprit est aussi reçu dans le contexte de la quête spirituelle, c'est-à-dire dans le contexte de la recherche sincère de Dieu. Dans son sermon sur la montagne, Jésus dit : « Heureux ceux qui ont faim et soif de justice, car ils seront rassasiés ! » (Mt 5.6). À une autre occasion, en parlant de l'Esprit, Jésus dit : « Si quelqu'un a soif, qu'il vienne à moi et qu'il boive » (Jean 7.37).

Le baptême de l'Esprit commence par un désir spirituel. Il ne se reçoit ni par hasard ni avec complaisance. Des milliers de chrétiens dans le monde entier pourront témoigner du fait que c'est quand ils ont commencé à chercher ardemment Dieu qu'ils ont été baptisés dans le Saint-Esprit. Quiconque désire être rempli de l'Esprit doit tourner son cœur vers Dieu et chercher ardemment sa face.

4. Humilité de cœur. De plus, le baptême de l'Esprit est reçu dans le contexte de l'humilité du cœur et de la vie. Jésus s'est humilié devant les autres en étant baptisé dans l'eau.[2] C'est alors que l'Esprit est descendu sur lui et qu'il a été oint pour le ministère (Luc 3.21-22 ; cf. 4.18-19). De même, Saul de Tarse s'humilia devant Jésus et Ananias lorsqu'il fut rempli de l'Esprit (Actes 9.5, 17), tout comme Corneille avec Pierre (Actes 10.25). L'orgueil est un grand obstacle pour recevoir le Saint-Esprit. La personne qui désire être baptisée dans le Saint-Esprit doit être prête à s'humilier devant Dieu.

5. Obéissance. Ensuite, le baptême du Saint-Esprit est reçu dans le contexte de l'obéissance. Pierre a dit aux dirigeants juifs que Dieu donne le Saint-Esprit « à ceux qui lui obéissent » (Actes 5.32). En obéissance au commandement du Christ, les disciples attendaient à Jérusalem pour recevoir l'Esprit promis (Luc 24.49 ; Actes 1.4-5). Saul de Tarse a aussi obéi au Christ ressuscité, et bien qu'aveuglé et désorienté, il s'est rendu à la maison de Judas pour attendre les instructions du Christ (Actes 9.6-8). En tant que chrétiens, nous avons reçu l'ordre d'être remplis de l'Esprit (Actes 1.4 ; Éph 5.18). Nous devons aussi obéir à son commandement sans équivoque.

Jésus a en outre ordonné à son église de prêcher l'Évangile à toutes les nations. Un examen précis de ses cinq déclarations dans la Grande Commission révèle que chacune est intégralement liée à la présence ou à la puissance de l'Esprit (Mt 28.18-20 ; Marc 16.15-18 ; Luc 24.46-49 ; Jean 20.21-22 ; Actes 1.8). L'implication est claire. Le baptême de l'Esprit est pour ceux dont le cœur est déterminé à porter Christ aux nations, c'est-à-dire ceux dont le cœur est prêt à obéir à tout ce que Jésus a commandé (Mt 28.20). Ceux qui sont prêts à obéir au commandement du Christ sont donc des candidats de choix pour le baptême de l'Esprit.

---

2 L'humilité de Jésus se manifeste aussi par le fait qu'il a été baptisé « quand tout le peuple reçut le baptême ».

L'ACTE DE RECEVOIR L'ESPRIT

Comme pour toutes les promesses de Dieu, la promesse du Saint-Esprit s'approprie par la foi. Paul a rappelé aux croyants de Galatie qu'ils avaient « par la foi, [reçu] la promesse de l'Esprit » (Ga 3.14). Jésus a dit que le Saint-Esprit coule de (et, par implication, en) celui « qui croit » (Jean 7.37-38). Il a ajouté que des signes surnaturels, y compris le parler en langues, accompagneraient « ceux qui auront cru » (Marc 16.17).

Cependant, cet acte unique de recevoir l'Esprit par la foi peut être pratiquement subdivisé en trois « pas de foi » bien définis. Dans les années ou j'ai prié pour que des gens soient remplis du Saint-Esprit, j'ai remarqué que les conduire à travers ces trois étapes, en a aidé beaucoup à recevoir immédiatement le Saint-Esprit. Examinons de plus près chacune de ces trois étapes :

1. *Demander par la foi.* Parlant du Saint-Esprit, Jésus dit : « Demandez et l'on vous donnera… » (Luc 11.9). Le processus de réception du Saint-Esprit commence par demander à Dieu ce don. La prière de celui qui demande pourrait se faire ainsi :

> Jésus, tu as promis. Tu as dit que si je demandais, je recevrais le Saint-Esprit. En effet, tu as dit que tous ceux qui demandent reçoivent. Alors, je te le demande maintenant, donne-moi le Saint-Esprit. Remplis-moi et revêts-moi de puissance pour être ton témoin.

En priant, celui qui demande doit croire que Dieu écoute sa prière et qu'à ce moment même, il répond. Il devrait se concentrer sur ce que Dieu fait pour lui et en lui. Beaucoup ont témoigné que c'est à ce moment qu'ils ont commencé à sentir la présence de l'Esprit descendre sur eux.

2. *Recevoir par la foi.* L'acte de recevoir l'Esprit est très proche de celui de demander l'Esprit. Recevoir, dans ce cas, est un acte défini de foi, qui se produit au moment précis où la personne s'approprie pleinement du don du Saint-Esprit. Cela peut être

comparé au pas de foi de Pierre quand, sur l'ordre de Jésus, il sortit de la barque et se mit à marcher sur l'eau (Mt 14.29).

Jésus n'a pas seulement instruit ses disciples venant de Dieu demander le Saint-Esprit (Luc 11.9-13), il leur a également dit comment ils devaient demander : « C'est pourquoi je vous déclare : tout ce que vous demandez en priant, croyez que vous l'avez reçu, et cela vous sera accordé » (Marc 11.24). Cette promesse générale concernant l'efficacité de la foi a une application claire pour recevoir le Saint-Esprit. Le Saint-Esprit est reçu au moment de la foi.

Cette foi ne doit pas être perçue comme une foi passive ou une foi tournée vers le futur. Elle doit plutôt être comprise comme une foi active, située dans le présent immédiat. Prenez bien note du temps verbal de l'exhortation de Jésus. Il n'est pas dit au futur (« croyez que *vous recevrez* »), mais au passé composé (« croyez que vous *avez reçu* »).[3] L'acte de recevoir l'Esprit est un pas de foi courageux au présent de l'indicatif.

Celui qui demande peut, à ce stade, prier avec une pleine confiance dans les promesses du Christ : « Je crois fermement que *j'ai reçu* le Saint-Esprit ! » En réponse à sa foi, le Saint-Esprit le remplira de sa puissance et de sa présence. S'il reste sensible à ce que Dieu fait, il sentira, au plus profond de son esprit, la venue de l'Esprit.

3. *Parler par la foi.* Il ne reste à celui qui demande qu'à s'exprimer par la foi. Le jour de la Pentecôte, les 120 disciples « furent tous remplis d'Esprit Saint *et se mirent à parler…* » (Actes 2.4, emphase ajoutée). Pendant qu'ils parlaient, l'Esprit coulait en eux, à travers eux et hors d'eux, et ils « se mirent à parler en d'autres langues, selon que l'Esprit leur donnait de s'exprimer ». Quand une personne est remplie de l'Esprit, elle doit aussi s'attendre à parler en langues.[4]

---

3 Le passé composé indique que l'action était accomplie au moment où la personne parlait.

4 Voir le chapitre 14 pour une discussion plus complète à ce sujet.

Les mots qu'elle prononce, cependant, ne viendront pas de sa pensée comme c'est le cas dans un discours naturel, mais du fond d'elle-même, de son esprit. Parlant de l'expérience des croyants avec l'Esprit, Jésus a dit : « Celui qui croit en moi, des fleuves d'eau vive couleront de son sein, comme dit l'Écriture » (Jean 7.38). Parler en langues n'est pas une activité de la pensée humaine, mais de l'esprit humain. Il ne s'agit pas d'un exercice cognitif mais d'un exercice spirituel et intuitif. Il jaillit du plus profond de l'être. Paul a écrit : « En effet, celui qui parle en langue ne parle pas aux hommes, mais à Dieu, car personne ne le comprend, et c'est en esprit qu'il dit des mystères » (1 Co 14.2). Il affirma en outre : « Car si je prie en langue, mon esprit est en prière, mais mon intelligence demeure stérile » (v. 14).

Quand quelqu'un se présente devant Dieu pour être rempli de l'Esprit, il doit se détendre et ouvrir pleinement son cœur à Dieu. Puis, par la foi, il doit demander le Saint-Esprit, en espérant pleinement que Dieu répondra à sa prière. Alors qu'il s'attend à Dieu, il sentira la présence de l'Esprit venant sur lui. Puis, par un acte conscient de foi, il doit « croire qu'[il a] reçu ». Il sentira la présence de l'Esprit au fond de lui, le remplissant et le revêtant de puissance. Il saura ainsi que Dieu le remplit du Saint-Esprit ! Il doit alors commencer à *parler par l'Esprit en lui*, c'est-à-dire du plus profond de lui-même, là où il sent la présence de Dieu. Cela ne sera pas un effort forcé, mais un flot naturel de mots surnaturels. Il devra simplement permettre que cela se produise, et coopérer pleinement avec l'Esprit en parlant par la foi avec assurance. Il commencera à dire des mots qu'il ne comprend pas, des mots qui viennent de l'Esprit de Dieu.[5]

---

5 Comme il parle en langues (c.-à-d. les langages), il faut lui rappeler le but du baptême de l'Esprit : un témoignage revêtu de puissance pour les nations. Il devrait se rappeler qu'il y a beaucoup de peuples dans le monde qui parlent des langues « étranges » et qui ont désespérément besoin de l'Évangile du Christ. Il devrait se rendre compte que Dieu le revêt de puissance pour qu'il puisse participer à la mission de Dieu de porter l'Évangile aux nations par la puissance pentecôtiste.

Bien que le baptême de l'Esprit de deux personnes ne soit pas exactement le même, certains résultats uniformes peuvent être anticipés par tous. Le premier, comme mentionné plus haut, est de parler en langues selon que l'Esprit donne de s'exprimer (Actes 2.4 ; 10.44-46 ; 19.6). Le deuxième résultat concerne également un discours inspiré par l'Esprit. La personne qui est remplie de l'Esprit sera revêtue de puissance et motivée à faire connaître Christ aux autres (Actes 2.14 ; 4.31).[6] Les deux résultats devraient être considérés comme des signes normatifs du baptême de l'Esprit, et les deux devraient être attendus lorsqu'on est rempli du Saint-Esprit.

Par ailleurs, le croyant nouvellement baptisé de l'Esprit peut s'attendre à une sensibilité plus élevée de la présence de l'Esprit dans sa vie. Il y aura une plus grande liberté dans l'adoration et la prière (2 Co 3.17 ; Éph 5.18-20), et un courant plus intense de l'Esprit, entraînant un ministère plus efficace (Jean 7.37-38).

Une autre remarque : le croyant nouvellement baptisé de l'Esprit ne doit pas commettre l'erreur de penser qu'une fois baptiser de l'Esprit, il est en quelque sorte « arrivé », et qu'il n'a plus rien à faire pour maintenir une vie remplie de l'Esprit. Le baptême de l'Esprit nous introduit dans une relation avec l'Esprit qui doit être continuellement renouvelée et maintenue consciencieusement. Peu importe la puissance de la première plénitude, si cette expérience initiale n'est pas maintenue par la suite, par une vie de dévotion sincère, de prière disciplinée et de témoignage engagé, son efficacité faiblira bientôt et entraînera éventuellement une perte de la puissance spirituelle.

---

6 Cette proclamation peut être soit individuelle (évangélisation personnelle), comme l'a fait Philippe envers l'Éthiopien, soit dans un cadre public ou paroissial (évangélisation de masse), comme l'a fait Pierre le jour de la Pentecôte.

COMMUNIQUER LE BAPTÊME DE L'ESPRIT[7]

C'est la responsabilité du missionnaire interculturel non seulement d'être rempli de l'Esprit lui-même, mais aussi de conduire les autres dans cette expérience. Le succès à long terme de son travail sur le terrain sera déterminé, largement, par sa capacité à conduire les autres dans la plénitude de l'Esprit de Dieu. Le travail prospérera, plafonnera ou diminuera en proportion directe avec l'œuvre de l'Esprit dans la vie des croyants locaux. Selon le regretté missiologue pentecôtiste Melvin L. Hodges : « La plus grande contribution que le missionnaire peut apporter à l'Église dans un pays est une contribution spirituelle. »[8] Il ajoute : « Sa capacité d'administrateur ou d'organisateur peut être importante, mais elle pâlit par rapport à celle d'être un chef spirituel, capable d'encourager l'église, en lui insufflant une atmosphère de réveil par son enseignement, sa prière et l'impact spirituel de sa vie. »[9] Un missionnaire peut maximiser son impact spirituel sur l'église en conduisant les autres dans l'expérience dynamique du baptême de l'Esprit.

DEUX OBJECTIFS PRELIMINAIRES

Quand ceux qui recherchent se présentent pour être remplis de l'Esprit, le ministre est confronté à deux tâches préliminaires : la première est de faire naître dans leur cœur une foi pleine d'espérance ; la seconde est de leur faire comprendre exactement ce à quoi ils peuvent s'attendre quand ils recherchent l'Esprit. Une façon d'encourager leur foi est de leur rappeler la promesse de Jésus que « quiconque demande reçoit » (Luc 11.10). Une autre est de leur

---

7 Pour une explication plus complète sur comment conduire les croyants dans le baptême de l'Esprit, voir le chapitre 14, « Prier avec les croyants pour recevoir le Saint-Esprit », dans le livre de l'auteur, *Power Ministry : A Handbook for Pentecostal Preachers* (Springfield, MO : Discovery Books, 1998).

8 Melvin L. Hodges, *The Indigenous Church and the Missionary: A Sequel to the Indigenous Church* (Pasadena, CA: William Carey Library, 1978), 86.

9 Ibid.

assurer que, s'ils sont vraiment nés de nouveau, Dieu est prêt et disposé à les remplir de son Esprit.

Il devrait donc faire connaître aux candidats ce qu'il compte faire exactement et ce à quoi ils peuvent s'attendre. Cela les aidera à dissiper leur anxiété et les préparera à répondre plus pleinement à l'œuvre de l'Esprit dans leur vie. Le ministre pourrait dire quelque chose de ce genre :

> D'abord, nous prierons ensemble. Ensuite, je vous conduirai dans une prière dans laquelle nous demanderons à Dieu de nous remplir de son Esprit. Le Seigneur entendra et exaucera notre prière. Nous sentirons son Esprit venir sur nous. Alors, je vous demanderai de faire un pas de foi avec moi et de recevoir le Saint-Esprit. Pour cela, je vous guiderai à nouveau dans une courte prière. Ça va ressembler à ceci : « Seigneur, en ce moment je reçois le Saint-Esprit, au nom de Jésus. » Vous devrez à ce moment-là, croire par la foi, que Dieu vous remplit de Son Esprit. Vous sentirez sa présence au-dedans de vous. Quand cela se produira, commencez à parler, non de par votre propre pensée, mais comme provenant du plus profond de vous-même, d'où vous sentez la présence de l'Esprit. Vous commencerez à prononcer des mots dans une langue que vous n'avez jamais apprise. N'ayez pas peur, continuez à parler. Dieu vous remplit de sa puissance et de sa présence. Êtes-vous prêt à être rempli de l'Esprit ? Avez-vous des questions ? »

Si l'un des candidats a des questions, il faut y répondre. S'ils n'ont pas de questions, le groupe devra passer à l'heure de la prière.

DEUX PRIÈRES

Comme il est indiqué dans l'illustration de prière ci-dessus, le ministre conduira les personnes qui le désirent dans deux prières. La première est une prière de supplication dans laquelle ils demandent à Dieu de les remplir de l'Esprit. Après la prière, et après un moment d'attente sincère devant Dieu, et après avoir senti sa présence, le ministre conduira les candidats dans une seconde prière. Cette prière sera leur « pas de foi » par lequel ils recevront l'Esprit. Cette prière offre un moment précis pour que les candidats puissent se concentrer sur leur foi sur la réception du Saint-Esprit. Le leader devra les encourager à ressentir l'Esprit qui les remplit. Il devra alors les inviter à commencer à parler, non de par leur pensée, mais en provenance de leurs entrailles, de l'intérieur d'eux-mêmes, là où ils ressentent la présence du Seigneur.

Souvent, les personnes seront immédiatement remplies de l'Esprit et commenceront à parler en langues. Si certains ne sont pas immédiatement remplis, le leader peut les encourager à adorer le Seigneur pendant un certain temps, en ressentant la présence de Dieu sur eux. Il peut vouloir adorer avec eux, permettant au Seigneur de le remplir à nouveau du Saint-Esprit. Cela contribuera à encourager les candidats à continuer à désirer jusqu'à ce qu'ils soient également remplis.

Si l'un des candidats semble avoir des difficultés à répondre au Seigneur, il est parfois utile de répéter la procédure ci-dessus, en indiquant comment il peut répondre plus parfaitement à l'Esprit. Une fois que l'un des candidats commence à parler en langues, il convient de l'encourager à continuer. Le ministre doit rester avec les demandeurs tant qu'ils continuent de prier.

CONSEIL APRES LA PRIERE

Des conseils après la prière devraient être donnés à tous ceux qui ont prié pour être remplis de l'Esprit. Si quelqu'un est rempli, faites-lui savoir que recevoir le Saint-Esprit n'est pas une fin en soi ; c'est plutôt un moyen vers une fin plus grande. Le but pour lequel ils reçoivent l'Esprit est qu'ils puissent recevoir la puissance pour la vie et le service. Le ministre doit leur dire qu’ils doivent s'attendre à ce que Dieu commence à les utiliser d'une nouvelle manière et de façon plus efficace. Il devra aussi leur enseigner comment une vie remplie de l'Esprit peut être maintenue.[10] S'il y en a qui ne sont pas remplis de l'Esprit, ils devront être encouragés à continuer à demander à Dieu. Assurez-les que la promesse de Jésus est toujours vraie : « Quiconque demande, reçoit » (Luc 11.10). Retarder ne signifie pas refuser. Bientôt, eux aussi recevront l'Esprit.

Communiquer les dons spirituels

Au chapitre 12, nous avons vu le rôle des dons spirituels dans l'œuvre missionnaire. Nous voulons maintenant savoir, « Comment un missionnaire peut-il être utilisé par l'Esprit pour communiquer les dons spirituels dans son ministère ? » Le missionnaire doit commencer par le commencement—il ou elle doit « être rempli de l'Esprit » (Actes 2.4 ; Éph 5.18). Ensuite, afin de se préparer pour un ministère rempli du don de l'Esprit, il doit apprendre à marcher quotidiennement dans (ou par) l'Esprit (Gal 5.25). Marcher dans l'Esprit va bien au-delà de la première expérience de plénitude. Cela est possible à travers une vie de pureté, de prière et de soumission à Dieu. Marcher dans l'Esprit exige aussi que l'on soit rempli de l'Esprit à plusieurs reprises.

En plus, le missionnaire doit « aspirez aussi aux dons spirituels » (1 Co 14.1). Le mot grec traduit par « aspirer » est *zeloute.* Paul l'utilise quatre fois dans 1 Corinthiens 12-14, dont trois en parlant d'aspirer aux dons spirituels, comme suit :[11]

- 12.31 : « Aspirez (*zeloute*) aux dons les meilleurs. »
- 14.1 : « Aspirez (*zeloute*) aussi aux dons spirituels. »
- 14.39 : « Aspirez (*zeloute*) à prophétiser. »

---

10 Le chapitre 5, « Maintenir une vie remplie de l'Esprit », du livre de l'auteur, *Life in the Spirit*, aborde ce sujet.

11 Le quatrième emploi, dans 13.4, parle aussi d'un désir fort, mais dans un sens plus négatif : « L'amour… n'est pas jaloux (*zeeloi*). »

La version OST traduit le mot *zeloute* par « désirez avec ardeur », qui porte la connotation de désir ardant ou consumant. *Zeloute* dérive du mot *zeo* qui signifie brûler, rougeoyer ou bouillir. Métaphoriquement, cela signifie bouillir de passion. Ceux qui veulent être utilisés dans l'exercice des dons spirituels doivent avoir un désir ardent d'être utilisés par Dieu de cette manière. Les dons spirituels ne sont pas pour les complaisants ou les nonchalants, mais pour ceux qui sont passionnés par le désir de satisfaire les besoins des autres et de faire avancer le royaume de Dieu sur la terre.

En outre, pour être utilisé dans la manifestation des dons spirituels, le missionnaire doit aussi apprendre à écouter et à répondre aux directives intérieures de l'Esprit. Jésus a exercé son ministère par la puissance de l'Esprit, mais seulement après avoir écouté la voix de son Père à ce sujet, lui avoir parlé par l'Esprit (Jean 5.19 ; cf. Luc 4.1). Il en va de même pour Pierre (Actes 10.19 ; 11.12), Paul (13.2 ; 16.6-10), et les autres dans l'Église du Nouveau Testament (8.29 ; 9.10-16). Et cela doit être dit de nous aujourd'hui, si nous voulons vraiment servir dans la puissance de l'Esprit.

Les dons spirituels sont libérés par l'obéissance et la foi. L'Esprit de Dieu vient pour oindre et dispenser les dons spirituels à travers nous, seulement quand nous répondons par l'obéissance à sa Parole et à ses incitations intérieures. Permettez-moi d'illustrer ce que je veux dire. Les Écritures enseignent que l'Esprit est prêt à venir et à nous aider de manière surnaturelle dans la prière (Rm 8.26-27). Avant qu'Il ne vienne, cependant, nous devons d'abord agir en obéissant à la Parole de Dieu et aux incitations de son Esprit et commencer à prier. Si nous n'obéissons jamais et ne prions jamais, comment l'Esprit peut-il venir nous aider ? Mais si nous agissons dans l'obéissance et commençons à prier, tout en nous ouvrant à l'influence de l'Esprit, Il viendra à notre aide et intercédera à travers nous « par des soupirs inexprimables » (Rm 8.26).

Le même principe peut être appliqué pour le témoignage. L'Esprit nous oindra et nous permettra de transmettre de manière efficace le Christ aux perdus (Actes 1.8) ; cependant, nous devons commencer le processus en agissant d'abord par obéissance à son Esprit et sa Parole, puis en témoignant à quelqu'un. La triste vérité est que beaucoup de chrétiens, y compris des missionnaires pentecôtistes, ont été remplis de l'Esprit, et pourtant ils ne sont jamais devenus des témoins efficaces pour Christ. Comment est-ce possible ? C'est parce qu'ils refusent constamment d'obéir à la Parole et à l'Esprit et de commencer à témoigner à ceux avec qui Dieu les met en contact. L'Esprit ne viendra à notre aide que si nous obéissons à ses directives. Le principe est donc le suivant : nous devons d'abord obéir, et ensuite l'Esprit viendra pour nous oindre et nous aider dans le ministère.

L'onction qui vient comme résultat d'un acte d'obéissance doit alors être libérée par un acte de foi correspondant. Il est donc vital que, lorsque des occasions favorables pour exercer le ministère se présentent, le missionnaire rempli de l'Esprit soit prêt à agir avec une foi courageuse. De tels actes de foi fonctionnent un peu comme un interrupteur électrique, libérant la puissance pour accomplir le travail. Tout comme le grand potentiel qui réside dans le courant électrique est libéré pour faire son travail seulement lorsque l'interrupteur est actionné, de la même manière, l'onction pour prêcher, prophétiser ou guérir les malades est libérée par un acte de foi de la part du ministre.

Pierre a agi par une foi courageuse lorsqu'il a commandé à l'homme boiteux : « Au nom de Jésus-Christ le Nazaréen marche », puis il l'a saisi par la main et l'a relevé (Actes 3.6-7). De même, Paul a agi par la foi lorsqu'il a crié à l'homme infirme de Lystre : « Lève-toi, droit sur tes pieds » (14.10). Ces deux actes ont conduit à la libération de miracles instantanés.

Lorsqu'une occasion d'exercer le ministère se présente et que le missionnaire discerne la voix de l'Esprit qui l'incite à intervenir dans la situation, il a un choix. Il peut obéir à la voix de l'Esprit, ou il peut l'ignorer. S'il obéit, l'onction augmentera ; s'il désobéit, elle se dissipera. Une fois que le missionnaire obéit à la voix de l'Esprit et commence à exercer son ministère, il ou elle doit alors avancer avec confiance dans le domaine de la foi. Ce sera par un acte de foi dirigé par l'Esprit que l'onction sera libérée, que le don spirituel se manifestera et que le besoin sera comblé.

- CHAPITRE 14 -

LES LANGUES, UNE ÉVIDENCE

Les pentecôtistes classiques ont historiquement soutenu que le parler en langues est l'« évidence physique initiale » du baptême dans le Saint-Esprit.[1] En justifiant leur point de vue, ils citent généralement cinq cas dans les Actes où les gens sont d'abord remplis de (ou baptisés dans) l'Esprit, soulignant que dans trois de ces cas le parler en langues est explicitement mentionné (2.4 ; 10.46 ; 19.6), et

---

1 La déclaration de la « Déclaration des vérités fondamentales » des Assemblées de Dieu, intitulée « L'évidence physique initiale du baptême dans le Saint-Esprit », est typique pour la plupart des églises pentecôtistes classiques : « Le baptême des croyants dans le Saint-Esprit est attesté par le signe physique initial du parler en d'autres langues comme l'Esprit de Dieu leur donne de le prononcer (Actes 2.4). Le parler en langues dans ce cas est essentiellement le même que le don des langues (1 Corinthiens 12.4-10 , 28), mais différent par son but et son usage. »

dans les deux autres il est fortement insinué (8.17-19 ; 9.17-18 ; 1 Co 14.18).[2]

Les non-pentecôtistes, cependant, crient : « Faute ! », prétendant que les pentecôtistes se trompent en ce qu'ils utilisent une mauvaise herméneutique dans leur interprétation des Actes, à savoir, l'herméneutique des précédents historiques. Ces interprètes soutiennent que la doctrine normative (c.-à-d. une doctrine à la fois universelle et immuable) ne peut être tirée de manière légitime d'un récit historique. D'autres, un peu plus conciliants, affirment que, si la doctrine normative peut être tirée des récits historiques, elle doit toujours être liée à l'intention originale de l'auteur. Gordon D. Fee, par exemple, dit que « dans l'herméneutique de l'histoire biblique [donc des Actes], la tâche principale de l'interprète est de découvrir *l'intention* de l'auteur (j'ajouterais, l'intention du Saint-Esprit) dans la rédaction dudit ouvrage ».[3] Si tel est le cas, alors avant que les pentecôtistes puissent de manière légitime prétendre que parler en langues est le signe normatif du baptême de l'Esprit, ils doivent d'abord démontrer que Luc dans les Actes avait pour intention de transmettre cette doctrine. Le but de ce chapitre est d'aborder cette question importante. Nous examinerons également d'autres points

---

2 Les deux premiers pentecôtistes à traiter du sujet : les langues, une évidence, sont Carl Brumback, « *What Meaneth This ? A Pentecostal Answer to a Pentecostal Question* (Springfield, MO: Gospel Publishing House, 1947), 191-246, et Ralph M. Riggs, *The Spirit Himself* (Springfield, MO: Gospel Publishing House, 1977). Deux œuvres representant une étude plus contemporaine du même sujet sont *Where We Stand: The Official Position Papers of the Assemblies of God* (Springfield, MO: Gospel Publishing House, 1997), 146-150, et Anthony D. Palma, *The Holy Spirit: A Pentecostal Perspective* (Springfield, MO: Gospel Publishing House, 1999), 133-160.

3 Gordon D. Fee, *Gospel and Spirit: Issues in New Testament Hermeneutics* (Peabody, MA: Hendrickson Publishers, 1991), 90. Certains théologiens du Nouveau Testament ont contesté cette affirmation, disant qu'il n'y a pas de mandat biblique pour une telle position : c-à-d. Gordon L. Anderson, « Pentecostal Hermeneutics, Part II », *Paraclete* 28, no 2 (Spring 1994): 16-18; J. Rodman Williams, *Renewal Theology: Systematic Theology from a Charismatic Perspective: Three Volumes in One,* vol. 2, *Salvation, the Holy Spirit and Christian Living* (Grand Rapids, MI: Zondervan Publishing House, 1990), 182.

de vue sur le sujet dans la mesure où ils se rapportent à l'objet de cet ouvrage.

L'INTENTION DE L'AUTEUR ET LES LANGUES

Dans les chapitres précédents, j'ai essayé de démontrer que l'intention primaire de Luc en écrivant les Actes est résumée dans Actes 1.8. Il a donc écrit avec une intention à la fois *pneumatologique* (« Mais vous recevrez une puissance, celle du Saint-Esprit survenant sur vous... ») et *missiologique* (« ...et vous serez mes témoins... jusqu'aux extrémités de la terre »). Luc a écrit principalement pour montrer que le revêtement de puissance de l'Esprit est la condition sine qua non pour un témoignage efficace dans le pays et à l'étranger, et pour encourager ainsi ses lecteurs à être remplis de l'Esprit afin de se préparer au témoignage missionnaire. Si ma thèse est correcte, alors il semble que Luc n'a pas, en fait, écrit les Actes dans le but d'enseigner que parler en langues est le signe normatif du baptême de l'Esprit—du moins ce n'était pas son intention primaire.

Certains pourraient dire que c'est la fin de l'affaire. Les Actes ne peuvent donc pas enseigner que les langues sont le signe normatif du baptême de l'Esprit. Mais est-ce la fin de l'affaire ? Je ne pense pas, puisqu'il s'ensuit logiquement que, si Luc était si singulièrement préoccupé par le fait que ses lecteurs soient revêtus de puissance en vue du témoignage, il serait également préoccupé par leur compréhension du déroulement de cette expérience du revêtement de puissance. Pour s'en assurer, il a inclus dans son récit, non pas un, mais trois exemples explicites de croyants d'abord remplis de l'Esprit, attestés par le parler en langues et le témoignage prophétique (Actes 2.4 ; 10.46-47 ; 19.6).[4] Sous forme narrative, Luc dit : « Voyez, voici ce que vous aussi, vous pouvez vous attendre à ce qu'il vous arrive quand vous êtes remplis de l'Esprit. » En réponse à l'argument selon lequel les langues ne peuvent pas être considérées comme le signe

4 Voir les commentaires de l'auteur aux chapitres 4, 8 et 10.

normatif du baptême de l'Esprit parce que dans deux des cinq cas où les gens sont initialement remplis de l'Esprit dans les Actes, Luc ne mentionne pas spécifiquement le parler en langues, il aurait probablement répondu : « Trois exemples concrets ne sont-ils pas suffisants ? Si trois ne vous convainquent pas, est-ce que quatre, ou cinq le feraient ? » Ainsi, bien qu'il ne puisse pas être démontré que l'intention *primaire* de Luc était d'enseigner que les langues sont le signe normatif du baptême de l'Esprit, on peut raisonnablement en déduire que c'était sa claire intention *secondaire*. En citant trois exemples spécifiques de croyants parlant en langues comme conséquence de la réception de l'Esprit, Luc avait l'intention d'enseigner aux lecteurs (aussi bien ses premiers lecteurs que ceux qui allaient par la suite lire son œuvre) le mode approprié du baptême de l'Esprit, qui inclut le parler en langues. Robert P. Menzies commente : « Le caractère normatif des langues comme signe évident, ne découle donc pas de l'intention primaire de Luc, mais plutôt d'une implication de la pneumatologie prophétique de Luc… »[5]

Le même argument avancé pour enseigner que le parler en langues ne peut pas être considéré comme l'accompagnement normatif du baptême de l'Esprit, pourrait également être utilisé concernant le baptême d'eau et la nouvelle naissance. On pourrait dire que, puisque dans les Actes des Apôtres le rite n'est pas mentionné après chaque cas déclaré de personnes sauvées, alors il ne peut être considéré comme normatif que tous les nouveaux croyants soient obligés d'être baptisés d'eau. La plupart des églises évangéliques, cependant, soutiennent encore à juste titre que le baptême d'eau est normatif pour tous les nouveaux croyants. Comme pour le baptême dans l'Esprit, Luc suppose que quelques mentions stratégiques du baptême d'eau sont suffisantes ; par conséquent, il n'a pas à déclarer de façon redondante que le baptême d'eau a été

---

5 Robert P. Menzies, *Empowered for Witness: The Spirit in Luke-Acts* (Sheffield, Eng.: Sheffield Academic Press, 2001), 252.

administré chaque fois que des gens sont venus à Christ.[6] Il suppose simplement que le lecteur saura que ceux qui se sont convertis ont, ensuite, été baptisés d'eau. La même chose peut être dite au sujet du baptême de l'Esprit. Puisque Luc mentionne le parler en langues dans quelques cas stratégiques, il suppose simplement que le lecteur saura que tous ceux qui sont baptisés du Saint-Esprit parlent en langues. Anthony Palma souligne que puisque le baptême d'Esprit est un acte divin, alors que le baptême d'eau est un acte pratiqué par l'homme, les exemples du baptême de l'Esprit ont encore plus de poids que les exemples du baptême d'eau.[7]

Pourquoi les langues ?

Mais certains demanderont : pourquoi les langues ? Pourquoi pas une autre manifestation physique ou spirituelle ? Un autre don spirituel ne pourrait-il pas servir aussi bien que des langues ? De nombreux interprètes charismatiques soutiennent que c'est le cas.[8] D'autres ont revendiqué comme preuve, des manifestations telles que pleurer, danser, « tomber sous la puissance », avoir une vision, recevoir une bénédiction, ou manifester un don spirituel particulier. D'autres encore ont supposé que l'effet du baptême de l'Esprit soit totalement interne et ne requiert aucun signe extérieur. Cependant, Luc, dans les Actes, ne présente pas une seule de ces manifestations (ou non-manifestations) comme étant le signe probant du baptême de l'Esprit. Le seul signe qu'il présente comme preuve, est le parler en langues (Actes 10.44-46). Selon Douglas A. Oss, outre le fait de parler en langues, « aucune autre manifestation associée au baptême de l'Esprit

---

6 Les cas où le baptême d'eau est mentionné incluent 2.38, 41 ; 8.12-13, 16, 36, 38 ; 9.18 ; 10.47-48 ; 16.15, 33 ; 18.8, 25 ; et 22.16. Les cas où le baptême d'eau n'est pas mentionné incluent 2.47 ; 5.14 ; 9.42 ; 11.21 ; 13.12 ; 14.1 ; 17.12, 34 ; et 19.18.

7 Palma, 95.

8 Pour une approche charismatique de la preuve initiale, voir Williams, 211-212. Williams dit que les langues sont « l'activité principale consécutive à la réception du Saint-Esprit » ; cependant, ce n'est pas la seule ou la preuve nécessaire.

dans les Actes n'est explicitement présentée comme preuve de l'authenticité de l'expérience ».[9]

En réponse à la question : pourquoi les langues ? Nous en posons une autre : se pourrait-il que Dieu ait choisi le parler en langues comme signe du baptême de l'Esprit en raison de sa valeur symbolique unique ? Comme pour aucun autre don, le parler en langues témoigne du sens et du but plus profonds du baptême de l'Esprit, c'est-à-dire le revêtement de puissance en vue du témoignage missionnaire. Je dis cela pour trois raisons. Les deux premiers ont trait à la valeur symbolique du parler en langues, le troisième à sa valeur évidente.

Le symbolisme de proclamation des langues

Tout d'abord, le « parler » ou aspect oral du parler en langues a une valeur symbolique quant au but du baptême de l'Esprit. Jésus a dit : « ...vous recevrez la puissance... et vous serez mes témoins. » Il semble que Dieu ait soigneusement choisi un signe parlant pour rappeler à l'orateur, ainsi qu'à ceux qui l'entendent parler, que le but du baptême de l'Esprit est l'habilitation à parler (c.-à-d. à prêcher) l'Évangile. Aucun autre don ne met en évidence l'objectif de proclamation du baptême de l'Esprit, comme le fait de parler en langues (sauf peut-être la prophétie qui, comme nous le verrons plus loin, est dépourvue de la valeur évidente des langues). Nous avons discuté au chapitre 4 du but vocationnel du baptême de l'Esprit. Parler par l'inspiration de l'Esprit nous rappelle donc que la vocation chrétienne première du récepteur sera d'annoncer le Christ aux perdus par la puissance de l'Esprit.

Menzies a démontré que dans tous les cas, dans Luc-Actes où les individus sont remplis de l'Esprit, le résultat est la parole ou

---

9 Douglas A. Oss, "Pentecostal/Charismatic View," dans *Are Miraculous Gifts for Today? Four Views,* ed. Wayne A. Grudem (Grand Rapids, MI: Zondervan Publishing House, 1996), 261.

l'intuition inspirée par l'Esprit.[10] La parole inspirée par l'Esprit, bien sûr, n'est pas seulement en langues, car parler en langues est le signe du baptême de l'Esprit ; la substance est le témoignage donné par l'Esprit. Dans chaque cas, dans les Actes des Apôtres où les gens parlaient en langues, les langues furent aussitôt suivies par une proclamation de l'Évangile inspirée par l'Esprit dans la langue locale (2.4, 14 ; 10.46 ; 19.6).

La version OST traduit Actes 1.8, « vous *me servirez* de témoins » (italiques ajoutés), indiquant que les croyants baptisés de l'Esprit ne seront pas seulement témoins *pour* Christ (c-à-d. en sa faveur), ils seront témoins pour lui ou *à* son sujet (c-à-d. Christ sera l'objet de leur témoignage). Tout au long des Actes, Jésus-Christ a été l'objet central du message des missionnaires.[11] Quand quelqu'un est rempli de l'Esprit, il est revêtu de puissance nécessaire pour proclamer au monde le Christ et ce, de manière plus convaincante.[12]

Cependant, ce n'est pas sans raison que dans les Actes, le fait de parler en langues est toujours mentionné comme survenant immédiatement après la réception du baptême de l'Esprit, et avant la proclamation. L'implication est que les langues sont le signe « initial » du baptême de l'Esprit ; le témoignage prophétique en est le résultat fonctionnel.

Le symbolisme linguistique des langues

Non seulement l'aspect « parler » du parler en langues à une signification symbolique quant au but de l'expérience, mais l'aspect « langues » (ou langages) a aussi une signification symbolique. Dieu a sans doute choisi un signe linguistique en raison de son symbolisme

---

10 Menzies, *Empowered*, 202, 226.

11 cf. Actes 2.22-36 ; 3.12-26 ; 4.2, 8-12, 33 ; 5.29-32, 42 ; 8.5, 35 ; 9.19, 22, 27 ; 10.34-38 ; 11.20 ; 13.23-39 ; 16.31 ; 17.2-3, 18 ; 18.5, 25, 28 ; 19.8 ; 20.21-22, 24 ; 22.6-10 ; 24.24 ; 26.22-23 ; 28.23, 31.

12 Comme dans le ministère de Philippe, cette proclamation peut être soit à des multitudes (Actes 8.5) soit un à un (8.35).

missiologique. Le jour de la Pentecôte, les disciples nouvellement baptisés de l'Esprit parlaient dans les langues d'au moins quinze nations païennes différentes (Actes 2.5-11). De nombreux commentateurs ont reconnu le symbolisme missionnaire de leur parler dans ces différentes langues.[13] Aujourd'hui, quand quelqu'un est rempli de l'Esprit, confirmé par le fait qu'il parle en langues inspirées par l'Esprit, il est (ou du moins devrait être) conscient du but missiologique (je pourrais dire pentecôtiste) de ce don, ce but étant le revêtement de puissance en vue du témoignage « jusqu'aux extrémités de la terre ». Parler *en langues* nous rappelle que le don de l'Esprit est de rendre capable d'annoncer l'Évangile à « toute tribu, *toute langue*, tout peuple, et toute nation » (Ap 5.9, emphase ajoutée).

Le missiologue pentecôtiste John V. York, en abordant la question des langues comme signe évident, cite Don Richardson : « Dans le contexte du ministère de Jésus et de ses plans clairement articulés pour le monde entier, l'effusion miraculeuse des langues *païennes* ne pouvait avoir qu'un seul et unique dessein : l'évangélisation de tous les peuples. »[14] York ajoute que la plupart des débats concernant la question des langues comme signe évident, se déroulent en dehors d'un contexte missionnaire (ce que Luc n'aurait jamais pu imaginer). Tout au long des Actes, le parler en langues est fermement ancré dans le contexte de l'accomplissement de la mission de Dieu. York commente que :

> Tant qu'il y aura un monde blessé et brisé, séparé sur le plan linguistique et ethnique, j'espère que les pentecôtistes mettront davantage l'accent sur le parler en langues. Ce serait

---

13 F. F. Bruce, *The Book of the Acts,* rev. ed. (Grand Rapids, MI: William B. Eerdmans Publishing Co., 1988), 53; Stanley M. Horton, *What the Bible Says About the Holy Spirit* (Springfield, MO: Gospel Publishing House, 1976), 143; John R. W. Stott, *The Message of Acts: The Spirit, the Church and the World* (Leichester, Eng.: Inter-Varsity Press, 1990), 68.

14 Don Richardson, *Eternity in Their Hearts* (Ventura, CA: Regal Books, 1981), 157, cité dans John V. York, *Missions in the Age of the Spirit* (Springfield, MO: Gospel Publishing House, 2000), 186.

une tragédie indescriptible que de s'éloigner de cette partie de notre héritage qui témoigne le plus directement de la détermination de Dieu à bénir toutes les nations par Jésus-Christ, la postérité d'Abraham (Ga 3.6).[15]

La valeur évidente des langues

Il y a une troisième raison pour laquelle Dieu a sans doute choisi le parler en langues comme signe du baptême de l'Esprit : le parler en langues a une valeur évidente unique. Tous doivent convenir que, historiquement parlant, les langues étaient *le* signe physique initial du baptême de l'Esprit. C'est à la Pentecôte que les disciples du Christ furent d'abord remplis de l'Esprit et « se mirent à parler en d'autres langues, selon que l'Esprit leur donnait de s'exprimer » (Actes 2.4). En outre, tous doivent reconnaitre que le parler en langues à une preuve évidente claire, comme cela est démontré dans Actes 10.45-46 : « Tous les croyants circoncis qui étaient venus avec Pierre furent étonnés de ce que le don du Saint-Esprit soit aussi répandu sur les païens. Car [grec : *gar*, parce que] ils les entendaient parler en langues et exalter Dieu. »[16]

Notez comment, dans ces versets, Luc, sous la forme d'une parenthèse en aparté, explique à ses lecteurs comment les compagnons juifs de Pierre se sont aperçus que les païens avaient reçu l'Esprit. C'est parce qu'ils les entendaient parler en langues et exalter Dieu. Luc a inséré ce commentaire explicatif pour que ses lecteurs sachent qu'eux aussi pouvaient s'attendre à parler en langues

---

15 York, 186.

16 Pour un examen du mot grec *gar*, voir Robert W. Graves, « The Use of *gar* in Acts 10:46 », *Paraclete* 22, no 2 (Spring 1988): 15-18. En commentant l'utilisation illative (inférentielle) de *gar*, Graves déclare : « ...seul un modèle de rapport de cause à effet divinement attribué pourrait justifier l'utilisation du *gar* par Luc dans Actes 10.46 et expliquer l'admission sans controverse des païens simplement parce que ceux-ci louèrent Dieu dans d'autres langues » (17).

et à exalter Dieu (témoigner prophétiquement) lorsqu'ils étaient baptisés du Saint-Esprit.[17]

Certains peuvent se demander, puisque la prophétie est un don de parole tout comme les langues le sont, et puisque dans les Actes les croyants parlaient en langues « et prophétisaient » quand ils étaient remplis de l'Esprit, la prophétie ne pouvait-elle servir aussi bien que les langues, comme signe initial du baptême de l'Esprit ? Bien que le témoignage prophétique puisse être considéré comme un résultat normatif du baptême de l'Esprit, il n'est pas aussi évident que le parler en langues, puisque le caractère surnaturel de la prophétie est plus difficile à évaluer que les langues. Menzies interroge :

> Comment peut-on distinguer un discours intelligible et inspiré de celui qui ne l'est pas ? Bien que nous puissions tous penser à des cas où un discours intelligible a été prononcé d'une manière qui indique l'inspiration de l'Esprit (spontanée, édifiante, appropriée), le fait est que les jugements de ce genre sont plutôt précaires et approximatifs... Cependant, le discours en langues, en raison de son caractère inhabituel et démonstratif (la raison même pour laquelle il est à la fois souvent dénigré ou surestimé), est particulièrement bien adapté pour servir « d'évidence ». En bref, si l'on pose la question de « l'évidence physique initiale » de Luc, le parler en langues « correspond à la réalité » en raison de son caractère intrinsèquement démonstratif.[18]

Menzies suggère un autre avantage de la doctrine des langues comme signe évident : « La doctrine nous appelle à garder un sens biblique de l'espérance, car elle nous rappelle que la manifestation des langues fait partie intégrante du don pentecôtiste... »[19] Il ajoute :

---

17 Voir l'analyse sur le « Commentaire entre parenthèses » au chapitre 1, 24-26.
18 Menzies, 250-251.
19 Ibid., 255.

« Surtout, la manifestation des langues est un puissant rappel que l'Église est, en vertu du don pentecôtiste, une communauté prophétique appelée et revêtue de puissance pour porter témoignage au monde. »[20]

Témoignage historique

La croissance mondiale du mouvement pentecôtiste témoigne de la sagesse de sa formulation doctrinale classique concernant le baptême dans le Saint-Esprit qui se manifeste par le fait de parler en langues. Dans un article présenté à la vingt-troisième réunion annuelle de la Society for Pentecostal Studies à Guadalajara, au Mexique, Vinson Synan a mentionné que « les églises pentecôtistes qui se sont fermement engagées dans cet enseignement [évidence initiale] ont surpassé toutes les autres dans la croissance et le succès missionnaire au cours de la période suivant la deuxième guerre mondiale ».[21] Pour illustrer ce point, Synan a comparé la croissance de trois églises/groupes d'églises qui ont accepté l'enseignement de l'évidence initiale avec la croissance de trois églises/groupes d'églises similaires qui ont rejeté cet enseignement (voir fig. 14.1 ci-dessous).

Synan a d'abord comparé la croissance de l'Église de Dieu en Christ à la croissance de l'église dont elle s'est séparée à la suite d'une effusion pentecôtiste en son sein en 1908. La séparation a surgi à propos de la question des langues comme signe évident. En mars 1907, Charles H. Mason de Memphis, Tennessee, visita le réveil de la rue Azusa à Los Angeles, en Californie. Là, il fut puissamment baptisé du Saint-Esprit avec l'évidence du parler en langues. De retour à son église de Memphis, il commença à prêcher le message pentecôtiste. À la suite du réveil qui suivit en 1908, la dénomination

---

20 Ibid.

21 Vinson Synan, « The Role of Tongues as Initial Evidence », dans *Conference Papers on the Theme, To the Ends of the Earth, Presented at the Twenty-third Annual Meeting of the Society for Pentecostal Studies* (November 11-13, 1993), 18.

de sainteté à laquelle il appartenait se divisa en deux groupes d'à peu près la même taille. En 1992, le segment de l'église qui rejetait l'enseignement de la preuve initiale, l'Église de Dieu en Christ (Sainteté), ne comptait plus que 15 000 membres. Au cours de la même période, l'église qui a embrassé la doctrine, l'Église de Dieu en Christ, avait atteint 3,7 millions de membres.[22] Ensuite, Synan a comparé la croissance des Assemblées de Dieu (AD), États-Unis, à celle de l'Alliance chrétienne et missionnaire (ACM), qui peut être considérée à bien des égards comme le père spirituel des AD. De l'ACM et de son fondateur, A. B. Simpson, les AD ont hérité, entre autres, de sa réceptivité à la puissance de l'Esprit (c-à-d. guérison divine et confrontation des puissances), des multiples formules théologiques (c-à-d. l'Évangile à quatre voies), de sa passion et stratégie missionnaire (c-à-d. principes indigènes des églises).
En 1906-1907, un renouveau pentecôtiste balaya la hiérarchie de l'ACM, et plusieurs de ses membres et dirigeants furent remplis de l'Esprit et parlèrent en langues. La direction de l'église a finalement adopté une position non contraignante à propos de la doctrine des langues comme preuve évidente, exprimée par la formule « ne cherchez pas, n'interdisez pas ». Cette position a effectivement mis fin au renouveau pentecôtiste dans l'ACM. C'est à ce moment que beaucoup de ceux qui avaient été baptisés du Saint-Esprit quittèrent les rangs de l'église. Certains de ceux qui sont partis par la suite ont aidé à fonder les AD en 1914, notamment Daniel W. Kerr, J. Roswell et Alice Reynolds Flower, Carrie Judd Montgomery et Noel Perkin, John W. Welch, Frank M. Boyd et W. I. Evans.[23] Les AD ont adopté bon nombre de politiques et de pratiques de l'ACM dans sa propre structure ecclésiale. Selon William W. Menzies, les AD ont hérité de

---

22 En 2002, le COGIC comptait 5 499 875 membres et adhérents selon le *Yearbook of American and Canadian Churches: 2004: Equipping Leaders: Theological Education,* ed. Eileen W. Lindner (Nashville, TN: Abington Press, 2004).

23 Gary B. McGee, "All for Jesus: The Revival Legacy of A. B. Simpson," sur le site *Enrichment Journal*, disponible à <http://enrichmentjournal.ag.org/199902/082_all_for_Jesus.cfm> (28 décembre 2004).

l'ACM son « programme d'institut biblique, l'ecclésiologie, la vision missionnaire, l'accent mis sur la guérison divine, une grande partie de son hymnologie primitive et même une partie importante de son leadership initial ».[24] Selon Gary B. McGee, « [L'ACM] a profondément marqué le début du Conseil [des AD] ».[25] La principale différence entre les deux groupes réside dans leurs croyances divergentes au sujet des langues comme une évidence. Synan souligne qu'« en 1992, l'ACM ne comptait plus que 265 863 membres dans son église américaine et environ 1,9 million de membres dans le monde.[26] D'autre part, les AD, qui ont fortement maintenu l'enseignement [des preuves initiales] depuis sa fondation, sont passées à 2 170 890 membres aux Etats-Unis avec une effectif mondiale estimée à 25 millions de membres. »[27]

---

24 William W. Menzies, *Anointed to Serve* (Springfield, MO: Gospel Publishing House, 1971), 28.

25 McGee, "All For Jesus."

26 L'ACM compte maintenant « plus de 2 millions » de membres et adhérents dans le monde selon son site Web officiel, disponible à <http://www.cmalliance.org> (27 décembre 2004).

27 En 2003, les Assemblées de Dieu comptaient 2 729 562 membres et adhérents aux Etats-Unis et 48 millions de membres supplémentaires dans le monde, selon le site officiel des Assemblées de Dieu, disponible à <http://ag.org/top/about/statistics.cfm> (27 décembre 2004).

LA CROISSANCE DES EGLISES EMBRASSANT ET S'OPPOSANT AUX LANGUES, COMME UNE EVIDENCE

(FIGURE 14.1)

	Adhérents (début des années 1900)	**Adhérents** [23] (1992)	**Comparaison**
Église de Dieu en Christ (Sainteté)	Identique à COGIC	15 000 membres	
Église de Dieu en Christ	Identique à COGIC (Sainteté)	3,7 millions de membres	247 x COGIC (Sainteté)
Alliance chrétienne et missionnaire		**États-Unis :** 265 863	
		Mondial : 1,9 million	
Assemblées de Dieu		**États-Unis :** 2,2 millions	8,3 x ACM
		Mondial : 25 millions	13,1 x ACM
Les églises de Sainteté qui s'opposent aux langues		**Mondial :** 5,4 millions	
Les pentecôtistes qui embrassent le parler en langues		**Mondial :** 205 millions de pentecôtistes *confessionnels*	38 x églises de Sainteté
		Mondial : 420 millions de pentecôtistes *au total*	77,8 x églises de Sainteté

Synan a ensuite comparé la croissance des églises de Sainteté, reparties dans le monde entier, qui, au début du XXe siècle se sont opposées à la prise de position à propos de l'évidence initiale, avec la croissance des églises pentecôtistes classiques qui l'ont embrassé. En 1992, le nombre total des membres des églises de sainteté qui s'opposaient à cet enseignement s'élevait à 5,4 millions dans le monde, contre 205 millions dans les églises pentecôtistes confessionnelles qui l'ont adopté. En comptant les pentecôtistes indépendants et les charismatiques, le nombre de pentecôtistes dans le monde est passé à 420 millions. Synan conclut son analyse par ce défi :

> En fin de compte, l'enseignement des langues comme première évidence a joué un rôle majeur dans l'histoire récente de l'Église. L'expérience pentecôtiste et la doctrine qui l'explique ont galvanisé le mouvement le plus explosif parmi les chrétiens depuis les jours de la réforme. Il est impensable que le mouvement pentecôtiste ait pu se développer comme il l'a fait sans la position de l'évidence initiale.[28]

L'évidence initiale est plus qu'un signe distinctif confessionnel. Elle a servi de clé pour débloquer les bénédictions de Dieu dans la vie de millions de chrétiens à travers le monde. Durant mes douze années comme missionnaire en Afrique, j'ai eu le grand privilège de prier personnellement avec des milliers de croyants africains pour la réception de l'Esprit, réception mise en évidence par le parler en langues. J'ai vu leur vie changer radicalement à la suite de la réception de ce merveilleux don du ciel. Beaucoup ont témoigné d'une nouvelle passion pour prêcher l'Évangile. Certains ont immédiatement senti le désir d'entrer dans un ministère à plein temps et sont entrés dans une école biblique pour se préparer au ministère. J'ai aussi été témoin du lancement d'un mouvement dynamique d'implantation d'églises à la suite du renouveau pentecôtiste d'une église nationale autrefois dormante. Par conséquent, en seulement dix ans, plus de mille églises ont été

---

28 Synan, 19.

implantées et des milliers des gens sont venus pour connaître Christ comme Sauveur.

Ce n'est pas le moment pour l'église pentecôtiste d'abandonner l'enseignement clair de l'Écriture. C'est le temps pour l'Église de renouveler ses efforts et de proclamer le message pentecôtiste par monts et par vaux. Les nations attendent le message du Christ, et le Christ attend la prière de l'Église : « Envoie ton Esprit, Seigneur, et remplis-nous, et revêts-nous de puissance pour que ton nom soit annoncé aux nations par la puissance pentecôtiste ! »

CONCLUSION

Dans ce livre, nous avons examiné le rôle essentiel du revêtement spirituel dans I 'œuvre des missions. Nous avons observé la puissance de l'Esprit à l'œuvre dans et à travers les missionnaires du premier siècle. En observant et en comparant les enseignements de Luc dans les Actes et de Paul dans ses épîtres, nous avons découvert que les deux écrivains considéraient l'œuvre de revêtement de l'Esprit et la manifestation des dons spirituels comme des composantes indispensables de toute œuvre missionnaire.

Nous terminons notre étude en posant une dernière question : quelle devrait être notre réponse face à ces conclusions ? Ne devrions-nous pas être condamnés pour notre complaisance à l'égard du rôle de l'Esprit dans notre vie et dans la mission de l'Église—et ne devrions-nous pas être poussés à faire mieux ? Historiquement, les non-pentecôtistes ont, dans l'ensemble, ignoré le rôle du revêtement de l'Esprit dans les missions. Bien que cela soit tragique, il est encore plus tragique que de nombreux pentecôtistes, au cours des dernières années, n'aient guère fait mieux, se contentant parfois seulement de beaux discours sur la doctrine du baptême de l'Esprit. Cette négligence a conduit à une crise d'expérience dans l'église pentecôtiste dans le monde entier. Aujourd'hui, la plupart des dénominations pentecôtistes (sinon toutes) rapportent que seule une minorité de leurs membres est baptisée dans l'Esprit avec le parler en langues comme signe initial évident.

Cette crise de l'expérience a, à son tour, conduit à une crise de la théologie. Comme de moins en moins de leurs membres revendiquent l'expérience pentecôtiste, de plus en plus de pentecôtistes, remettent en question leurs doctrines de l'expérience subséquente et des langues, comme signe initial évident. Les pentecôtistes qui ont longtemps été accusés de fonder leur théologie sur leur expérience, sont maintenant tentés, comme beaucoup de non-pentecôtistes, de commencer à fonder leur théologie sur leur non-expérience. Si cette tendance n'est pas correctement abordée et inversée, il en résultera une nouvelle crise d'expérience dans l'Église, et finalement une crise d'efficacité missionnaire sur le terrain.

Quelle est donc la réponse ? Nous devons chercher Dieu pour une nouvelle effusion de l'Esprit sur l'Église. Cette effusion doit être sous-tendue par une bonne compréhension de l'expérience du baptême de l'Esprit comme moyen de revêtement de puissance en vue du témoignage missionnaire, tant localement que mondialement. Une telle effusion pourrait commencer par la force missionnaire pentecôtiste sur le terrain, car ces ouvriers seront probablement plus conscients de leur besoin de revêtement de puissance divine pour accomplir leur travail. Elle pourrait alors s'étendre dans deux directions : en avant vers les nations par l'intermédiaire des églises nationales que ces missionnaires influenceraient, et ensuite en arrière à travers les océans jusqu'à l'église de leur pays.

Je crois que l'espoir de l'église pentecôtiste occidentale réside, du moins en partie, dans les mouvements missionnaires émergents de ses églises filles en Afrique, en Asie et en Amérique latine. Ces églises sont beaucoup plus orientées vers l'expérience surnaturelle que leurs églises mères en Occident. Plutôt que de suivre l'exemple de l'Occident, ces églises doivent s'affirmer et rester fermes dans le domaine de la doctrine et de l'expérience pentecôtistes. Les mouvements missionnaires qui émergent dans les deux tiers du monde sont plus conscients de leur dépendance totale à l'égard de la puissance et de la provision de Dieu, et ce, car ils leur manquent en grande partie, la richesse et la technologie dont dispose l'Église occidentale. Comme la première église, ils doivent s'engager à « rester dans la ville jusqu'à ce qu'ils soient revêtus de la puissance d'en haut » (Luc 24.49). Frères et sœurs, nous comptons sur vous !

Enfin, nous devons tous renouveler notre engagement envers la vision originelle du Christ pour son Église, c'est-à-dire qu'elle porterait l'Évangile aux nations par la puissance pentecôtiste (Actes 1.8). Nous ne devons jamais perdre de vue le fait que l'œuvre des missions n'est, en dernière analyse, pas une œuvre humaine mais une œuvre divine. Jésus n'a-t-il pas dit : « Je bâtirai mon Église » (Mt 16.18) ? Nous devons toujours être conscients du fait que la tâche de la mission, au niveau mondial, est accomplie « non pas par la force ni par la puissance, mais par Mon Esprit, dit l'Éternel des armées » (Za 4.6). Que l'église pentecôtiste et l'Église dans le monde entier, une fois encore, comme au début, crient au Seigneur de la moisson : « Revêts-nous de puissance, Ô Seigneur, pour la mission globale. »

- APPENDICE 1 -

LES ÉPISODES DANS LES ACTES

Définitions :

Épisode : Une histoire qui est complète en soi, mais qui fait elle-même partie d'une histoire plus large.

Séries épisodiques : Une série d'événements qui forment une histoire complète en soi, mais qui font partie d'une histoire encore plus large.

Épisode	Texte	Date
SÉRIES ÉPISODIQUES 1 : Les commencements à Jérusalem		
Introduction (Résumé)	1.1-4	
1. Instructions finales	1.5-8	
2. L'ascension du Christ	1.8-11	
3. Dans la chambre haute	1.12-26	
4. Pentecôte : <u>La première effusion à Jérusalem</u>	2.1-42	28 ap. J.-C.
Déclaration sommaire 1	2.43-47	
5. Guérison à la Belle Porte	3.1-4.3	
Déclaration sommaire 2	4.4	
6. Le procès et la libération de Pierre et Jean	4.5-22	

Épisode	Texte	Date
7. La deuxième effusion à Jérusalem	4.23-31	
Déclaration sommaire 3	4.32-35	
8. Barnabas/Ananias et Saphira	4.36-5.10	
Déclaration sommaire 4	5.11-16	
9. Les apôtres emprisonnés, menacés et libérés	5.17-41	
Déclaration sommaire 5	5.42	
10. Les sept sont choisis	6.1-6	
Déclaration sommaire 6	6.7	
11. La capture, le sermon et le martyre d'Étienne	6.8-7.60a	
12. Saul est présenté	7.60b-8.3	
Déclaration sommaire 7	8.4	
SÉRIES ÉPISODIQUES 2 : L'expansion en Samarie		
13. Le réveil de Philippe en Samarie	8.4-24	
14. L'effusion en Samarie	8.14-17	31 ap. J.-C.
15. Philippe et l'Éthiopien	8.25-39	
16. Philippe prêche d'Azot à Césarée	8.40	
SÉRIES ÉPISODIQUES 3 : La conversion de Saul et son ministère initial		
17. La conversion de Saul	9.1-9	
18. Le mandat et le revêtement de puissance de Saul	9.3-9	
19. L'effusion à Damas	9.10-19	32 ap. J.-C.
20. Saul à Damas	9.20-25	
21. Saul à Jérusalem	9.26-30	
Déclaration sommaire 8	9.31	
SÉRIES ÉPISODIQUES 4 : Le ministère de Pierre dans la Grande Judée		
22. Le ministère de Pierre en Judée	9.32-43	
23. L'effusion à Césarée	10.1-48	34 ap. J.-C.
24. Pierre rend compte à Jérusalem	11.1-18	

Épisode	**Texte**	**Date**
SÉRIES ÉPISODIQUES 5 : Événements survenus		
25. L'église à Antioche	11.19-26	
26. Une grande famine	11.27-30	
27. Pierre arrêté et délivré	12.1-19	
28. Hérode jugé par Dieu	12.20-23	
Déclaration sommaire 9	12.24	
SÉRIES ÉPISODIQUES 6 : Le premier voyage missionnaire de Paul		
29. Paul et Barnabas envoyés	13.1-4a	
30. L'« effusion » à Antioche	13.1-4a	45 ap. J.-C.
31. Ministère à Chypre	13.4b-12	
32. Ministère à Antioche de Pisidie	13.13-43	
33. Chassé d'Antioche	13.44-51	
Déclaration sommaire 10	13.52	
34. Ministère à Iconium	14.1-5	
Déclaration sommaire 11	14.6-7	
35. Ministère à Lystre et Derbe	14.8-20	
36. Fortifier les églises	14.21-26	
37. « Convention des missions » à Antioche	14.27	
Déclaration sommaire 12	14.28	
SÉRIES ÉPISODIQUES 7 : Le Concile de Jérusalem		
38. Le Concile de Jérusalem	15.1-29	
39. Rapport et ministère à Antioche	15.30-34	
Déclaration sommaire 13	15.35	

Épisode	**Texte**	**Date**
SÉRIES ÉPISODIQUES 8 : Le deuxième voyage missionnaire de Paul		
40. Dispute au sujet de Jean Marc	15.35-41	
41. Timothée est choisi et circoncis	16.1-3	
Déclaration sommaire 14	16.4-5	
42. Le Saint-Esprit conduit les missionnaires	16.4-12	
43. Ministère à Philippes	16.13-40	
44. Conversion de Lydie	16.13-15	
45. Une fille démoniaque délivrée	16.16-18	
46. Paul et Silas libérés de prison	16.19-40	
47. Ministère à Thessalonique	17.1-9	
48. Ministère à Bérée	17.10-15	
49. Ministère à Athènes	17.16-34	
50. Ministère à Corinthe	18.1-17	
51. Voyage retour sur Antioche	18.18-23	
SÉRIES ÉPISODIQUES 9 : Le troisième voyage missionnaire de Paul (Éphèse)		
52. L'histoire d'Apollos	18.24-28	53 ap. J.-C.
53. Ministère à Éphèse	19.1-20.1	
54. L'effusion à Éphèse	19.1-7	
55. L'expansion missionnaire en Asie	19.8-10	
56. Défier la sorcellerie	19.11-19	
Déclaration sommaire 15	19.20	
57. Perturbation à Éphèse	19.20-20.1	
SÉRIES ÉPISODIQUES 10 : Voyage à Jérusalem		
58. Voyage à travers la Macédoine, la Grèce et la Troas	20.1-6	
59. Ministère à Troas (Eutychus guéri)	20.7-12	
60. Voyage à Milet	20.13-16	
61. Adieu aux anciens d'Éphèse	20.17-38	
62. Voyage à Jérusalem	21.1-13	
63. Prophétie d'Agabus	21.10-14	

Épisode	Texte	Date
SÉRIES ÉPISODIQUES 11 : Épreuves		
64. Paul à Jérusalem	21.15-23.10	
65. Rapport à Jacques et aux anciens	21.17-26	
66. Paul intercepté dans le temple	21.27-36	
67. La défense de Paul dans le temple	21.37-22.30	
68. Paul devant le Concile juif	23.1-10	
69. Vision du Seigneur dans la nuit	23.11	
70. Complot pour tuer Paul, transfert à Césarée	23.12-35	
71. Paul devant Félix	24.1-27	
72. Paul devant Festus	25.1-22	
73. Paul devant Agrippa	25.23-26.32	
SÉRIES ÉPISODIQUES 12 : En route pour Rome		
74. En route pour Rome	27.1-8	
75. Naufrage	27.9-44	
76. Ministère à Malte	28.1-10	
77. Morsure de serpent	28.1-6	
78. Guérison de Publius et autres	28.7-10	
79. Voyage par l'Italie pour Rome	28.11-15	
SÉRIES ÉPISODIQUES 13 : Ministère à Rome		
80. Ministère à Rome	28.16-31	
81. Aux dirigeants juifs	28.16-29	
82. Deux années pleines de prédication sans entraves	28.30-31	

- APPENDICE 2 -

LES DONS SPIRITUELS DANS LES ACTES

Les dons de revelation dans les Actes

CATÉGORIE	ÉVÉNEMENT	RÉFÉRENCE
La disposition à recevoir la guérison révélée	• La révélation est donnée à la Belle Porte du temple • L'Esprit révèle à Paul la foi de l'homme boiteux	Actes 3.4 Actes 14.8-11
Le motif du cœur d'une personne est révélé	• La tromperie d'Ananias et de Saphira est révélée • L'intention du cœur de Simon est révélée à Pierre	Actes 5.3-6, 7-11 Actes 8.18-23
Voir dans le règne spirituel	• Étienne voit dans le ciel	Actes 7.55-56
La direction divine reçue	• Philippe reçoit la direction • Ananias a une vision • Pierre témoigne à Jérusalem au sujet de la direction de L'Esprit • Paul est dirigé par l'Esprit vers la Macédoine • L'Esprit ordonne à Paul d'aller à Jérusalem	Actes 8.26-30 Actes 9.10-17 Actes 11.12 Actes 16.6-10 Actes 19.21
La présence de visiteurs révélée	• La présence des visiteurs est révélée à Pierre	Actes 10.19

La volonté de Dieu révélée	• La volonté de Dieu pour les païens est révélée à Pierre • Pierre témoigne au sujet de sa révélation • Le Seigneur dit à Paul qu'il ira vers les païens • Il est révélé à Paul qu'il doit aller à Rome	Actes 10.9-17 Actes 10.27-29 Actes 22.21 Actes 23.11
L'intention de Dieu révélée	• Dieu révèle à Paul son intention d'aveugler Elymas • Le discours de sagesse de Jacques est prononcé au Concile de Jérusalem	Actes 13.9-12
La consolation divine accordée	• Le Seigneur parle à Paul dans une vision nocturne	Actes 18.9-10
Les événements à venir sont révélés	• Le Saint-Esprit révèle à Paul ce qui l'attend à Jérusalem • L'Esprit révèle à Paul que le voyage connaîtra une grande perte • Dieu révèle le destin du navire à Paul • Les croyants avertissent Paul « par l'Esprit »	Actes 20.22-23 Actes 27.9-10 Actes 27.21-26 Actes 21.4
L'avertissement d'un danger est donné	• L'Esprit prévient Paul de quitter Jérusalem	Actes 22.17-18

LES DONS PROPHETIQUES DANS LES ACTES

CATÉGORIE	ÉVÉNEMENT	RÉFÉRENCE
Le parler en langues	• Les langues à la Pentecôte	Actes 2.4
	• Langues et discours prophétique à Césarée	Actes 10.46
	• Langues et discours prophétique à Éphèse	Actes 19.6
Proclamation prophétique	• Le discours pneuma de Pierre	Actes 2.14
	• Le deuxième discours pneuma de Pierre	Actes 4.8
	• Proclamation courageuse suite à la deuxième effusion à Jérusalem	Actes 4.31
	• Puissante proclamation à Jérusalem	Actes 4.33
	• Le discours pneuma d'Etienne	Actes 6.10; 7.1-53
	• La prédication persuasive de Saul (Paul)	Actes 9.22
	• La proclamation courageuse de Paul et Barnabas à Iconium	Actes 14.3
	• La proclamation courageuse de Paul à Éphèse	Actes 19.8
Prédire l'avenir	• Prophétie d'Agabus	Actes 11.28
	• Les prophètes avertissent Paul à Tyr	Actes 21.4
	• Agabus prophétise à Césarée	Actes 21.10
Démarrer un voyage missionnaire	• Le Saint-Esprit parle par des prophètes à Antioche	Actes 13.1-4
Les femmes prophètes	• Les quatre filles de Philippe	Actes 21.9

LES DONS DE PUISSANCE DANS LES ACTES

CATÉGORIE	ÉVÉNEMENT	RÉFÉRENCE
Signes et prodiges	Signes et prodiges à travers les apôtres	Actes 2.43
	Signes et prodiges	Actes 5.12-13
	Étienne opère de grands signes et prodiges	Actes 6.8
	Philippe accomplit des signes, chasse les démons et guérit les malades	Actes 8.6-8
	Dieu accorde à Paul et à Barnabas des signes et des prodiges	Actes 14.3
	Paul et Barnabas témoignent au sujet des signes et des prodiges	Actes 15.12
Guérison	Un infirme est guéri	Actes 3.6-7
	Beaucoup sont guéris et délivrés	Actes 5.13-16
	Philippe accomplit des signes, chasse les démons et guérit les malades	Actes 8.6-8
	Simon constate des signes et des miracles	Actes 8.13
	Ananias guérit Saul	Actes 9.17-18
	Pierre guérit Énée	Actes 9.34-35
	L'homme boiteux à Lystre est guéri	Actes 14.8-10
	Paul est guéri à Iconium	Actes 14.19-20
	Paul témoigne de sa guérison par Ananias	Actes 22.13
	Paul guérit le père de Publius et plusieurs autres	Actes 28.8-9

Délivrance démoniaque	• Beaucoup sont guéris et délivrés • Philippe accomplit des signes, chasse les démons et guérit les malades • Paul chasse un démon d'une esclave	Actes 5.13-16 Actes 8.6-8 Actes 16.16-18
Prier avec les autres pour recevoir le Saint-Esprit	• Les apôtres imposent les mains aux Samaritains convertis pour qu'ils reçoivent le Saint-Esprit • Ananias prie pour que Saul reçoive l'Esprit	Actes 8.17 Actes 9.17-18
Miracles non indiqués	• Saul démontre que Jésus est le Messie	Actes 9.22
Ressusciter les morts	• Pierre ressuscite Dorcas d'entre les morts • Eutychus ressuscité par Paul	Actes 9.40-42 Actes 20.9-10
Miracles extraordi-naires	• L'ombre de Pierre guérit les malades • Des miracles extraordinaires de guérison et d'exorcisme sont accomplis par Paul • Paul est délivré d'une morsure de serpent	Actes 5.15 Actes 19.11-12 Actes 28.3-5

- GLOSSAIRE DES TERMES -

apologie : (n.) la défense formelle ou réfléchie d'une doctrine ou d'une idée

diaspora : les Juifs qui furent dispersés de la Terre Sainte après la captivité Babylonienne.

époque : ayant trait au début d'une période nouvelle et importante de l'histoire, ayant trait à des époques ou à des âges différents

eschatologique : (adj.) en rapport avec l'étude de la fin des temps

ethnè : (n., grec) les nations, également traduites « païens » dans le Nouveau Testament français.

herméneutique : la science de l'interprétation ; l'étude des principes de l'interprétation et de l'exégèse bibliques

missiologique : (adj.) ayant trait à l'étude des missions

ontologique : (adj.) l'étude de la nature ultime de l'être d'une chose

la parousie : (n.) la seconde venue du Christ

pneumatologique: (adj.) en rapport avec l'étude de la doctrine du Saint-Esprit

raison d'être : (n.) raison d'être, la justification de l'existence

sotériologique : (adj.) ayant trait à l'étude de la doctrine du salut

- BIBLIOGRAPHIE INDICATIVE -

Allen, Clifton J., ed. *The Broadman Bible Commentary*. Vol. 10, *Acts—1 Corinthians*, par T. C. Smith. Nashville, TN: The Broadman Press, 1970.

Allen, Roland. *Missionary Methods: St. Paul's or Ours*. Grand Rapids, MI: William B. Eerdmans Publishing Co., 1962.

Anderson, Gordon L. "Baptism in the Holy Spirit, Initial Evidence, A New Model." Dans le site Web de *Enrichment Journal*. Disponible <http://enrichmentjournal.ag.org/200501 /200501_071_BaptismHS.cfm> (26 décembre 2004).

________. "Pentecostal Hermeneutics, Part II." *Paraclete* 28, no. 2, Spring 1994.

Arrington, French, L. *The Acts of the Apostles: An Introduction and Commentary*. Peabody, MA: Hendrickson Publishers, Inc., 1988.

________. "Acts of the Apostles." Dans le *Full Life Bible Commentary to the New Testament*. Édité par L. Arrington et Roger Stronstad. Grand Rapids, MI: Zondervan Publishing House, 1999.

________. "Luke." Dans le *Full Life Bible Commentary to the New Testament*. Édité par L. Arrington et Roger Stronstad. Grand Rapids, MI: Zondervan Publishing House, 1999.

Assemblies of God, *Where We Stand: The Official Position Papers of the Assemblies of God*. Springfield, MO: Gospel Publishing House, 1997.

Atter, Gordon F. *The Third Force*. Peterborough, Ont.: The College Press, 1965.

Barclay, William. *The Letters to the Corinthians*, rev. ed. Louisville, KY: Westminister John Knox Press, 1975.

________. *The Daily Study Bible: The Acts of the Apostles*, rev. ed. Edinburgh, Eng.: The Saint Andrew Press, 1976.

Barrett, David. "The Worldwide Holy Spirit Renewal." Dans *The Century of the Holy Spirit: One Hundred Years of Pentecostal and Charismatic Renewal*, 1901-2001. Édité par Vinson Synan. Nashville, TN : Thomas Nelson Publishers, 2001.

Bennett, Dennis et Rita Bennett. *The Holy Spirit and You: A Study Guide to the Spirit-Filled Life*. Plainfield, NJ: Logos International, 1971.

Blumhofer, Edith L., Russell P. Spittler, et Grant A. Wacker. *Pentecostal Currents in American Protestantism*. Urbana, IL: University of Illinois Press, 1999.

Boer, Harry R. *Pentecost and Missions*. Grand Rapids, MI: William B. Eerdmans Publishing Co., 1975.

Bonnke, Reinhard. *Mighty Manifestations: The Gifts and Power of the Holy Spirit*. Eastborne, Eng.: Kingsway Publications, 1994.

Booth, Wayne C., Gregory Colomb, et Joseph M. Williams. *The Craft of Research*, 2nd. ed. Chicago, IL: University of Chicago Press, 2003.

Brandt, R. L. *Gifts for the Marketplace*. Tulsa, OK: Christian Publishing Services, 1989.

Bridges, James K. "Introduction." Dans *Pentecostal Gifts and Ministries in a Postmodern Era*. Édité par James K. Bridges. Springfield, MO: Gospel Publishing House, 2004.

Bruce, F. F. *The Book of the Acts*, rev. ed. Grand Rapids, MI: William B. Eerdmans Publishing Co., 1988.

Brumback, Carl. *What Meaneth This? A Pentecostal Answer to a Pentecostal Question*. Springfield, MO: Gospel Publishing House, 1947.

Burgess, Stanley M. et Gary B. McGee. *Dictionary of Pentecostal and Charismatic Movements*. Grand Rapids, MI: Regency Reference Library, Zondervan Publishing House, 1988.

Burgess, Stanley M. et Eduard M. van der Maas. *The New International Dictionary of Pentecostal and Charismatic Movements*, rev. ed. Grand Rapids, MI: Zondervan Publishing House, 2002.

Carpenter, Harold R. Mandate and Mission: *The Theory and Practice of Assemblies of God Missions*. Springfield, MO: CBC Press, 1989.

Coleman, Robert E. *The Master Plan of Evangelism*. Old Tappan, NJ: Fleming H. Revell Co., 1972.

Cox, Harvey. *Fire from Heaven: The Rise of Pentecostal Spirituality and the Reshaping of Religion in the Twenty-First Century*. Reading, MA: Addison-Wesley Publishing Co., 1995.

Dalton, Robert Chandler. *Tongues Like as of Fire: A Critical Study of Modern Tongue Movements in the Light of Apostolic and Patristic Times*. Springfield, MO: Gospel Publishing House, 1945.

Deere, Jack. *Surprised by the Power of the Spirit*. Grand Rapids, MI: Zondervan Publishing House, 1993.

Dempster, Murray A., Byron D. Klaus et Douglas Petersen, eds. *Called and Empowered: Global Mission in Pentecostal Perspective*. Peabody, MA: Hendrickson Publishers, Inc., 1991.

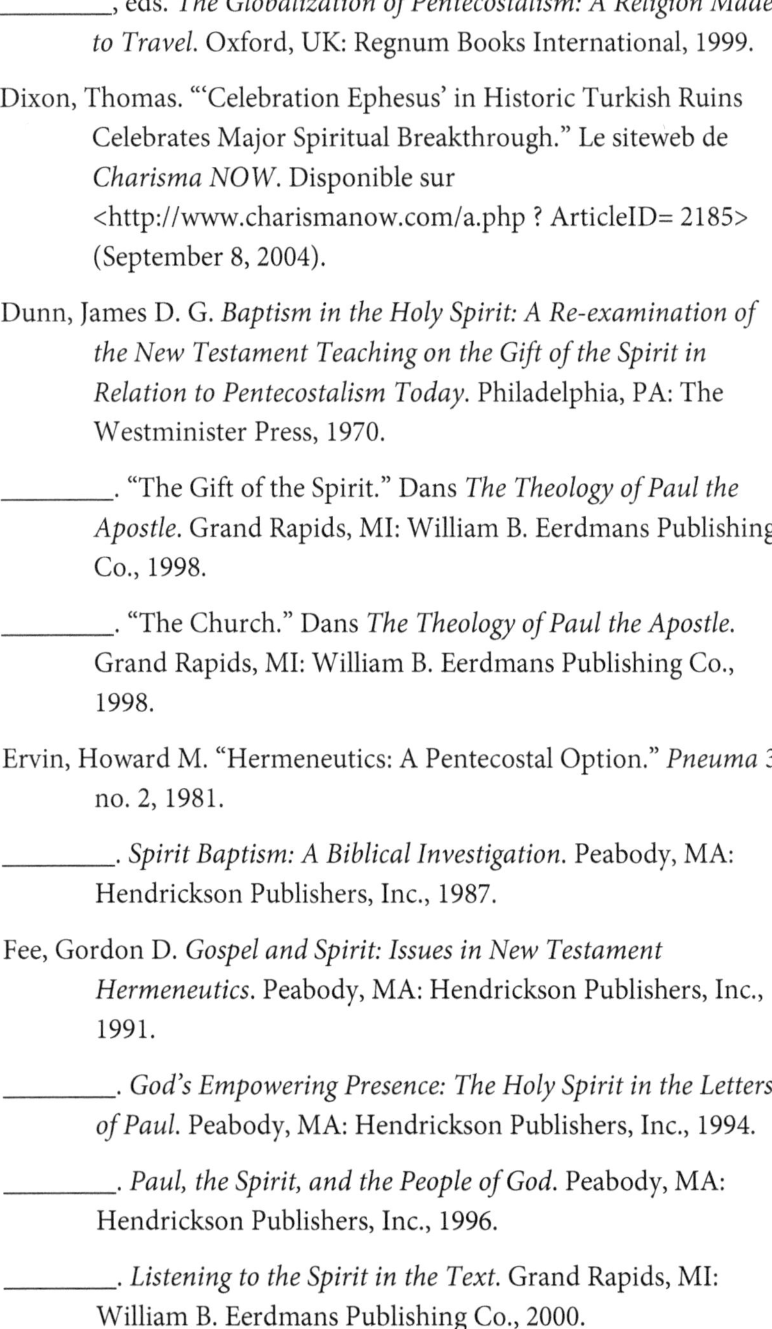

________, eds. *The Globalization of Pentecostalism: A Religion Made to Travel.* Oxford, UK: Regnum Books International, 1999.

Dixon, Thomas. "'Celebration Ephesus' in Historic Turkish Ruins Celebrates Major Spiritual Breakthrough." Le siteweb de *Charisma NOW*. Disponible sur <http://www.charismanow.com/a.php ? ArticleID= 2185> (September 8, 2004).

Dunn, James D. G. *Baptism in the Holy Spirit: A Re-examination of the New Testament Teaching on the Gift of the Spirit in Relation to Pentecostalism Today*. Philadelphia, PA: The Westminister Press, 1970.

________. "The Gift of the Spirit." Dans *The Theology of Paul the Apostle*. Grand Rapids, MI: William B. Eerdmans Publishing Co., 1998.

________. "The Church." Dans *The Theology of Paul the Apostle.* Grand Rapids, MI: William B. Eerdmans Publishing Co., 1998.

Ervin, Howard M. "Hermeneutics: A Pentecostal Option." *Pneuma* 3, no. 2, 1981.

________. *Spirit Baptism: A Biblical Investigation.* Peabody, MA: Hendrickson Publishers, Inc., 1987.

Fee, Gordon D. *Gospel and Spirit: Issues in New Testament Hermeneutics*. Peabody, MA: Hendrickson Publishers, Inc., 1991.

________. *God's Empowering Presence: The Holy Spirit in the Letters of Paul.* Peabody, MA: Hendrickson Publishers, Inc., 1994.

________. *Paul, the Spirit, and the People of God.* Peabody, MA: Hendrickson Publishers, Inc., 1996.

________. *Listening to the Spirit in the Text.* Grand Rapids, MI: William B. Eerdmans Publishing Co., 2000.

Fee, Gordon et Douglas Stuart. *How to Read the Bible for All Its Worth*, 2nd. ed. Grand Rapids, MI: Zondervan Publishing House, 1993.

Gee, Donald. *Spiritual Gifts in the Work of the Ministry Today.* Springfield, MO: Gospel Publishing House, 1963.

________. "Spiritual Gifts in World Evangelization." Dans *Azusa Street and Beyond: Pentecostal Missions and Church Growth in the Twentieth Century.* Édité par L. Grant McClung, Jr. South Plainfield, NJ: Bridge Publishing, 1986.

Goff, James R., Jr., et Grant Wacker. *Portraits of a Generation: Early Pentecostal Leaders.* Fayetteville, AR: University of Arkansas Press, 2002.

Gordon, A. J. *The Holy Spirit and Missions.* Harrisburg, PA: Christian Publications, Inc., 1968.

Graves, Robert W. "The Use of gar in Acts 10:46." *Paraclete* 22, no. 2, Spring 1988.

Greig, Gary S. et Kevin N. Springer, eds. *The Kingdom and the Power: Are Healing and Spiritual Gifts Used by Jesus and the Early Church Meant for the Church Today?* Ventura, CA: Regal Books, 1993.

Grudem, Wayne A. "The Doctrine of the Church." Dans *Systematic Theology: An Introduction to Biblical Doctrine.* Leichester, Eng.: Inter-Varsity Press, 1994.

________, ed. *Are Miraculous Gifts for Today? Four Views.* Grand Rapids, MI: Zondervan Publishing House, 1996.

Guthrie, Stan. *Missions in the Third Millennium: 21 Key Trends for the 21st Century.* Waynesboro, GA: Paternoster Press, 2000.

Harris, Ralph W., gen. ed. *The Complete Biblical Library.* Vol. 5. *Acts by Stanley M. Horton.* Springfield, MO: The Complete Biblical Library, 1991.

Hayford, Jack. *The Beauty of Spiritual Language: Unveiling the Mystery of Speaking in Tongues*. Nashville, TN: Thomas Nelson Publishers, 1996.

Hodges, Melvin L. *The Theology of the Church and Its Mission: A Pentecostal Perspective*. Springfield, MO: Gospel Publishing House, 1977.

________. *The Indigenous Church and the Missionary*. South Pasadena, CA: William Carey Library, 1978.

________. *The Indigenous Church*. Springfield, MO: Gospel Publishing House, 1990.

Hollenweger, Walter J. *Pentecostalism: Origins and Developments Worldwide*. Peabody, MA: Hendrickson Publishers, Inc., 1997.

Holy Bible (The). *Updated New American Standard Bible*. La Habra, CA: The Lockman Foundation, 1995.

Horton, Stanley M. *What the Bible Says about the Holy Spirit*. Springfield, MO: Gospel Publishing House, 1989.

________. *The Book of Acts: The Wind of the Spirit*. Springfield, MO: Gospel Publishing House, 1996.

Hovenden, Gerald. *Speaking in Tongues: The New Testament Evidence in Context*. Sheffield, Eng.: Sheffield Academic Press, 2002.

Jacobsen, Douglas. *Thinking in the Spirit: Theologies of the Early Pentecostal Movement*. Bloomington, IN: Indiana University Press, 2003.

Jepson, J. W. *What You Should Know About the Holy Spirit*. Springfield, MO: Gospel Publishing House, 1986.

Jeter, Hugh. *By His Stripes: A Biblical Study on Divine Healing*. Springfield, MO: Gospel Publishing House, 1977.

Site Web de Joel News. 5 octobre 1999. Disponible sur <http://www.joelnews.org/news- fr/jn294.htm#eph1> (8 septembre 2004).

Johns, Donald A. "Some New Directions in Hermeneutics of Classical Pentecostalism's Doctrine of Initial Evidence." Dans *Initial Evidence: Historical and Biblical Perspectives on the Pentecostal Doctrine of Spirit Baptism*. Édité par Gary B. McGee. Peabody, MA: Hendrickson Publishers, Inc., 1991.

Keener, Craig S. *The Spirit in the Gospels and Acts: Divine Purity and Power*. Peabody, MA: Hendrickson Publishers, Inc., 1997.

________. *Three Crucial Questions About the Holy Spirit*. Grand Rapids, MI: Baker Book House, 1999.

________. *Gift and Giver: The Holy Spirit for Today*. Grand Rapids, MI: Baker Academic, 2001.

Klaus, Byron D. "The Mission of the Church." Dans *Systematic Theology*, rev. ed. Stanley M. Horton, ed. Springfield, MO: Logion Press, 1995.

Kraft, Charles H. *Christianity with Power: Your Worldview and Your Experience of the Supernatural*. Ann Arbor, MI: Vine Books, 1989.

Kraft, Marguerite G. *Understanding Spiritual Power: A Forgotten Dimension of Cross-Cultural Mission and Ministry*. Maryknoll, NY: Orbis Books, 1995.

Ladd, George Eldon. *The Gospel of the Kingdom: Scriptural Studies in the Kingdom of God*. Grand Rapids, MI: William B. Eerdmans Publishing Co., 1959.

Lampe, G. W. H. *The Seal of the Spirit*. London, Eng : Longmans, Green, 1951. Cité dans F. F. Bruce. *The Book of the Acts*, rev. ed. Grand Rapids, MI: William B. Eerdmans Publishing Co., 1988.

Lawrence, J. B. *The Holy Spirit in Missions.* Atlanta, GA: Home Missions Board Southern Baptism Convention, 1947.

Lawrence, Carl. *Rwanda: A Walk Through Darkness . . . into Light.* Gresham, OR: Vision House Publishing, 1995.

Lim, David. *Spiritual Gifts: A Fresh Look.* Springfield, MO: Gospel Publishing House, 1999.

Lindner, Eileen W., ed. *Yearbook of American and Canadian Churches: 2004: Equipping Leaders: Theological Education.* Nashville, TN: Abington Press Churches, 2004.

Lloyd-Jones, D. Martin. *Joy Unspeakable.* Eastbourne, Eng: Kingsway, 1984. Cité dans David Shibley. *Once in a Lifetime: Seizing Today's Opportunities for World Harvest.* Kent, Eng.: Sovereign World, 1997.

Ma, Sonsuk et Robert P. Menzies, eds. *Pentecostalism in Context: Essays in Honor of William W. Menzies.* Sheffield, Eng.: Sheffield Academic Press, 1997.

Marshall, I. Howard. *Luke, Historian and Theologian.* Grand Rapids, MI: Zondervan Publishing House, 1970.

Martin, David. *Pentecostalism: The World is Their Parish.* Malden, MA: Blackwell Publishers, 2002.

McConnell, C. Douglas, ed. *The Holy Spirit and Mission Dynamics.* Pasadena, CA: William Carey Library, 1997.

McGee, Gary B. *This Gospel Shall Be Preached: A History and Theology of Assemblies of God Foreign Missions to 1959.* Springfield, MO: Gospel Publishing House, 1986.

________. *This Gospel Shall Be Preached: A History and Theology of Assemblies of God Foreign Missions Since 1959.* Springfield, MO: Gospel Publishing House, 1989.

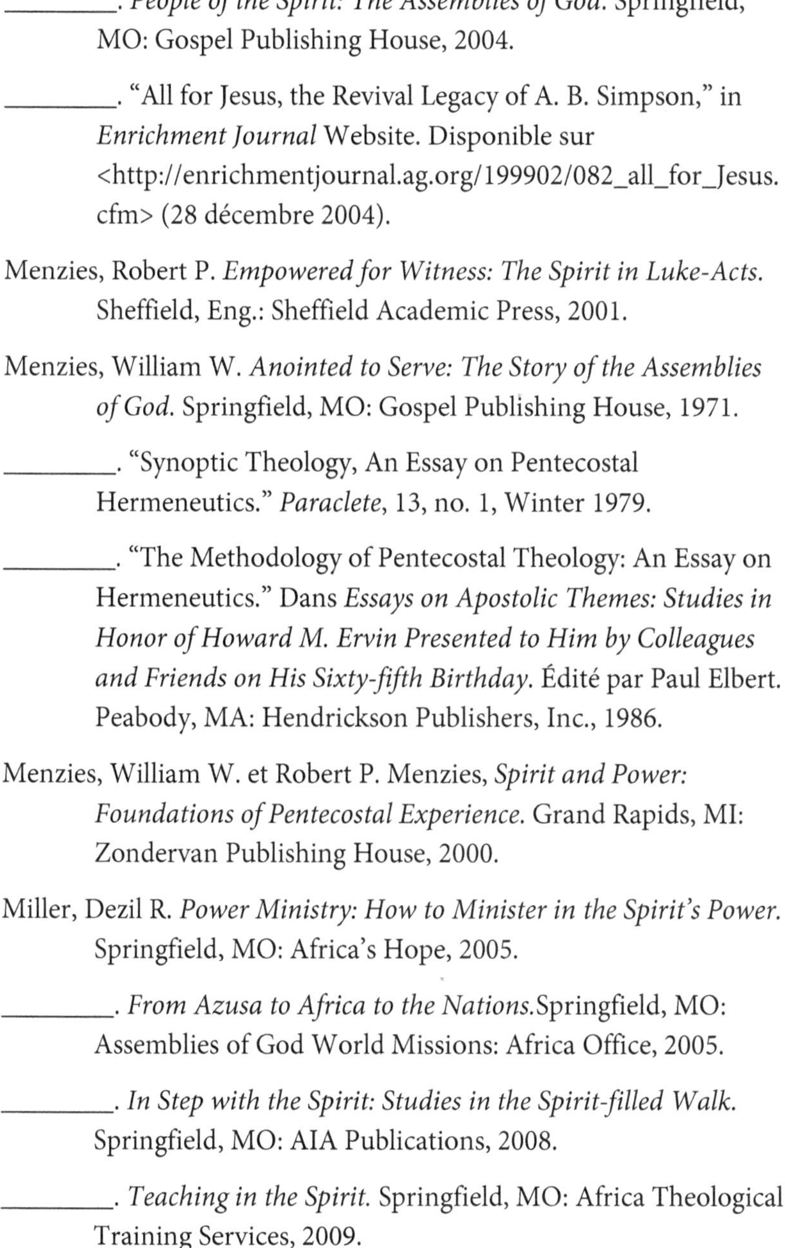

________. *People of the Spirit: The Assemblies of God.* Springfield, MO: Gospel Publishing House, 2004.

________. "All for Jesus, the Revival Legacy of A. B. Simpson," in *Enrichment Journal* Website. Disponible sur <http://enrichmentjournal.ag.org/199902/082_all_for_Jesus.cfm> (28 décembre 2004).

Menzies, Robert P. *Empowered for Witness: The Spirit in Luke-Acts.* Sheffield, Eng.: Sheffield Academic Press, 2001.

Menzies, William W. *Anointed to Serve: The Story of the Assemblies of God.* Springfield, MO: Gospel Publishing House, 1971.

________. "Synoptic Theology, An Essay on Pentecostal Hermeneutics." *Paraclete*, 13, no. 1, Winter 1979.

________. "The Methodology of Pentecostal Theology: An Essay on Hermeneutics." Dans *Essays on Apostolic Themes: Studies in Honor of Howard M. Ervin Presented to Him by Colleagues and Friends on His Sixty-fifth Birthday.* Édité par Paul Elbert. Peabody, MA: Hendrickson Publishers, Inc., 1986.

Menzies, William W. et Robert P. Menzies, *Spirit and Power: Foundations of Pentecostal Experience.* Grand Rapids, MI: Zondervan Publishing House, 2000.

Miller, Dezil R. *Power Ministry: How to Minister in the Spirit's Power.* Springfield, MO: Africa's Hope, 2005.

________. *From Azusa to Africa to the Nations.*Springfield, MO: Assemblies of God World Missions: Africa Office, 2005.

________. *In Step with the Spirit: Studies in the Spirit-filled Walk.* Springfield, MO: AIA Publications, 2008.

________. *Teaching in the Spirit.* Springfield, MO: Africa Theological Training Services, 2009.

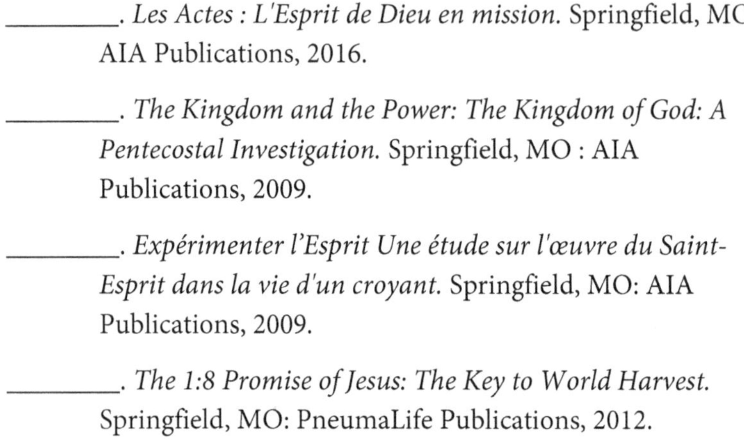

________. *Les Actes : L'Esprit de Dieu en mission.* Springfield, MO: AIA Publications, 2016.

________. *The Kingdom and the Power: The Kingdom of God: A Pentecostal Investigation.* Springfield, MO : AIA Publications, 2009.

________. *Expérimenter l'Esprit Une étude sur l'œuvre du Saint-Esprit dans la vie d'un croyant.* Springfield, MO: AIA Publications, 2009.

________. *The 1:8 Promise of Jesus: The Key to World Harvest.* Springfield, MO: PneumaLife Publications, 2012.

Moreau, Scott A., Gary R. Corwin, et Gary B. McGee. *Introducing World Missions: A Biblical, Historical and Practical Survey.* Grand Rapids, MI: Baker Academic, 2004.

Oss, Douglas A. "Pentecostal/Charismatic View." Dans *Are Miraculous Gifts for Today? Four Views.* Édité par Wayne A. Grudem. Grand Rapids, MI: Zondervan Publishing House, 1996.

Palma, Anthony D. *Baptism in the Holy Spirit.* Springfield, MO: Gospel Publishing House, 1999.

________. *The Holy Spirit: A Pentecostal Perspective.* Springfield, MO: Logion Press, 2001.

Paton, David et Charles H. Long, eds. *The Compulsion of the Spirit: A Roland Allen Reader.* Grand Rapids, MI: William B. Eerdmans Publishing Co., 1983.

Penney, John Michael. *The Missionary Emphasis of Lukan Pneumatology.* Sheffield, Eng.: Sheffield Academic Press, 1997.

Pinnock, Clark H. *Flame of Love: A Theology of the Holy Spirit.* Downers Grove, IL: Inter-Varsity Press, 1996.

Pomerville, Paul A. *The Third Force in Missions: A Pentecostal Contribution to Contemporary Mission Theology*. Peabody, MA: Hendrickson Publishers, Inc., 1985.

________. *Introduction to Missions*. Irving, TX: International Correspondence Institute, 1987.

Rea, John. *The Holy Spirit in the Bible: All the Major Passages About the Spirit, A Commentary*. Lake Mary, FL: Creation House, 1998.

Reddin, Opal L., ed. *Power Encounter: A Pentecostal Perspective.* Springfield, MO: Central Bible College, 1989.

Richardson, Don. *Eternity in Their Hearts*, rev. ed. Ventura, CA: Regal Books, 1984.

Riggs, Ralph M. *The Spirit Himself*. Springfield, MO: Gospel Publishing House, 1977.

Rommen, Edward, ed., *Spiritual Power in Missions: Raising the Issues.* Pasadena, CA: William Carey Library, 1995.

Sanders, J. Oswald. "The Spirit–The Breath of God." Dans *Spiritual Maturity*. Chicago, IL: Moody Press, 1969.

Schatzmann, Siegfried. *A Pauline Theology of Charismata*. Peabody, MA: Hendrickson Publishers, Inc., 1987.

Scroggie, W. Graham. *The Unfolding Drama of Redemption: The Bible as a Whole*. Vol. 2, 2nd. ed. Grand Rapids, MI: Zondervan Publishing House, 1976.

Shelton, James B. *Mighty in Word and Deed: The Role of the Holy Spirit in Luke-Acts*. Peabody, MA: Hendrickson Publishers, Inc., 1991.

Shibley, David. Missions *Addiction: Capturing God's Passion for the World*. Lake Mary, FL: Charisma House, 2001.

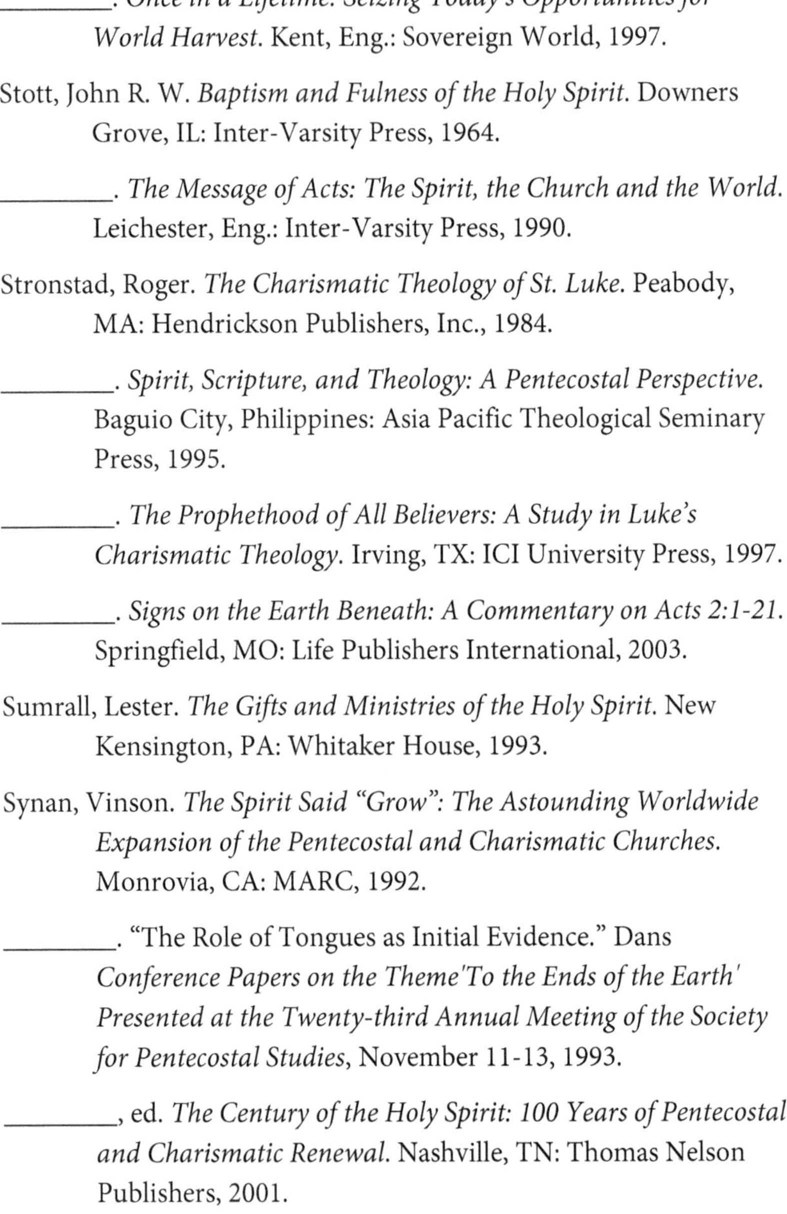

________. *Once in a Lifetime: Seizing Today's Opportunities for World Harvest*. Kent, Eng.: Sovereign World, 1997.

Stott, John R. W. *Baptism and Fulness of the Holy Spirit*. Downers Grove, IL: Inter-Varsity Press, 1964.

________. *The Message of Acts: The Spirit, the Church and the World*. Leichester, Eng.: Inter-Varsity Press, 1990.

Stronstad, Roger. *The Charismatic Theology of St. Luke*. Peabody, MA: Hendrickson Publishers, Inc., 1984.

________. *Spirit, Scripture, and Theology: A Pentecostal Perspective*. Baguio City, Philippines: Asia Pacific Theological Seminary Press, 1995.

________. *The Prophethood of All Believers: A Study in Luke's Charismatic Theology*. Irving, TX: ICI University Press, 1997.

________. *Signs on the Earth Beneath: A Commentary on Acts 2:1-21*. Springfield, MO: Life Publishers International, 2003.

Sumrall, Lester. *The Gifts and Ministries of the Holy Spirit*. New Kensington, PA: Whitaker House, 1993.

Synan, Vinson. *The Spirit Said "Grow": The Astounding Worldwide Expansion of the Pentecostal and Charismatic Churches*. Monrovia, CA: MARC, 1992.

________. "The Role of Tongues as Initial Evidence." Dans *Conference Papers on the Theme'To the Ends of the Earth' Presented at the Twenty-third Annual Meeting of the Society for Pentecostal Studies*, November 11-13, 1993.

________, ed. *The Century of the Holy Spirit: 100 Years of Pentecostal and Charismatic Renewal*. Nashville, TN: Thomas Nelson Publishers, 2001.

Tannehill, Robert C. *The Narrative Unity of Luke-Acts: A Literary Interpretation*. Vol. 1, *The Gospel According to Luke*. Philadelphia, PA: Fortress Press, 1991.

________. *The Narrative Unity of Luke-Acts: A Literary Interpretation*. Vol. 2, *The Acts of the Apostles*. Philadelphia, PA: Fortress Press, 1994.

Turner, Max. *The Holy Spirit and Spiritual Gifts*. Peabody, MA: Hendrickson Publishers, Inc., 1996.

Wacker, Grant. *Heaven Below: Early Pentecostals and American Culture*. Cambridge, MA: Harvard University Press, 2001.

Wagner, C. Peter. *Confronting the Queen of Heaven*. Colorado Springs, CO: Wagner Publications, 1999.

________. *The Acts of the Holy Spirit: A Modern Commentary on the Book of Acts*. Ventura, CA: Regal Books, 2000.

Williams, Don. Signs, *Wonders, and the Kingdom of God: A Biblical Guide for the Reluctant Skeptic*. Ann Arbor, MI: Vine Books, 1989.

Williams, J. Rodman. *Renewal Theology: Systematic Theology from a Charismatic Perspective: Three Volumes in One*. Vol. 2, *Salvation, the Holy Spirit and Christian Living*. Grand Rapids, MI: Zondervan Publishing House, 1990.

Williams, Joseph M. *Style: Toward Clarity and Grace*. Chicago, IL: The University of Chicago Press, 1995.

Wilson, Everett A. *Strategy of the Spirit: J. Philip Hogan and the Growth of the Assemblies of God Worldwide, 1960-1990*. Suffolk, Eng.: Regnum, 1997.

Wimber, John. *Power Evangelism*. San Francisco, CA: Harper and Row Publishers, 1986.

Womack, David A., ed. *Pentecostal Experience: The Writings of Donald Gee*. Springfield, MO: Gospel Publishing House, 1994.

York, John V. *Missions in the Age of the Spirit*. Springfield, MO : Logion Press, 2000

- D'AUTRES LIVRES DE DENZIL R. MILLER -

Le ministère de puissance : Un manuel pour les prédicateurs pentecôtistes (2012) (disponible aussi en anglais, portugais, malgache, swahili, kinyarwanda et chichewa)

D'Azusa à l'Afrique, et de l'Afrique aux nations (2005) (disponible aussi en anglais, espagnol et portugais)

Les Actes : L'Esprit de Dieu en mission (2016)

In Step with the Spirit: Studies in the Spirit-filled Walk (2008)

The Kingdom and the Power: The Kingdom of God: A Pentecostal Interpretation (2009)

Expérimenter l'Esprit: Une étude sur l'œuvre du Saint-Esprit dans la vie du croyant (2009)

Teaching in the Spirit (2009)

Power Encounter: Ministering in the Power and Anointing of the Holy Spirit, Revised (2009) (disponible aussi en swahili)

You Can Minister in God's Power : A Guide for Spirit-filled Disciples (2009)

L'Esprit de Dieu en mission : Un commentaire vocationnel sur le livre des Actes (2011)

Proclamer la Pentecôte : 100 plans de prédication sur la puissance du Saint-Esprit (2011) (Éditeur adjoint avec Mark Turney, éditeur) (Disponible en anglais, espagnol, portugais et swahili)

L'universalisation des missions pentecôtistes en Afrique (2014) (Éditeur, avec Enson Lwesya)

The 1:8 Promise of Jesus: The Key to World Harvest (2012)

Tous les livres sont disponibles en ligne ou en envoyant un courriel à l'auteur à l'adresse électronique suivante
denny.miller@agwmafrica.org

Publié par PneumaLife Publications
3766 N Delaware Ave.
Springfield, MO 65803
États-Unis

www.ingramcontent.com/pod-product-compliance
Lightning Source LLC
LaVergne TN
LVHW020659110826
845149LV00012B/2060

9780997175066